Die Schwarzen Führer

Sachsen

Die Schwarzen Führer

Sachsen

261 geheimnisvolle Stätten
in 185 Orten
mit 86 Abbildungen und
einer Übersichtskarte

von
Frank Winkelmann

Eulen Verlag

Frank Winkelmann wurde 1959 in Werdau/Sachsen geboren. Studium am „J. R. Becher“-Literaturinstitut in Leipzig. Neben redaktioneller Mitarbeit an einer Zeitschrift für mittelalterliche Kulturgeschichte Veröffentlichungen in regionalen Kulturmagazinen. Außerdem tätig als bildender Künstler.

Redaktion: Hildegard Gerlach

Gesamtherstellung: Franz X. Stückle, Ettenheim
ISBN: 3-89102-423-1

Vorwort

„Die Sage trägt den Charakter des Geschichtlichen an sich, ja die echte Sage ist das Archiv der Urgeschichte eines Volks, so lange, bis die Geschichtsschreibung an ihre Stelle trat. Aber das natürliche Volk, welches so gern auffällige Erscheinungen mit dem geheimnißvollen Schleier des Wunderbaren umgiebt, welches Räthselhaftes mit besonderer Liebe umfaßt, ließ auch in Zeiten, da bereits die Geschichtsforschung und die Kritik die Kindlichkeit des Glaubens zu verdrängen anfingen, junge Samen aufkeimen." So umriß der bekannte, in Bautzen geborene und im vogtländischen Reichenbach sowie in Schneeberg wirkende Oberlehrer und Volkskundler Johann August Ernst Köhler das Wesen der Sage. Sein 1867 in Leipzig erschienenes Werk „Volksbrauch, Aberglauben, Sagen und andere Überlieferungen aus dem Voigtlande" sowie sein 1886 verlegtes „Sagenbuch des Erzgebirges" gehören auch heute noch zu den wichtigsten volkskundlichen Quellenwerken dieser Regionen. Damit reiht sich Köhler ein in die Reihe akribischer Sammler der Volksüberlieferungen Sachsens, die im 19. und beginnenden 20. Jahrhundert die für die wissenschaftliche Forschung noch immer ausschlaggebenden Standardwerke zusammentrugen. Ausgelöst durch die „Deutschen Sagen" der Brüder Grimm entfaltete sich auch in Sachsen eine rege Sammeltätigkeit. Die von Widar Ziehner Anfang des 19. Jahrhunderts in Gedichtform herausgegebenen sächsischen Volkssagen fanden große Resonanz und erlebten mehrere Auflagen. Johann Georg Theodor Gräßes „Der Sagenschatz des Königreiches Sachsen" (Dresden 1874) blieb lange Zeit das umfangreichste Kompendium auf diesem Gebiet. Für wissenschaftliche Zwecke ist Gräße heute nur unter Vorbehalt verwendbar, denn er nahm unkritisch auch viele Sagen auf, die dem romantischen Geschmack der Zeit entsprechend „erfunden" worden waren. Bekannt ist in diesem Zusammenhang der sogenannte „Rübezahlschwindel", der sich auf eine Sage bezieht, die Gräße aus Carl Julius Hofmanns Buch „Das Meißner Hochland oder die Sächsische Schweiz" übernommen hatte. Hofmann ließ darin Rübezahl der Sächsischen Schweiz einen Besuch abstatten, wobei dieser mit dem Kopf an einen Felsen gestoßen sein soll, der dabei in zwei Teile zerbrach (→ Reinhardtsdorf-Schöna).

Im Jahre 1903 erschien im Auftrag des Vereins für sächsische Volkskunde das „Sagenbuch des Königreiches Sachsen“ von Alfred Meiche, der schon neun Jahre zuvor sein „Sagenbuch der sächsischen Schweiz“ veröffentlicht hatte. Der gebürtige Sebnitzer wurde 1909 für seine wissenschaftlichen Arbeiten vom sächsischen König zum Professor ernannt. Meiche bemühte sich in seinen Sammlungen um Authentizität und einen Sprachstil, der auf jede romantisierende Ausschmückung verzichtete. Sein Ausspruch besitzt auch heute noch Gültigkeit: „Das oberste Kennzeichen der Volkssage ist Schlichtheit. Ihr eignen keine verwickelten Situationen, und alles Gekünstelte liegt ihr fern.“

Der vorliegende Schwarze Führer Sachsen behandelt das Gebiet des heutigen Freistaates, der seit dem Wiener Kongreß 1815 nur noch einen Torso des ehemaligen Kursachsen darstellt. Es wird im Süden vom Erzgebirge und der Grenze zur Tschechischen Republik begrenzt, reicht im Norden bis an die Dübener Heide und Torgau und dehnt sich bis an die Neiße im Osten aus, dic zugleich die Grenze zu Polen markiert. Da Sachsen schon in seiner Frühgeschichte und vor allem im frühen Mittelalter ein Schmelztiegel verschiedener Völker und Kulturen war, zeichnen sich auch im Bereich der Sage regionaltypische Besonderheiten ab. So kann man drei große Regionen unterscheiden, die aber keine feste Begrenzung besitzen, sondern fließend ineinander übergehen: das Vogtland, das Erzgebirge und die Lausitz.

Das Vogtland, das ursprünglich nicht nur den heutigen Vogtlandkreis umfaßte, sondern zeitweise bis Lobenstein und Burgk im Westen reichte, wurde hauptsächlich von thüringischen und fränkischen Einwanderern besiedelt, die im sogenannten Dobna-Gau um Plauen nur eine geringe sorbische Bevölkerung vorfanden. Als Herrschaftsgebiet der Weidaer und Plauener Vögte leistete es lange Zeit den Herrschaftsbestrebungen der Meißener Markgrafen Widerstand und kam erst Anfang des 17. Jahrhunderts an Kursachsen. In dem waldreichen Gebiet erzählte man sich viele Sagen über Begegnungen mit Wald- oder Holzweibchen. Ebenso trieb der Teufel sein Unwesen, und in bestimmten Nächten fuhr der Wilde Jäger mit seinem Gefolge durch die Wipfel der Bäume.

Das Erzgebirge, das man im frühen Mittelalter Miriquidi – Schwarzwald – nannte, erhielt seinen Namen etwa ab dem 12. Jahrhundert, nachdem man dort Silbererzvorkommen entdeckt hatte. Der Bergbau prägte dieses Gebiet vom Mittelalter bis in unsere Zeit. In den früheren Jahrhunderten waren es vor allem das

Silber, später auch das Eisen und Zinn, die den Ruf des Gebirges begründeten. Bergstädte wie Annaberg, Schneeberg, Marienberg, Freiberg oder Altenberg entstanden in der Nähe ergiebiger Fundstellen. Georg Agricola (1494–1555) begründete die Bergbaukunde und die Mineralogie als wissenschaftliche Disziplinen. Die Bergakademie in Freiberg entwickelte sich zu einem Zentrum der Montanwissenschaften. Im Gefolge der Bergwerke entstanden überall Hammer- und Schmiedewerke und weiterverarbeitende Gewerbe. All dies war der Nährboden für die typische Sagenwelt des Erzgebirges. Berggeister wie der Bergmönch oder das graue Männlein führen zu verborgenen Schätzen im Erdinneren, warnen vor Gefahren oder spielen den Bergleuten übel mit; Zwerge, Kobolde oder Heinzelmännchen tauchen in Hammerwerken und Mühlen auf, belohnen ihre Wirte bei guter Behandlung.
Die Sagenwelt der Sächsischen Schweiz und besonders die der Lausitz ist zum Teil geprägt von Motiven und Gestalten, die ihre Wurzeln in der Zeit der slawischen Besiedlung haben und innerhalb Sachsens nur hier vorkommen. Zeugnisse dieser slawischen Zeit findet man überall in der Landschaft in Form alter Ringwälle, zwischen die seit dem 10. und 11. Jahrhundert von Westen her die frühen Ringburgen der deutschen Siedler vorrücken.
Eine typische Gestalt dieser Region ist der Feuermann, eine Erscheinung, die zwar auch an anderen Stellen Europas vorkommt, aber in Sachsen auf einen engen Raum um Bautzen herum begrenzt ist. Er wird beschrieben als ein Mann, dessen oberer Teil brennt, während der untere ganz schwarz ist. Er gehört zu der Gruppe von Frevlern, die im Fegefeuer brennen müssen, um ihre Schuld zu sühnen. Eine andere Sagengestalt, die unter diesem Namen nur in der Lausitzer Gegend vorkommt, ist „Pan Dietrich“ oder „Bern Dietrich“, der als Wilder Jäger in bestimmten Nächten über die Berge braust. Die Forschung erkannte in ihm den Theoderich von Verona (Dietrich von Bern), den als Arianer zum Ketzer abgestempelten Ostgotenkönig. Warum er in der Lausitz als Sagengestalt erscheint, bleibt allerdings ein Rätsel.
Eine besondere Form der Zwerge findet sich ebenfalls in der Sagenüberlieferung dieser Region: das sind die „Querxe“ (auch „Querkse“ geschrieben). Nur im Vogtland findet man vereinzelt ebenfalls die Bezeichnung „Quarkse“ – eine dem Dialekt geschuldete Abwandlung von „Querkse“.

Besonders auffällig ist aber die große Anzahl sagenumwobener Berge, die man in der Lausitz kennt. Die Ursache dafür könnte der Umstand sein, daß die Sorben, ebenso wie andere slawische Stämme, ihre Götter auf heiligen Bergen verehrten. Einige der Sagenberge mögen in diesem Sinne durchaus Kultstätten gewesen sein. Mit dem Einzug des Christentums lebten diese Plätze dann nur noch in der Sage weiter, oft allerdings in Verbindung mit dem Wirken des Teufels. Die Sagen um Berge im Elbsandsteingebirge scheinen dagegen nur in wenigen Fällen auf alten Kultplätzen zu basieren; eher wahrscheinlich ist es, daß die bizarren Felsgebilde dieser einzigartigen Landschaft von jeher die Fantasie der Menschen angesprochen haben.
Leider besitzen die Kirchen Sachsens nicht mehr viele wundertätige Bildwerke, wie sie in überwiegend katholischen Gegenden zu finden sind. Die Reformation hat hier ihre Spuren hinterlassen: Mit der Beseitigung des Marien- und Heiligenkultes verschwanden auch viele Marienbildnisse und Heiligenreliquien, über die man sich Wundergeschichten erzählte, aus den Gotteshäusern; Wallfahrtskapellen verfielen oder wurden abgerissen, Klöster wurden aufgelöst und die Gebäude anderen Zwecken oder dem Verfall überlassen. Nur selten rettete der Zufall ein sagenumwobenes Kunstwerk.
Auch um historische Persönlichkeiten Sachsens ranken sich Sagen und Legenden. Eine der sagenträchtigsten Gestalten ist Bischof Benno von Meißen, der Ende des 11. Jahrhunderts lebte und dessen Schlüsselwunder im Zusammenhang mit dem Meißener Dom sehr bekannt ist. Aber auch das Leben des Kurfürsten Moritz und vor allem das Augusts des Starken und seiner berühmten Mätresse, der Gräfin Cosel, sind von sagenhaften Geschehnissen umrankt.
Burgen, Schlösser und Gutshäuser Sachsens besitzen ihre jeweilige Weiße Frau – ein Gespenst, das eng mit dem entsprechenden Adelsgeschlecht verbunden ist, das keine Ruhe im Grab finden kann und dessen Erscheinen der Sage nach meist Unglück oder gar den Tod für eines der Mitglieder der Familie nach sich zieht. Der Zauber des Geheimnisvollen, den diese Gestalt umgibt, wirkt weiter – auch wenn man, wie im Fall der Superintendentur in Glauchau, einen versteckten Kellergang entdeckte, durch den vermutlich eine sehr reale „Weiße Frau" dem amtierenden Geistlichen nächtliche Besuche abstattete.
Obwohl der Sagenschatz Sachsens die ganze Vielfalt bekannter Sagenmotive und -gestalten bietet, war es

ein schwieriges Unternehmen, die entsprechenden Plätze bzw. Objekte aufzufinden. Besonders in den größeren Städten wie Leipzig, Chemnitz oder Zwickau hat die rasante wirtschaftliche Entwicklung Sachsens seit der Jahrhundertwende mit der damit einhergehenden Neugestaltung der Straßenzüge und der extremen Industrialisierung viele Sagenplätze beseitigt. In Dresden und Plauen führten die Bombenangriffe am Ende des Zweiten Weltkrieges nicht nur zu unbeschreiblichen menschlichen Tragödien, sondern zerstörten auch zum größten Teil die historischen Stadtkerne. Und schließlich sorgten die stalinistische Zerstörungswut und die sozialistische Mißwirtschaft für den Untergang vieler weiterer Kulturdenkmäler wie Kirchen, Schlösser und Gutshäuser, so daß viele Sagenplätze für immer aus der Landschaft verschwunden sind.

Die Stichworte dieses Schwarzen Führers wurden gegliedert nach den historischen Orten und Gemeinden, d. h. die Sagen wurden den Orten zugeordnet, mit denen sie in der Literatur verbunden sind. Die heutigen politischen Gemeinden, zu denen diese Orte teilweise eingemeindet wurden, sind in Klammern nach dem Ortsnamen aufgeführt.

Dank der Zuarbeit und Mithilfe vieler Heimatfreunde, Museologen, Archivare, Pfarrer und Kirchenmitarbeiter ist dieses Büchlein zustande gekommen. Ihnen allen möchte ich an dieser Stelle herzlich danken!

Vielleicht kann es helfen, in Sachsen nach den Jahren vernachlässigter volkskundlicher und heimatgeschichtlicher Forschungs- und Publikationsmöglichkeit anhand des reichen Sagenschatzes das Bewußtsein und das Interesse für die eigene Vergangenheit zu wecken.

Frank Winkelmann

Symbole

 Burgen und Schlösser

 Wachtürme, Burgruinen

 Kirchen und Klöster

 Kapellen

 Flurdenkmäler : Kreuze, Bildstöcke, Gedenksteine

 Naturdenkmäler : Steine, Felsen und Berge

 Hervorragende Bäume, Wälder

 Quellen und Brunnen

 Seen und Wasserfälle, Moore, Brücken

 Höhlen und Grotten

 Vorgesch. Denkmäler, Hünen- und Hügelgräber

 Häuser, Gasthäuser, Mühlen, Baudenkmäler

 Standbilder, Reliefs, Skulpturen, Gemälde, Wahrzeichen

 Wappen

ALTENBERG (Weißeritzkreis)

Brautstock

Die Anfang des 15. Jahrhunderts am 823 Meter hohen Geisingberg gegründete Gemeinde verdankt ihre Entstehung dem Zinnbergbau. Im Jahre 1446 erhielt sie einen freien Markt und eine Kirche. Schon 5 Jahre später bekam sie von Herzog Friedrich von Sachsen das Stadtrecht mit allen dazugehörigen Freiheiten verliehen. Wenige Kilometer von der tschechischen Grenze entfernt, erinnert noch heute eine alte Postmeilensäule an die Bedeutung der Stadt als Station auf der Straße von Dresden nach Prag.

Auf der Straße, die nach *Zinnwald* führt, findet man einen aufgerichteten Porphyrblock, der den Namen „Brautstock" trägt. In bestimmten Nächten soll man hier eine weiß gekleidete Frau sehen können, die am Stein seufzt, betet und dann zu versinken scheint. Anfang des 18. Jahrhunderts verstarb hier ein Offizier, der sich nach einem Duell, in dem er schwer verwundet wurde, an dieser Stelle mit seiner Geliebten trauen ließ.

Dieser Geschichte scheint tatsächlich eine wahre Begebenheit zugrunde zu liegen. Das Duell soll in Peterswald (heute Tschechische Republik) stattgefunden haben. Der Offizier, ein gewisser Garde-Capitän von Siemenski, wurde nach seiner schweren Verwundung mittels einer Kutsche, die seine Braut vorsorglich zusammen mit einem Arzt bereitgestellt hatte, über *Schönwald* und *Voigtsdorf* in Richtung Altenberg transportiert, in der Hoffnung, daß die Kugel durch einen Sachverständigen würde entfernt werden können. Allerdings spürte der Garde-Capitän kurz vor dem Ziel sein Ende herannahen und wünschte, daß man einen Geistlichen herbeirufen möge, um ihn und seine Braut noch schnell zu trauen. Pastor Johann Georg Bretschneider vollzog unter freiem Himmel die Trauung, die den Zweck hatte, die Ehre der Braut zu retten und sie vor allem zur rechtmäßigen Erbin der Güter des Offiziers zu machen. Dieser starb kurz nach der Trauung, seine Gattin aber überlebte ihn nur wenige Monate. Sie verschied bei der Geburt ihres Sohnes, der später das Erbe antrat.

Der Kahleberg

Ein besonders sagenhafter Platz unweit Altenbergs ist der 906 Meter hohe Kahleberg. An ihm führt die Straße von Altenberg nach Zaunhaus vorbei. Dem Wanderer kann es hier in der Nähe des Berges passieren, daß

sich plötzlich wie aus dem Nichts eine schweigsame, dunkelgrün nach einer vergessenen Mode gekleidete Frau ihm zugesellt und eine Zeitlang neben ihm her geht. Selbst auf direktes Ansprechen zeigt sie keine Reaktion und verschwindet wieder, so plötzlich wie sie erschienen ist, auf einem selten betretenen Waldweg.
Die mitternächtliche, d. h. die dem Norden zugewandte Seite des Kahleberges ist ebenfalls ein Ort, an dem es nicht geheuer ist. Schon viele sollen hier in die Irre gegangen sein. Das geschah vor allem durch die Moosmännchen, die sich hier aufhielten und besonders gern die Waldarbeiter neckten. Es sind kleine Waldgeister, die ein mit Moos überzogenes Gesicht haben und die man nur sehen kann, wenn man etwas seitlich blickt.

ANNABERG-BUCHHOLZ (Lkr. Annaberg)

Pflockscher Altar in der Annenkirche

Als am Ende des 15. Jahrhunderts große Silbervorkommen am Schreckenberg entdeckt wurden, entwickelte sich in kurzer Zeit eine rege Bergbautätigkeit und führte 1497 zur Gründung der Stadt Annaberg. Nachdem man zuerst von der „Newen Stadt bey dem Schreckenperg" sprach, erhielt sie 1499, benannt nach der Patronin der Bergleute und Mutter des Silbers St. Anna, den Namen „Santt Annabergk".
Anfang des 16. Jahrhunderts wurde anstelle einer ersten hölzernen Kirche die Annenkirche errichtet, eine der größten und schönsten spätgotischen Hallenkirchen in Sachsen, die Zeugnis ablegt vom einstigen Reichtum dieser Region. Bedeutende Kunstwerke wie der berühmte Bergaltar mit seinen Darstellungen des spätmittelalterlichen Silberbergbaues, gemalt vom

Annaberg mit der mächtigen Stadtkirche St. Annen (1499–1525). Stahlstich, 1863

Zwickauer Meister Hans Hesse, oder der Hauptaltar aus der Augsburger Werkstatt des Adolf Daucher, die Darstellung der Anna selbdritt von Peter Breuer sowie eine aus fränkischer Werkstatt stammende Schutzmantelmadonna gehören zur kostbaren Ausstattung der Kirche.

Einer der bedeutendsten Familienaltäre ist der sogenannte Pflocksche Altar. Bei den farbintensiven Altargemälden handelt es sich um Werke eines anonymen Cranach-Schülers, von dem sich im mitteldeutschen Raum noch weitere Gemälde nachweisen lassen und der nach seinem Annaberger Werk benannt wird. Der Stifter Lorenz Pflock war einer der reichsten Fundgrübner (mit einer Fundgrube beliehener Bergwerkseigentümer) der Stadt. Er verstarb 1521, kurz nachdem der Altar seinen damaligen Platz an der Südseite der Kirche gefunden hatte, und wurde davor begraben. Heute steht er frei neben einer Säule im Mittelschiff der Kirche.

Den linken Flügel dieses Altars ziert eine Darstellung des hl. Valentin, jenes frühchristlichen Bischofs und Märtyrers, der um 270 während der Christenverfolgung unter Kaiser Claudius in Rom enthauptet wurde. Seiner Vita zufolge soll er den verkrüppelten Sohn des Rhetors Kraton geheilt haben. Gewöhnlich wird er in Pontifikaltracht dargestellt, einen Krüppel oder Epileptiker zu seinen Füßen.

Da offenbar die Heiligenlegende nicht mehr allgemein bekannt war, entstand im Falle des Annaberger Altarbildes folgende Sage: Als die Kirche durch Bischof Johann VI. von Meißen geweiht werden sollte, erblickte dieser an der Pforte einen Bettler, der sich in epileptischen Zuckungen am Boden wälzte. Der Bischof schöpfte den bösen Verdacht, daß der Bettler diese Krankheit nur vorgab, um Mitleid zu erregen, und er sprach, während er ein Kreuz schlug, die Worte: „Bist du wirklich krank, dann helfe dir der Herr, verstellst du dich aber, so strafe er dich!“ Das daraufhin einsetzende fürchterliche Geschrei des Bettlers zeigte allen Anwesenden, daß die gespielte Krankheit Wirklichkeit geworden war.

→ Freiberg, Dom; → Frohnau

Geschwistergrab in der Annenkirche

Das sogenannte Geschwistergrab soll die sterblichen Überreste zweier Kinder beherbergen, die der Sage nach bei einer großen Feuersbrunst am 27. April 1604 ums Leben kamen. Der aufgrund seiner geistigen Behinderung am Bett festgebundene Bruder wurde von

seiner Schwester gepflegt. Als das Feuer ausbrach, konnte das Mädchen die Fesseln nicht lösen, um den Bruder zu retten. Aus Liebe zu ihm entschloß sie sich, mit ihm zu sterben, und beide wurden unter dem zusammenbrechenden Dach begraben. Später fand man die beiden verkohlten Leichen in inniger Umarmung und setzte sie in der Kirche bei.
Diese Geschichte basiert auf einer wahren Begebenheit: Die beiden Geschwister Johann Biener und Benigna Fischer, geborene Biener, kamen tatsächlich im Jahre 1604 bei einem Stadtbrand ums Leben. Sie waren damals aber mindestens 50 bis 60 Jahre alt, da man weiß, daß sie zwischen 1540 und 1550 geboren wurden. Sie wohnten in einem Haus, an dessen Stelle heute das Haus Kirchgasse 1 steht und das den Flammen zum Opfer fiel. Auch das Grab existiert noch in der Annaberger Kirche. Es ist allerdings durch keinen Stein oder sonstigen Hinweis als Örtlichkeit gekennzeichnet. Es befindet sich unter dem Fußboden gegenüber der Kanzel im Mittelgang.

Auferstehungslinde
An der Trinitatiskirche befand sich der alte, im Jahr 1519 durch den Meißener Bischof Johann VII. geweihte Friedhof von Annaberg, der heute aber zum Teil einem Busbahnhof weichen mußte, während der andere Stadtpark wurde. Gleich hinter der Kirche steht eine alte Linde, die sogenannte Auferstehungslinde. Sie wurde aus Anlaß der Friedhofsweihe gepflanzt und ist fast 600 Jahre alt. Über sie erzählt die Sage folgendes: Der berühmte Rechenmeister Adam Ries (1492–1559), der die längste Zeit seines Lebens in dieser Stadt wirkte und hier auch starb, liebte es, mit seinem Beichtvater über religiöse Fragen zu diskutieren. Als sie dabei einmal über den Kirchhof gingen und er Zweifel an der Auferstehung äußerte, riß sein Gegenüber ein junges Lindenbäumchen aus und sprach: „So wahr es ist, lieber Ries, daß ich dieses junge Bäumchen verkehrt in die Erde stecke und es zu einem großen Baum heranwachsen wird, ebenso gewiß gibt es eine Auferstehung!“ Einige Tage später bewirkte das grünende Bäumchen einen Sinneswandel des Meisters, der bis zu dessen Lebensende anhielt.
Grünende Bäumchen oder wieder ausschlagende Balken sind ein sehr häufiges Legendenmotiv. Oft stehen sie in einem Zusammenhang mit dem mehr oder weniger verschütteten Wissen um eine alte Gerichtsstätte, die in alter Zeit meist unter einem Baum, der als

Rechtssymbol galt, bestand. Solch ein Gerichtsplatz ist in diesem Falle nicht nachweisbar.

Friedhof Buchholz

Die ebenfalls aufgrund des einsetzenden Silberbergbaues um 1500 angelegte Berggemeinde ist seit 1949 mit Annaberg zu Annaberg-Buchholz vereinigt.
Der Buchholzer Friedhof befindet sich am südlichen Ortseingang neben der Schneeberger Straße. Eine schauerliche Geschichte erzählt man sich über eine 1730 beim Anlegen eines neuen Grabes gefundene unverweste Totenhand: Der damalige Pastor Melzer schlug im Kirchenbuch nach und fand nach einigem Suchen heraus, daß sie dem im Jahre 1669 begrabenen Sohn des Stadtrichters, Andreas Müller, gehört haben mußte. Der hatte seine Mutter bestohlen und, als sie ihm dies vorwarf, ihr gar noch mit Mißhandlung und Ermordung gedroht. Die später gefundene mumifizierte Hand galt in den Augen der Finder als Beweis für den alten Glauben, daß die Hand desjenigen, der sich gegen seine Eltern vergeht, einst aus dem Grabe wächst. So schilderte es uns die Sage. Tatsächlich gibt es viele Berichte über das Auffinden solcher verdorrter Hände, die in Mauernischen, Kirchen, Rathäusern oder, wie in diesem Fall, in Gräbern gefunden wurden. Die Sage spricht dann von zur Strafe abgeschlagenen Händen von Mördern, Kirchenräubern oder Meineidigen, doch verbirgt sich dahinter meist eine alte vergessene oder mißverstandene Rechtssitte: der „Brauch der toten Hand“: War jemand gewaltsam getötet worden, dann wurde dem Opfer vor der Bestattung im Beisein von Zeugen eine Hand abgenommen, das sogenannte „Leibzeichen“. Dieses diente vor Gericht als Beweismittel für die Tötung.

Pöhlberg

Ein Wahrzeichen und beliebtes Naherholungsgebiet der Stadt ist der 831 Meter hohe Pöhlberg östlich Annabergs. Der aus alter Zeit überlieferte Name *Bielberg* deutet auf einen vorchristlichen Kultplatz hin. Das wird auch durch die Sage untermauert, die vom Schicksal Bilas, der Tochter des letzten heidnischen Herrschers dieser Gegend, berichtet. Auf der Jagd begegnete dieser der schöne Jüngling Conrad, ein Schüler des heiligen Bonifatius, und in Liebe zu ihm entbrannt, ließ sie sich zum Christentum bekehren. Beide wurden von Bilas Mutter und deren heidnischen Priestern gefangen und sollten auf dem Bielberg geopfert werden. Ein Blitzstrahl ließ den brennenden Holzstoß verlöschen, schlug das Götzenbild und dessen Oberpriester zu Boden und bewirkte die Bekehrung zum Christentum bei allen Zeugen dieses Wunders. Der Geist Bilas soll der Sage nach beim Herannahen eines wichtigen Ereignisses den Bürgern der Stadt erscheinen. Nach einer anderen Überlieferung kann ihr der Wanderer mit etwas Glück um die Mittagszeit in der Nähe des Pöhlberges begegnen.

AUE (Lkr. Aue-Schwarzenberg)

Klösterlein Zelle

Folgt man in Aue der Bahnhofstraße stadtauswärts in Richtung *Alberoda,* so gelangt man nach wenigen Minuten zu einer kleinen Klosterkirche, deren unscheinbares Äußeres kaum einen Aufschluß über ihr eigentliches Alter gibt. Die Augustiner-Chorherren-Probstei Zelle wurde im Jahre 1173 gestiftet und stellt die erste Klostergründung im Zuge der Besiedlung des Westerzgebirges dar. Sie unterstand dem Mutterkloster St. Moritz in Naumburg, erlangte aber nie eine größere historische oder wirtschaftliche Bedeutung, wie zum Beispiel das nahe gelegene Kloster *Grünhain.* Während der Reformation wurde das Kloster in ein Rittergut umgewandelt, die Kirche blieb evangelische Dorfkirche. Das Dorf Zelle verschmolz später mit Aue und ist heute ein Stadtteil.
Hinter dem Kloster, an der Zwickauer Mulde, soll der Geist einer jungen Frau umgehen, die im Rittergut gelebt hatte und früh gestorben war. Zwei Bergleuten war sie einst erschienen, als diese, aus Schlema kommend, sich auf einer Wiese ausruhen wollten und eingeschlafen waren. Die geisterhafte Erscheinung warf beiden einen Blumenstrauß zu, den der eine Bergmann in die Tasche seines Kittels steckte, während ihn der andere achtlos wegwarf. Nachdem sie aufgewacht waren, stellte derjenige, der den Strauß eingesteckt hatte, fest, daß sich dieser in pures Gold verwandelt hatte. Der andere, der sein Mißgeschick begriff, suchte noch lange verzweifelt nach dem weggeworfenen Strauß, konnte ihn aber nicht mehr finden.

Muldenufer am ehemaligen Schnorrschen Hammerwerk

Das ursprüngliche Schnorrsche Hammerwerk wurde im Dreißigjährigen Krieg durch Truppen des berüchtigten dänischen Generals Holk zerstört. Veit Hans Schnorr d.Ä. hatte es zwar erst kurz vor der Zerstörung im Jahre 1644 erworben, aber im Volksmund sprach man seitdem vom „Schnorrschen Hammerwerk". Später wurde an dessen Stelle eine Fabrik gebaut, die heute noch unter dem Namen „Auer Metallwaren GmbH" existiert; sie befindet sich in der Gabelung der Wettiner Straße und der Bockauer Talstraße im Südwesten der Stadt.

Das Ufer der Zwickauer Mulde unmittelbar neben dem Fabrikgebäude ist der Ort eines sagenhaften Geschehens, das sich in der Zeit zugetragen haben soll, als das Hammerwerk noch existierte. Die Sage berichtet von einem Geist in der Gestalt eines Bergmannes, den man einst in der Nähe des Schnorrschen Hammerwerkes sah. Dieser spukte regelmäßig an dieser Stelle unweit der Mulde; als man später diesen Ort untersuchte, will man auf Silber gestoßen sein.

Der „Berggeist" ist eine typische Sagenfigur, die man vorzugsweise in Montangebieten antrifft und die in den unterschiedlichsten Gestalten erscheint: Als Bergmann oder, vorzugsweise in evangelischen Gebieten, als Bergmönch kündigt er drohendes Unglück an, hilft, schützt und leistet in Notfällen Beistand oder zeigt, wie in diesem Fall, ergiebige Fundstellen von Erzen an.

AUGUSTUSBURG (Lkr. Freiberg)

Schloß

Vermutlich im 12. Jahrhundert wurde im pleißenländischen Reichsterritorium hoch über der Zschopau die Burg Schellenberg gebaut. Als das Geschlecht derer von Schellenberg der Reichsacht verfiel, gingen deren Besitzungen 1324 an die Wettiner über. Der Ort unter-

Hexen brauen einen geheimnisvollen Absud

halb der Burg wurde ab 1550 als Städtchen bezeichnet. Kurfürst August ließ 1567–72 hier die Augustusburg errichten, nachdem ihr Vorgängerbau einige Jahre zuvor durch Brand zerstört worden war. Der festungsartige, karge Renaissancebau mit seinen vier mächtigen Eckhäusern diente bis zum 30jährigen Krieg hauptsächlich als Jagdschloß. Heute beherbergt er das Deutsche Motorrad Museum. 1899 wurde der Ort Schellenberg in Augustusburg umbenannt.
Die Sage berichtet, daß in der alten Burg Schellenberg im Jahre 1529 zwei Hexen, die „junge und alte Rodin", hingerichtet worden seien. Ihnen wurde zur Last gelegt, mehrmals auf dem Hexensabbath in Schönerstädt Diebsdaumen verkauft und den Frauen gelehrt zu haben, wie sie ihre untreuen Männer durch Zaubermittel zurückgewinnen konnten.
Bei den sogenannten „Diebsdaumen" handelt es sich um die Finger, die man Hingerichteten entfernte, weil man ihnen Wunderkräfte zuschrieb: zum Beispiel sollten sie die Eigenschaft besitzen, ins Bierfaß gehängt, die Qualität des Gerstensaftes zu verbessern.

B

Bad Brambach (Vogtlandkreis)

Galgenberg
Bad Brambach, das schon 1307 als „Siedlung auf der Brandrodung im Buchenwald" erwähnt wurde, erlangte seinen Ruf als Kurort im Jahre 1910, als man die damals stärksten Radonquellen der Welt entdeckte.
Am 638 Meter hohen Galgenberg, nordöstlich des Ortes, der tatsächlich einst eine Richtstätte war, soll es nicht geheuer sein und ein Reiter ohne Kopf mitsamt seinem ebenfalls kopflosen Pferd spuken. Wie die Sage berichtet, handelt es sich um den Geist eines Reiters, der einst einen Urteilsspruch zum Galgenberg zu überbringen hatte, wo der Henker und einiges Volk auf die endgültige Entscheidung des Gerichts warteten. Ein junges Mädchen sollte hingerichtet werden. Als man in der Ferne den Reiter sah und dieser scheinbar das vereinbarte Schuldzeichen gab, indem er mit einem Tuch wedelte, enthauptete man die Unschuldige. Doch kaum war der Reiter näher gekommen, klärte sich das böse Versehen auf: Er hatte sich so sehr beeilt, den Freispruch des Mädchens zu überbringen, daß er sich und seinem Pferd den Schweiß abwischen mußte. Das hatte man als Schuldspruch mißdeutet. Der Reiter enthauptete daraufhin sein Pferd und forderte, seine

Darstellung der Strafen: Verbrennen, Hängen, Blenden, Aufschlitzen, Rädern, Auspeitschen, Enthaupten, Handabhauen. Holzschnitt, 1508

Schuld annehmend, ihn selbst ebenfalls zu richten, was auch geschah. Dennoch fand er seitdem keine Ruhe im Grabe und geht noch immer in der Geisterstunde am Galgenberg um.

Kapellenberg
Auf dem Kapellenberg findet man heute neben einer frühgeschichtlichen Wallanlage noch die Reste einer ehemaligen Kapelle. Am westlichen Abhang des 759 Meter hohen Berges gibt es einen kleinen Teich, die sogenannte „Tränke". Dort kann man der Sage nach gelegentlich zur Mitternachtsstunde eine weiße Frau sehen, die in den Wellen plätschert und sich das Gesicht wäscht. Es ist der Geist einer Nonne des heute nicht mehr existierenden Klosters auf dem Kapellenberg, die ihr von einem heimlichen Liebhaber empfangenes Kind in diesem Teich ertränkte. Ihr Liebhaber,

der sie später mit sich nahm, riet ihr, sich die Hände und das Gesicht mit diesem Wasser zu waschen, um Ruhe zu finden. In ihrer Sterbestunde hörte sie eine Stimme, die ihr zurief: „Am Teich, in dem dein Kindlein ruht, sollst du dich fort und fort in des Teufels Namen waschen, bis zum jüngsten Gerichte!"
Tatsächlich war es früher üblich, daß besonders die Töchter aus adligem Haus oft gegen ihren Willen zum Klosterleben bestimmt wurden – meist aus ökonomischen Gründen, denn die Versorgung in einem Kloster oder Stift war sehr viel billiger als die für eine standesgemäße Heirat erforderliche Mitgift. Heimliche Liebschaften waren daher sicher keine Seltenheit und konnten für die Betroffenen fatale Folgen haben, wenn es zu einer Schwangerschaft kam. Trotz dieser Problematik sah man Kindsmord als eines der schwersten Verbrechen an und zog die seelische Notlage, die Verzweiflung der Mutter nicht mit in Betracht. So erklärt sich auch die schwere Strafe, die in dieser Sage über die Nonne verhängt wird: sie darf im Grab keine Ruhe finden und ist auf ewig verdammt. Zeittypisch trifft auch nur sie die Bestrafung, während ihr Liebhaber ungeschoren davon kommt.
→ Meerane

Ehemaliges Gasthaus „Zum Goldenen Hirsch"
Obwohl die Sage von einem Schloß spricht, besaß der Ort kein solches im eigentlichen Sinne. Im Nordosten von *Oberbrambach*, kurz vor dem Ort *Landwüst*, befindet sich zwar im Wald ein Ringwall von 22 Metern Durchmesser, den man das „Alte Schloß Wintersreuth" nennt, aber es handelt sich dabei um die Reste einer mittelalterlichen Niederungsburg.
Die Sage meint das ehemalige Rittergut. Es bildet den Südabschluß des heutigen Marktplatzes bzw. des Oberdorfes. Es besteht aus zwei Gebäuden, die mit einem die Straße überspannenden Bogen, der Ende des 19. Jahrhunderts abgetragen worden ist, verbunden waren. Das östliche Gebäude diente den Rittergutsbesitzern als Wohnung und wird bis heute in dieser Weise genutzt. Das westliche Gebäude beherbergte ursprünglich das Gericht. Seit Mitte des vorigen Jahrhunderts war darin das Gasthaus „Zum Goldenen Hirsch" untergebracht, das einer Familie Tomeck gehörte, die nach 1945 in den Westen ging. Bis zur Wiedervereinigung waren darin verschiedene Verkaufsstellen untergebracht, momentan dient es nur als Wohnhaus.
Zu der Zeit, als dieses Haus noch als Gasthaus „Zum Goldenen Hirsch" bekannt war, hat sich hier der Sage

nach ein Gespenst sehen lassen, das man den „alten Grünrock“ oder brambachisch „Gräiröckl“ nannte und dessen Erscheinen immer etwas Böses verkündete. Möglicherweise haben wir es hier mit der Gestalt eines adligen Ahnherren zu tun, der analog zu den Erscheinungen der „weißen Frau“, wie man sie von anderen Schlössern oder Gutshäusern her kennt, als Sühne für eine Untat umgeht. Genaueres ist leider nicht bekannt.

Steinkreuz
Nördlich des Ortes, auf der Höhe in Richtung *Oberbrambach*, etwa 20 Meter westlich der Fernstraße 92, steht ein Steinkreuz. Es handelt sich um ein Sühnekreuz für einen 1542 hier geschehenen Mord an einem unbekannten Kaufmann und dessen Tochter. Erst nach Jahren wurde dieser Mord gesühnt und das Kreuz errichtet.
1723 soll sich ein anderes schauerliches Geschehen hier ereignet haben: Die 39jährige Anna Barbara Heinrich kam an einem Sommerabend mit einem Sack Mehl von der Oberen Mühle her. Sie wollte auf einem „Schranke“, einem Zaun, in der Nähe des Kreuzes rasten, wobei ihr der schwere Sack hinabglitt und sie mit seinen Schnüren, die sie beim Tragen um den Hals geschlungen hatte, erwürgte.
Sühnekreuze sind Steinsetzungen, die in sogenannten Sühneverträgen aus dem 13.–16. Jahrhundert oft erwähnt werden. Sühneverträge hatten den Zweck, die Versöhnung eines Missetäters mit der geschädigten oder verletzten Partei herbeizuführen und damit Rache und Fehde zu beseitigen. Die Sühnekreuze spielten dabei eine wichtige Rolle für die Erlangung des Seelenheils des Toten, denn man glaubte, daß er aufgrund seines plötzlichen und gewaltsamen Ablebens selbst nicht mehr Sorge tragen konnte für seine Erlösung aus dem Fegefeuer. Nur die Lebenden konnten ihm durch Gebete helfen. Auf diesem Hintergrund ist es verständlich, daß im Laufe der Zeit auch viele Sagen im Zusammenhang mit solchen Kreuzen entstanden. Sie sind Spukorte, an denen die Seele des Opfers umgeht und auf Erlösung wartet.

Bad Muskau
(Niederschlesischer Oberlausitzkreis)

Schloß
Bad Muskau wurde besonders bekannt durch Fürst Hermann von Pückler (1785–1871), dem Schriftsteller und Kunstfreund. Er besaß das Schloß, das im Jah-

Das Schloß zu Muskau, um 1875

re 1361 erstmals als Wasserburg genannt wurde, bis 1845 und legte den großen, noch heute sehenswerten Park an. Der Schloßneubau im Stil der Renaissance geht auf seinen Nachfolger, den Prinzen Heinrich der Niederlande, zurück. Seit Bestehen des Schlosses und der damit verbundenen Herrschaft wechselten die Besitzer mehrmals. Bedeutende Namen waren die von Bieberstein, in deren Zeit Muskau das Stadtrecht erhielt (1452). Nach dieser Adelsfamilie gelangte es in den Besitz der Burggrafen von Dohna und im Jahre 1644 auf dem Erbwege an die Freiherren, später Grafen von Callenberg. Das Schloß wurde im Frühjahr 1945 durch Brandstiftung zerstört und ist seitdem Ruine.
Die Sage weiß zu berichten, daß immer dann, wenn ein Mitglied der herrschaftlichen Familie sterben soll, im Sterbezimmer eine schöne weiße Taube erscheint. Aus dem Jahre 1662 ist eine solche Begebenheit bezeugt. Catharina Eleonore, die Tochter des damaligen Besitzers Kurt Reinicke von Callenberg, starb in jugendlichem Alter. Kurz vor ihrem Tode setzte sie sich noch einmal in ihrem Bett auf und fragte: „Wo ist denn die weiße Taube geblieben, die um mein Bett flog?" Als ihr keiner antwortete, weil niemand die Taube gesehen hatte, legte sie sich wieder hin und starb sanft und selig.

Bad Schandau (Lkr. Sächsische Schweiz)

Burgruine
Schandau wurde Anfang des 15. Jahrhunderts im Gebiet der böhmischen Herrschaft Hohenstein gegründet. Erst als man in der Zeit der Romantik die landschaftlichen Schönheiten der Sächsischen Schweiz

entdeckte und der Ort sich zum Kurort entwickelte, gewann Bad Schandau an Bedeutung.
Über dem Marktplatz der Stadt erhebt sich der Schloßberg. An seiner höchsten Erhebung findet man die Reste einer alten Burg aus dem Mittelalter, die Wehranlage „Schomberg“. Die Sage behauptet, daß diese Burg der Herrschaftssitz der Herren von Duba gewesen sei. Noch vor einigen Jahren will man einen kohlschwarzen zottigen Hund mit glühenden Augen in der Nähe der Ruine gesehen haben, der vor allem um die Mitternachtsstunde dort umging. Dabei soll es sich um den Geist eines Freiherrn von Duba gehandelt haben, der sich durch besondere Unmenschlichkeit, Wollust, Raubsucht und Geiz zu Lebzeiten ausgezeichnet hatte. Weil er in Notzeiten die Armen, die um ein Stück Brot betteln kamen, von seinen Hunden hetzen ließ, wurde er nach seinem Tode dazu verdammt, selbst in der Gestalt eines Hundes ruhelos umherzuirren.
Als eine gewisse Anna Büttner, die um 1700 lebte, einst zu später Stunde auf den Friedhof ging, um am frischen Grab ihres verstorbenen Vaters zu beten und in ihrer Trauer nicht merkte, daß Mitternacht nahte, da erschien der feurige Hund, aber nicht drohend und furchtbar, sondern er legte sich still und traurig auf den benachbarten Grabhügel. Das fromme Mädchen, das wohl ahnte, diesen verwünschten Geist drücke ebenfalls ein großer Kummer, floh nicht, sondern streichelte ihn und sprach zu ihm Worte des Trostes. Seitdem wurde dieser Hund nicht mehr gesehen.
Eine andere Sage erzählt, daß auch eine weiße Frau gelegentlich in den Ruinen gesehen wurde, die aber niemandem etwas zuleide tat.

BÄRENSTEIN (Weißeritzkreis)

Schloß

Der Ort Bärenstein liegt wenige Kilometer nördlich von *Altenberg* im Osterzgebirge. Über den Namen des Schlosses erzählt man sich die folgende Sage: Vor langer Zeit soll die Gegend eine rauhe Wildnis gewesen sein. Einst traf einer aus dem Geschlecht derer von Bärenstein mit seinem Sohn auf der Jagd zwei Bären auf dem Felsen, auf dem heute das Schloß steht. Im Kampf zerbrach eins der Tiere den Spieß des Sohnes und stieß letzteren den Felsen hinunter. Der Vater geriet über den Fall des Sohnes in einen solchen Zorn, daß er beide Bären tötete. Als er dann zu seinem Sohn eilte, fand er diesen wider Erwarten noch lebendig.

Bärenjagd

Von diesem Ereignis sollen der Ort und später auch das Schloß den Namen erhalten haben.
Soweit diese ätiologische Sage. Tatsächlich wurden Ende des 12. Jahrhunderts neben dem Dorf das Vorwerk und der Hof Bernstein als Sitz des gleichnamigen Adelsgeschlechtes angelegt. Erst im Zusammenhang mit dem Zinnbergbau am Geisingberg um 1440, bei dem die Bernsteiner als Grund- und Regalherren den Zehnt erhielten, waren sie in der Lage, die Burg „Schloß Bernstein" zu bauen. Eine erste urkundliche Erwähnung gibt es aus dem Jahre 1446. Aus dieser Zeit stammt der noch heute erhaltene Rundturm, an den sich drei unregelmäßige Schloßteile anschließen, die wohl bis 1500 angebaut wurden. Noch im Jahre 1734 findet sich der Ortsname „Bernstein" auf einer Postsäule, die noch heute auf dem Marktplatz steht. Mit dem beginnenden 19. Jahrhundert änderte man den Namen in „Bärenstein". Die Burg befindet sich in Privatbesitz und ist nicht zugänglich.

BARUTH (Malschwitz, Lkr. Bautzen)

Schafberg
Etwa 12 Kilometer nordöstlich von Bautzen liegt der kleine Ort Baruth. Wiederum nördlich davon erhebt sich der 204 Meter hohe Schafberg. Dort zeigt sich zur Geisterstunde der „Feuermann" und schleudert prasselnde Flammen um sich.

Der Feuermann ist eine in ganz Europa verbreitete Spukgestalt. In anderen Gegenden nennt man ihn auch „Züsler“, „Brünnling“, „Glühender“ oder „Feuerputz“. Es sind die Seelen von Frevlern, die nach ihrem Tod im Fegefeuer die Schuld für ihre Verfehlungen büßen müssen. Solche Frevler waren zum Beispiel Meineidige, Krämer, die mit falschen Maßen und Gewichten die Leute betrogen, Mörder, reuelos Hingerichtete, gewalttätige Vögte und Beamte, Brandstifter und Totschläger.
Eine weitere Sage berichtet von einem unermeßlichen Schatz, der auf dem Berg vergraben sein soll. Im 17. Jahrhundert soll ein Graf von Gersdorf, der Besitzer des hiesigen Gutes, nach diesem Schatz haben graben lassen und tatsächlich fündig geworden sein: eine Truhe und eine Schatulle kamen ans Tageslicht. Nachdem man die Truhe geöffnet hatte, fand sich darin ein zusammengerolltes Schriftstück mit der Warnung, denjenigen, der die Truhe zu öffnen wagt, werde es seinen erstgeborenen Sohn kosten, und wenn er sich der Schatulle bemächtigte, dann auch noch den zweiten. Der Graf, der zwei Söhne hatte, erschrak so heftig, daß er die beiden Fundstücke sofort wieder vergraben ließ, so daß sich der Schatz noch immer ungehoben auf dem Berg befindet.
→ Belgern

Batzdorf (Scharfenberg, Lkr. Meißen-Radebeul)

Schloß

Fährt man von Dresden in Richtung Meißen, so findet man kurz hinter *Scharfenberg* die Gemeinde Batzdorf, die heute ein Ortsteil von Scharfenberg ist. Über das dortige Schloß gibt es mehrere Sagen, die ein unheimliches Geschehen behandeln. In einem Wirtschaftsgebäude des ehemaligen Schlosses zeigte man früher einen verwitterten Totenkopf, der an einer Kette hing und in einer schrankartigen Vertiefung im Mauerwerk untergebracht war. Einst soll hier ein Ochsenjunge seinen Dienst getan haben, der auch mitunter in der Küche aushalf und als sehr fleißig galt. Doch als eines Tages dem Koch ein silberner Löffel abhanden gekommen war, fiel der Verdacht auf ihn. Unter der Folter gestand er unter Schmerzen seine Schuld, worauf man ihn zum Tode verurteilte. Bevor man ihn durch Köpfen hinrichtete, rief er Gott zum Zeugen seiner Unschuld an und bat ihn zum Zeichen für die anderen darum, daß man seinen Kopf niemals aus dem Haus werde entfernen können. Kaum war die Hinrichtung voll-

zogen und der Körper samt Kopf begraben, da fand man das Haupt in der Küche. So oft man es auch daraufhin wieder in der Erde vergrub, ja sogar einmal in die Elbe warf, kehrte es doch immer wieder dahin zurück. Der Dieb wurde übrigens kurz nach der Hinrichtung entdeckt: es war eine Elster, die ihr Nest in der Esse gebaut hatte und dort das Diebesgut versteckt hatte.
Eine andere Version dieser Geschichte läßt dieses Unglück dem Sohn eines verstorbenen Freundes des Burgherrn widerfahren, den dieser bei sich aufgenommen hatte und seinem eigenen Sohn vorzog. Letzterer rächte sich daher, indem er seinem Vater einen kostbaren Siegelring entwendete und in der Truhe des Pflegesohnes verbarg.
Auch heute ist noch ein Teilstück dieses Totenschädels, die Schädeldecke, vorhanden. Es befindet sich in der vergitterten Nische, die sich aber in einem Wohnbereich befindet und nicht für die Öffentlichkeit zugänglich ist.

Bautzen

Ortenburg

Der mittelalterliche Stadtkern Bautzens ist einer der am besten erhaltenen in ganz Sachsen. Schon während der jüngeren und jüngsten Bronzezeit war des Gebiet am Protzschenberg, gegenüber der späteren Ortenburg, besiedelt, wie Ausgrabungen gezeigt haben. Während der slawischen Zeit dagegen scheint es auf dieser Seite der Spree eine Lücke in der Besiedlungsgeschichte zu geben, die bis ins 12. Jahrhundert reicht.

Bautzen, Hauptort der Oberlausitz. Stahlstich, 1863, nach Zeichnung von Ludwig Rohbock

Auch auf dem Gelände der Ortenburg selbst gibt es Hinweise für eine Siedlungstätigkeit während der Bronzezeit. Die spätere Überbauung läßt hier nur eine slawische und dann frühdeutsche Wallburg vermuten. Die erste Erwähnung einer altsorbischen Siedlung mit dem Namen Budusin finden wir bei Thietmar von Merseburg aus dem Jahre 1002. Im 10. Jahrhundert fanden die Deutschen hier eine relativ dicht besiedelte Gegend vor. Die günstige Lage an einem Schnittpunkt wichtiger alter Handelsstraßen führte vor allem deutsche Handwerker und Kaufleute hierher und ließ neben den sorbischen Siedlungen rasch auch deutsche entstehen, die allmählich zu einer einheitlichen Stadt zusammenwuchsen, wie anhand des Stadtgrundrisses deutlich wird.
Das Hauptgebäude der Ortenburg entstand während der Herrschaftszeit des Matthias Corvinus im 15. Jahrhundert, der König von Ungarn und Böhmen war. Er ließ die Burg, welche einige Jahre zuvor durch einen Brand zerstört worden war, durch seinen Landvogt Georg von Stein zwischen 1483 und 1486 wieder aufbauen. Heute beherbergt das Hauptgebäude der Ortenburg das Bautzener Stadtarchiv und das Historische Staatsarchiv Bautzen. Im sogenannten Hofrichterhaus an der nördlichen Wehrmauer befindet sich das 1973 gegründete Museum für sorbische Geschichte und Kultur.
Wenn man von der Schloßgasse kommend die Burg betritt, so kann man an einer Mauer zwei steinerne Köpfe sehen, die vielleicht einst zu zwei steinernen Bildsäulen gehörten, welche nach dem Brand aus dem Schutt gerettet worden waren. Über diese Köpfe berichtet die Sage folgendes: Einst sollen ein Mönch aus dem hiesigen Franziskanerkloster und eine Nonne aus Prag, die schon seit ihrer Jugend in Liebe zueinander entbrannt, aber von ihren Eltern getrennt und für den geistlichen Stand bestimmt worden waren, eine Möglichkeit gefunden haben, sich zu sehen und miteinander zu verkehren. Als dies entdeckt wurde, hat man sie zur Strafe an jener Stelle, an der heute noch ihre Köpfe aus der Mauer heraussehen, lebendig eingemauert.

Michaeliskirche
In der Nähe des Mühltores und der Alten Wasserkunst, einem Turm, der einst zur Wasserversorgung der Stadt mit Spreewasser diente, befindet sich die Michaeliskirche. Diese Kirche entstand erst nach der Belagerung Bautzens durch die Hussiten 1429 und findet erstmals im Jahre 1473 urkundliche Erwähnung.

Wie es zum Bau dieser Kirche kam, erzählt folgende Legende: Als die Hussiten die umliegenden Ortschaften verwüstet hatten, rief der damalige Landvogt, Hans von Polenz, den Herzog von Meißen um Hilfe an. Der schickte 1200 geharnischte Männer, die sich fünf Tage lang auf einer Wiese vor der Stadt lagerten und damit einen Angriff der Hussiten verhinderten. Da man sich vor diesen aber dennoch sehr fürchtete, wagten weder die Meißner noch die Bautzener Krieger einen Angriff auf ihre Feinde. Als sich die Meißner am 5. Tag nachts heimlich davonschlichen, zogen die Hussiten heran und berannten die ungeschützte Stadt. In der größten Not geschah dann das Wunder: Man sah leibhaftig den Erzengel Michael mit seinem Schwert in der Hand auf der Mauer. Das flößte den Stadtbewohnern so viel Mut ein und den Feinden einen solchen Schrecken, daß sich die Hussiten, als auch noch ihr Hauptmann von einem Pfeil tödlich getroffen wurde, auf und davon machten. Zu Ehren des Erzengels erbauten die Bewohner der Stadt diese Kirche.

Der heilige Michael, Streiter und Seelenwäger, um 1490

Mönchskirche

Bei der Ruine der sogenannten Mönchskirche handelt es sich um die Reste des einstigen Franziskanerklosters, das 1225 gegründet, nach der Reformation von den Mönchen verlassen und schließlich, nachdem es im Jahre 1598 abgebrannt war, nicht wieder aufgebaut wurde.

Hier soll einst, als das Kloster noch in Blüte stand, ein Mönch gelebt haben, der bei seinem Eintritt in dasselbe sich nicht von einem kleinen ererbten Besitz hatte trennen können: einem kostbaren Ring, einer goldenen Kette und einem mit Edelsteinen besetzten Kreuz. Es gelang ihm, diese in einem Sarg im Grabgewölbe zu verstecken, das gut verschlossen war. Regelmäßig ergötzte er sich an diesen Dingen, wenn die Gelegenheit günstig war. Doch als er eines Tages bemerkte, daß er auf dem Rückweg den Schlüssel verloren hatte, wartete er die Nacht ab, bis alle Klosterbrüder schliefen und schlich mit einer Kerze zur Gruft, um ihn zu suchen. Da man seither des öfteren nachts diesen Mönch mit der Kerze in der Hand gesehen hat, scheint er wohl den Schlüssel bis heute nicht gefunden zu haben.

Teufelshöhle am Protzschenberg

Auf der linken Seite der Spree erhebt sich der Protzschenberg. Über ihn gibt es eine Reihe von Sagen, die von einer goldgefüllten Schatzhöhle berichten. Etwa in der Mitte des Felsabhanges findet man ein kleines, etwa 1–2 Meter tiefes Loch, die sogenannte Teufelshöhle. Diese soll ursprünglich der Eingang gewesen sein.

Einst, vor mehreren hundert Jahren, ging ein verarmter Bürger Bautzens hier spazieren und erblickte zu seinem Erstaunen in der Teufelshöhle drei weißhaarige alte Männer um einen steinernen Tisch sitzen. Die Männer schienen selbst aus Stein zu sein, so verwittert sahen sie aus und so unbeweglich saßen sie da. Nachdem man ihm bedeutete, näher zu treten, sah er, daß die Wände der Höhle mit Gold und Edelsteinen bedeckt waren. Davon durfte er sich auf Geheiß der Männer soviel nehmen, wie er glaubte zu brauchen, um seine Not zu lindern – natürlich nur unter der Bedingung, keinem Menschen etwas davon zu verraten. Auch dürfe er noch einmal wiederkommen, wenn alles aufgebraucht wäre. Nach seiner Rückkehr in den Ort begann er ein neues Leben, allerdings ein sehr gottloses. Er betete nicht, er arbeitete nicht, sondern saß vom Morgen bis zum Abend im Wirtshaus. Dort gelang es dann auch einem Zechbruder, ihm das Geheimnis seines Reichtums zu entlocken. Doch nützte es diesem nichts, denn seither blieb die Höhle mit ihren Schätzen fest verschlossen.

BELGERN (Lkr. Bautzen)

Alte Schanze

Wenige Kilometer östlich von Bautzen, in der Nähe der Autobahn A 4, liegt der kleine Ort Belgern. Obwohl das gesamte Gebiet zwischen dem westlich davon gelegenen *Purschwitz* bis zum südlich liegenden *Wurschen* gemäß einer ganzen Reihe von Sagen vom sogenannten „Feuermann“ heimgesucht wird, ist die Alte Schanze in Belgern besonders bekannt. Es handelt sich dabei um die Reste einer mittelalterlichen Wehranlage, die westlich vom Ortskern auf dem Schanzberg liegt.

Als einmal ein Mann von Belgern aus nach Kumschütz wanderte, sah er unterhalb der Schanze plötzlich den Feuermann stehen. Der Mann, der nicht gerade zu den Furchtsamen zählte, ging ruhig seinen Weg weiter, bemerkte aber bald, daß der Feuermann ihm in immer gleichem Abstand folgte. Da es noch nicht sehr spät am Abend war und es eben noch dämmerte, konnte der Mann das Gespenst ziemlich genau betrachten. Es brannte nur dessen oberer Teil, während der untere kohlschwarz anzusehen war. Die Begleitung dauerte etwa 10 Minuten, worauf die Erscheinung verschwand.

Alfred Meiche schrieb in seinem „Sagenbuch des Königreiches Sachsen“ (1903) folgendes über den Sagenkreis um den Feuermann in der Lausitz: „... Die Sagen vom Feuermann sind auf einen ganz engen Kreis beschränkt: auf Dörfer zwischen Bautzen und Weißenberg. ... Er soll sich in der Nacht, besonders um Mitternacht zeigen, doch nicht während des ganzen Jahres, nach einigen nur in der St. Andreasnacht. Seine Gestalt wird sehr verschieden beschrieben: Wie ein Licht, wie eine große leuchtende Kugel, wie ein Mann, dessen oberer Teil brenne, während der untere Teil ganz schwarz sei, wie ein verkehrt auf dem Rosse sitzender Reiter mit grausig zerhauenem Antlitz oder wie eine flammende Garbe. Er bewegt sich auf dem Erdboden oder nur niedrig über demselben und nur auf dem Schafberge auch um die Wipfel hoher Bäume. Sein Charakter ist im ganzen gut. Wer ihn in Frieden läßt, braucht ihn nicht zu fürchten. Er erleuchtet und zeigt dadurch dem nächtlichen Wanderer den Weg.

Niemals hört man, daß der Feuermann jemanden irre geführt hätte wie die bludnicki.“
→ Baruth

Bernsbach (Lkr. Aue-Schwarzenberg)

Teufelstein

Zwischen Aue und Schwarzenberg liegt der kleine Ort *Lauter*. Fährt man von der Ortsmitte in Richtung Bernsbach und überquert am Ortsausgang das Schwarzwasser sowie die Eisenbahngleise, so erblickt man nach etwa 100 Metern auf der rechten Seite, unmittelbar hinter dem Ortsschild Bernsbach, den Teufelstein. Es ist leider etwas beschwerlich, einen Aufstieg zu dieser bizarren Felsengruppe zu finden, denn Privatgrundstücke umlagern den Fuß des Berges fast lückenlos. Die beste Möglichkeit findet man, wenn man den Wanderweg „Teufelsteinweg“ etwa 50 Meter weiter geht und dann hinter dem Gartengrundstück links abbiegt.
Um diese Felsgebilde ranken sich einige sonderbare Sagen. Die bekannteste Sage, eine sogenannte ätiologische Erzählung, bemüht sich, die auffallende Felsbildung zu erklären: Als einst ein Kriegsheer, das Schwarzenberg belagern wollte, sich hier zusammenzog, kam ein Mönch des Grünhainer Klosters vorbei, der einen Leuchter nach Schwarzenberg zur Reparatur bringen sollte. Die Kriegsknechte verleiteten ihn zum Tanzen und Kartenspielen, und schon bald hatte er sein weniges Geld verspielt und wollte den Leuchter einsetzen, als zufällig der Abt des Weges kam. Nachdem dieser für seine Bitte, den Leuchter nicht zu verspielen, nur Hohn und Spott erntete, verfluchte er den Mönch und die Kriegsknechte, welche daraufhin zu Stein wurden und noch heute zur Warnung für Spieler und Gotteslästerer auf dem Teufelsstein zu sehen sind.
Eine weitere Sage, die in verschiedenen Varianten auch in anderen Gegenden bekannt ist, erzählt von einer gelben Wunderblume, die alljährlich im Frühjahr am Hang unterhalb der Steine wachsen soll. Sie ist der Schlüssel zu einer geheimen Felsspalte, die einen Goldschatz verbirgt. Ein Schäfer aus Beierfeld fand einst diese Blume und wurde auch des Schatzes ansichtig. Doch als er entgegen der Mahnung eines bärtigen Wächters, Ruhe zu bewahren, einen Ausruf des Erstaunens von sich gab, soll sich der Berg geschlossen und seither nie wieder geöffnet haben.
Bei dieser gelben Wunderblume handelt es sich vermutlich um die Schlüsselblume (Primula elatior), eine

der ersten Frühlingsblumen, die der Volksglaube mit besonderen heilenden und zauberischen Kräften ausgestattet hat. Die Form von Blütenstand und Stengel erinnern an einen Schlüssel mit Bart – daher der Name der Pflanze, um die sich viele Sagen und Legenden ranken: hier öffnet sie den Zugang zu verborgenen Schätzen.
Der Schäfer ist eine verbreitete Sagenfigur, die in diesem Zusammenhang sicher nicht zufällig gewählt wurde. Schäfer waren einerseits aufgrund ihrer Tätigkeit soziale Außenseiter und Einzelgänger, andererseits galten sie wegen ihres tiermedizinischen Fachwissens als Zauberer, die leicht zur verborgenen Geisterwelt Zugang finden konnten.
→ Burgstädt

Beutha (Lkr. Stollberg)

Steinkreuze
Am südöstlichen Teil der Friedhofsmauer, nur wenige Meter von der Leichenhalle entfernt, befindet sich eine überdachte Stelle, an der zwei alte Steinkreuze aufgestellt wurden. Zwischen ihnen wurde noch eine dazugehörige größere Steinplatte angebracht. Teilweise erkennt man noch auf allen drei Steinen Reste von Inschriften, die vom Leben und der Hinrichtung des berühmt-berüchtigten sächsischen Räuberhauptmannes Nicol List berichten. Nicolaus List (1654–1699) machte nicht nur die Gegenden der Schönburgischen Herrschaft unsicher, sondern dehnte, als man hier intensiv nach ihm fahndete, seinen Wirkungskreis bis nach Norddeutschland aus. Ihm, dem man auch schwarzmagische Kräfte zuschrieb, folgte eine Bande, die aus Hehlern, Fälschern und „Spezialisten" bestand, die angeblich jedes Schloß öffnen konnten. Als er seine Aktivitäten wieder ins Vogtland und nach Oberfranken verlegte, faßte man ihn und verurteilte ihn in Hof zum Tode. Da er seinen größten Raub in Norddeutschland unternommen hatte, übernahm das Lüneburgische Gericht in Celle seinen Fall und ließ ihn 1699 hinrichten.
Bei den drei Steinen handelt sich vermutlich um Gedenksteine. Sie standen ursprünglich vor dem Haus Dorfstraße 58b, wo sich einst das Haus des „Schwarzen Nickel" befand, das aber bereits vor 1700 abgerissen wurde. Die beiden Kreuze sollen an zwei ermordete Hartensteiner Bürger erinnern; der glatte Stein stellt einen Schandstein für den Räuber dar. Seit 1930 stehen sie hier auf dem Friedhof.

BLANKENHAIN
(Crimmitschau, Lkr. Zwickauer Land)

Agrar- und Freilichtmuseum Schloß Blankenhain
Der im 12. Jahrhundert als Waldhufendorf gegründete Ort, 12 Kilometer westlich von *Crimmitschau* gelegen, ist heute ein beliebtes Ausflugsziel. Besonders beeindruckend sind die barocke Schloßanlage, die im 16. Jahrhundert auf den Resten einer kleinen Wasserburg errichtet wurde und seit einigen Jahren ein interessantes Agrarmuseum beherbergt, sowie andere als Museumsobjekte eingerichtete Gebäude, wie z. B. die Dorfschule, der Bauernhof, die Windmühle usw.
Auf einem Flurstück in Richtung *Nischwitz*, in der Nähe der Nischwitzer Straße, war einst die Richtstätte des Ortes. Dort stand ein Baum, der sogenannte „Galgenbaum“, der aber in den dreißiger Jahren dieses Jahrhunderts gefällt wurde. Hier soll sich einst folgende Geschichte zugetragen haben: Auf dem Schloß wurde der Edelfrau eine goldenen Kette gestohlen. Der Verdacht fiel auf einen Hirtenjungen, der von den Knechten und Mägden bei ihrer Herrschaft gehässigerweise angezeigt wurde. Als man ihm den Prozeß machte, beteuerte er zwar seine Unschuld, doch glaubte man den Schwüren der Ankläger mehr als ihm und verurteilte ihn zum Tode durch den Strang. An jener Stelle unweit des Schlosses wurde ein großer Balken als Galgen aufgerichtet und der Verurteilte dorthin geführt. Im Angesicht des Todes beteuerte er noch einmal seine Unschuld und fügte hinzu, daß der Balken, der ihm nun als Galgen diene, nach seinem Dahinscheiden wieder anfangen werde zu grünen. Schon bald trieb das Holz frisches Grün und bezeugte damit die Unschuld des Hirten.
Diese Sage trägt starke sozialkritische Züge: das Justizopfer ist ein Hirtenjunge, ein Angehöriger einer gering geachteten Randgruppe. Das Legendenmotiv vom grünenden Baum kommt auch in einigen Totensagen vor; auf wunderbare Weise wird die Unschuld des Betroffenen offenbar.
→ Crimmitschau

Rudelsburg
In *Rußdorf*, das heute ein Ortsteil von Blankenhain ist, im Wald oberhalb der Teichgruppe, findet man, wenn man dem gut beschilderten Wanderweg folgt, auf einem kleinen Hügel die Reste einer frühmittelalterlichen Höhenburg, die Rudelsburg. Gut erhalten sind noch der Wall und der Wallgraben. Vermutlich wäh-

rend der zweiten Hälfte des 12. Jahrhunderts angelegt, ist erst aus dem Jahre 1304 ein Ritter Erich von Rußdorf, genannt von Ponitz, bezeugt. 1372 ist das Geschlecht derer von Gries, Dienstmannen der Vögte von Weida, Besitzer der Burg.
Eine Sage berichtet, daß die Burg während des Dreißigjährigen Krieges nur dadurch entdeckt und daraufhin zerstört worden sei, weil fliegende Tauben von der Burg Schönfels die durch alten Baumbestand kaum sichtbare Burg verraten hätten.
In der Folgezeit sollen Zwickauer Bergleute einen tief unter dem Burghügel liegenden Silberschatz ausgegraben haben und mit diesem bei Nacht und Nebel verschwunden sein. Dabei sollen sie auf eine Höhle gestoßen sein, die vermauert und so hoch war, daß sich ein Pferd mit Reiter darin bewegen konnte.

BURGSTÄDT (Lkr. Mittweida)

Taurastein

Im östlichen Teil des 1378 erstmals erwähnten Städtchens Burgstädt, unweit des Wettinhaines und der Freilichtbühne, findet man eine kleine Anhöhe, den Taurastein. Von diesem berichtet die Sage, daß er einen Schatz beherberge. Einst soll hier ein Opferplatz

Der Schatzweiser

der heidnischen Wenden gewesen sein, die sich der Sage nach immer noch als gespenstige Männchen dort blicken lassen und den verborgenen Schatz hüten. Vor vielen Jahren trug es sich zu, daß ein Burgstädter Bürger an diesem Ort rastete und eine Stimme vernahm, die ihm das große Glück versprach. Ein graues Männchen führte ihn in eine Höhle, in der sich der Schatz befand. Auf das Angebot des Männchens, den Schatz zu nehmen und diesem dafür sein soeben geborenes Kind zu bringen, reagierte der Mann entsetzt und hielt dem Verführer ein Kreuz entgegen, womit er den Spuk beendete. Die Felswände stürzten krachend ein und begruben das Gold wieder unter sich.

Es ist eine weit verbreitete Erscheinung, daß bestimmte Berge oder markante Felsen in der Sage zu Orten verborgener Schätze werden. Oft mag man tatsächlich in der Vergangenheit an solchen Plätzen wertvolle Beigaben aus vorgeschichtlichen Gräbern oder in Kriegszeiten vergrabene Münzen gefunden haben. An einem Ort wie dem Taurastein, der ein alter Kultplatz gewesen sein soll, kann solch ein Fund durchaus Anlaß für die Entstehung der Sage gewesen sein.

Das Schatzmotiv findet sich neben dem Sagen- auch im Mythen- und Märchenbereich. Ein anderer Erklärungsansatz soll daher nicht unerwähnt bleiben: Der bekannte Schweizer Psychologe Carl Gustav Jung (1875–1961), der Begründer der Tiefenpsychologie, sah im Motiv der Schatzsuche einen innerseelischen Vorgang, ein archetypisches Muster im kollektiven Unbewußten des Menschen. Der „Seelenführer", ein Geist, ein Zwerg, ein alter Mann, etc., führt den „Helden" in eine Höhle, in der ungeheure Schätze liegen, welche von einem Untier (Drache, Hund mit feurigen Augen usw.) bewacht werden. Diese Schätze erringt er nur, wenn er eine Aufgabe erfüllt, oder er darf sie nur behalten, wenn er eine bestimmte seelische Qualität besitzt, zum Beispiel die Fähigkeit zu schweigen. Die Sage projiziert in dieser Sichtweise seelische Vorgänge auf äußere Gegebenheiten.

CHEMNITZ

C

Bildnis des Abtes Hilarius in der Schloßkirche

Im Jahre 1136 stiftete Kaiser Lothar von Süpplingen in dem damals noch stark bewaldeten Erzgebirgsvorland das Benediktinerkloster Chemnitz auf einer Anhöhe über dem Chemnitzfluß. Es besaß einen eigenen Fernhandelsplatz, doch die Stadt entwickelte sich un-

abhängig vom Kloster im Zuge der bäuerlichen Besiedlung des Gebietes während der Stauferzeit und bildete einen bedeutenden Knotenpunkt für die Straße von Zwickau nach Freiberg und Dresden.
Während der Reformation, im Jahre 1540, wurde das Benediktinerkloster aufgehoben und zum Schloß umgewandelt. Es beherbergt heute das Schloßberg-Museum. Die Klosterkirche erlebte mehrere architektonische Veränderungen, vor allem im Chor, und erhielt ein völlig neu gestaltetes Hallenlanghaus sowie die Türme. Zu den bedeutendsten Kunstwerken gehört das spätgotische Hauptportal von Hans Witten mit den Figuren von Hans Maidburg. Ebenso beachtenswert ist die Geißelsäule von Hans Witten aus dem Jahre 1515. Lucas Cranach d.Ä. schuf um 1520 vier Gemälde, die Bestandteile zweier Altäre sind.

In der Kirche findet man ein altes Gemälde, das den Abt Hilarius zeigt. Dieses Bild soll der Sage nach merkwürdige Wunderkräfte haben. Niemand darf es wagen, es zu necken oder gar von seinem Platz zu entfernen, wenn ihm nicht ein großes Übel oder ein Unglück wiederfahren soll. Im Gegensatz dazu, so erzählt man sich, soll es einst eine Magd, die es gesäubert hatte, mit einem Taler belohnt haben.
Der vollständige Name des Abtes lautet Hilarius Carpentarius von Rehborg. Als letzter Abt stand er dem Kloster seit 1522 vor bis zu dessen Auflösung im Jahre 1540. Man sagte ihm einen „losen“ Lebenswandel nach, was nicht unwahrscheinlich erscheint, wenn man die Tatsache in Betracht zieht, daß er nach der Klosterauflösung sofort zum evangelischen Glauben übertrat, die Tochter des Bürgermeisters heiratete und

Chemnitz, der frühere Marktplatz mit dem Hohen Turm und der Burg des Stadtvogts. Stahlstich 1863

ein bürgerliches Leben führte. Das Bildnis, das man heute in der Chemnitzer Schloßkirche sehen kann, ist allerdings nur eine Kopie des sagenumwobenen Tafelbildes. Das Original befindet sich im Städtischen Reiß-Museum in Mannheim.

Teufelskanzel in der Schloßkirche

Eine weitere sagenhafte Geschichte erzählt man sich von der sogenannten Teufelskanzel, einer zweiten Kanzel gegenüber dem Altar, die etwa 1515 gleichzeitig mit dem kunstvollen Nordportal und der Geißelsäule entstand. Diese Kanzel soll der Sage nach der Teufel selbst aus Mißbilligung des neugebauten Klosters einst in einer Nacht geschaffen und, um die Mönche vollends zu verhöhnen, eigenhändig deren Eingang vermauert haben. Ein eingedrückter Pferdehuf zeigte den entsetzten Mönchen am nächsten Morgen, wer der Schöpfer dieses Werkes gewesen war.

Die Kanzel kann zwar noch immer besichtigt werden, doch fehlt von dem Pferdehuf jede Spur. Die eigentliche Ursache für die Entstehung dieser ätiologischen Sage war der Umstand, daß man beim Umbau des Klosters in ein Schloß 1664 einige Veränderungen an der Kirche vornahm. Dabei wurden große Teile des Kreuzgangs, in dem sich der Zugang zu dieser Kanzel befand, abgerissen und der Zugang vermauert. Damit konnte die Kanzel nicht mehr betreten werden und wurde unbenutzbar.

Stiftskirche im Ortsteil Ebersdorf

Ende des 12. Jahrhunderts erbaut, wurde die Kirche in Ebersdorf im Zusammenhang mit einem wundertätigen Marienbild Anfang des 15. Jahrhunderts zu einer Wallfahrtsstätte. Die achteckige Marienkapelle auf dem Kirchhof wurde daraufhin errichtet und beherbergte lange Zeit dieses Wunderbild. Es wird vermutet, daß es sich bei der Holzskulptur der sitzenden Madonna, die heute noch in der Kirche zu sehen ist, um dieses Marienbild handelt.

Von diesem Bild werden viele Geschichten erzählt, die meistens wunderbare Heilungen beschreiben. So soll unter anderem einst ein Lahmer nach der Berührung des Bildes geheilt worden sein. Seine nicht mehr benötigte Krücke hat er daraufhin zum Zeichen seiner wunderbaren Heilung der Kirche überlassen, wo sie den Wallfahrern als Reliquie gezeigt wurde. Auch diese Krücke ist noch vorhanden und wird in der Ebersdorfer Kirche aufbewahrt.

Burg Rabenstein

Am nordwestlichen Ortsrand von Chemnitz auf einer kleinen Felsklippe steht die Burg Rabenstein. Vermutlich im 12. Jahrhundert wurde sie als Wasserburg erbaut. Als erster Besitzer ist ein Cunradus de Rabenstein erwähnt. Ihre heutige Gestalt erhielt die Burg im 15. Jahrhundert, als sie als Besitzung des Chemnitzer Klosters von Abt Caspar von Meckau umfassend erneuert wurde. Heute beherbergt sie ein Heimatmuseum.

Von dieser Burg erzählt man sich folgende Sage: Ein ehemaliger Besitzer, ein Herr von Carlowitz, der körperlich sehr mißgestaltet war, soll einst an einer unbekannten Stelle innerhalb der Burg eine Pfanne voll Geld vergraben haben mit dem Bannspruch, daß nur ein künftiger Besitzer des Schlosses, der aus seiner Familie stammt und ebenso bucklig ist wie er selbst, den Schatz finden und heben kann.

→ Werdau, Roter Berg; → Kamenz, Reinhardsberg

CHURSDORF (Lkr. Mittweida)

Steinkreuze

In Chursdorf bei *Penig*, findet man drei Steinkreuze. Sie stehen mitten im Ort, gegenüber dem Haus Dorfstraße Nr. 60. Am besten erhalten ist das mittlere, es ist etwa einen Meter hoch und trägt ein deutlich sichtbares, tief eingeritzes Schwert von etwa 80 Zentimetern Länge. Die beiden anderen, die rechts und links jeweils einen Meter daneben stehen, erinnern nur noch torsohaft an Kreuze. Auch bei ihnen erkennt man noch schwache Reste von Einritzungen. Ihr ursprünglicher Standort soll an der heutigen Fernverkehrsstraße von Leipzig nach Chemnitz gewesen sein, wobei nicht mehr bekannt ist, wo und ob einzeln oder zusammen. Über das Alter der Kreuze gibt es keine gesicherten Erkenntnisse.

Mehrere sich widersprechende Bedeutungssagen erzählt man sich im Ort: Der einen Version nach sollen die Steine zum Gedächtnis an ein Duell zweier schwedischer Offiziere während des Dreißigjährigen Krieges errichtet worden sein, welches für einen der beiden tödlich endete.

Nach einer anderen Version errichtete man sie in katholischer Zeit als Sühne- oder Stationszeichen für die Prozession am Fronleichnamsfest, die von Penig aus über Chursdorf zur Kapelle der „Elenden Maria“ bei der Höllmühle wallfahrtete. Diese Kapelle wurde im Jahre 1539 abgebrochen.

Eine dritte Version schließlich behauptet, sie stellten Sühnekreuze dar für eine Freveltat, die der Besitzer eines Gutes in Nieder-Chursdorf beging. Er hatte seine Magd ermordet und soll als Sühne nicht nur die Kreuze, sondern auch die Kapelle zur „Elenden Maria", deren Name auf ein darin enthaltenes Bildnis der leidenden Gottesmutter hinweist, errichtet und fortan als Einsiedler gelebt haben.
→ Bad Brambach

COLDITZ (Muldentalkreis)

Egidienkirche
Colditz liegt an der Zwickauer Mulde zwischen *Rochlitz* und *Grimma*. Die erste Erwähnung von Colditz stammt aus dem Jahre 1046, als hier ein Burgward im slawischen Gau Chutici genannt wird. Wiprecht von Groitzsch erhielt die Burg im Jahre 1083, sie gelangte von dessen Erben an den Bamberger Stiftsvogt Rapoto von Abenberg und von diesem 1147 an Kaiser Friedrich I., der es zum Reichsgut und Teil des pleißenländischen Reichsterritoriums machte. Die Reichsministerialen von Colditz erweiterten in der Folgezeit durch Kolonisation ihren Herrschaftsbereich und konnten gegenüber den aufstrebenden Wettinern immerhin bis ins 14. Jahrhundert eine gewisse Unabhängigkeit bewahren. Erst 1404 wurde Colditz in das markmeißnische Territorium eingegliedert.
In der Nähe des Marktplatzes steht die Egidienkirche. Sie wurde 1286 erstmals urkundlich erwähnt, 1430 von den Hussiten in Brand gesteckt und 1504 während eines Großfeuers noch einmal stark beschädigt. Danach begannen umfangreiche Instandsetzungsarbeiten. Das Rippengewölbe wurde geschaffen, und die Kirche erhielt die beiden großen Glocken. Nach der Erhöhung des Turmes im Jahre 1563 bekam der „Tür-

Das Aufhängen der Glocken

mer“ darin seine Wohnung. Dieser hatte die Aufgabe, die Stunden zu schlagen. In der Chronik von Colditz erwähnt Bellger die Sitte, daß nachmittags um 3 Uhr die Glocke 12 mal geschlagen wurde. Er führt diesen Brauch auf das Jahr 1581 zurück, als die Pest geherrscht hatte und man jeden Tag um diese Zeit die Glocke „zum allgemeinen Begräbnis und Erinnerung des Gebets“ geläutet hatte.
Eine Sage verlegt die Ursache für diese Gepflogenheit allerdings in eine andere Zeit: Im Dreißigjährigen Krieg wurde die Stadt von den Schweden belagert, die den Einwohnern bis nachmittags um 3 Uhr eine Frist gewährten, um ihre bewegliche Habe zu retten. Zwar waren befreundete Truppen in der Nähe, doch konnten sie nicht bis zu diesem Termin eintreffen, um Hilfe zu leisten. Da entschlossen sich die Bürger zu einer List: sie ließen um 3 Uhr die Mittagsstunde anschlagen und täuschten so ihre Feinde. Die befreundeten Truppen trafen rechtzeitig ein, vertrieben die Schweden und retteten die Stadt.
Das zwölfmalige Anschlagen nachmittags um 3 Uhr wurde 1870 eingestellt, da es zu vielen Ärgernissen geführt hatte.

CONRADSDORF (Halsbrücke, Lkr. Freiberg)

Steinkreuz
Ein besonders schönes Steinkreuz findet man in Conradsdorf, an der Südwand eines Nebengebäudes des Pfarrhofes, nahe des Nordostausganges des Dorfes. Es ist etwa 1,20 Meter hoch, und man erkennt einen tief eingeritzten Spieß auf seiner Oberfläche. Nicht ganz sicher scheint es zu sein, ob die folgende ortsgeschichtliche Überlieferung tatsächlich mit dem Kreuz in Verbindung steht: Der abgebildete Spieß soll das Mordwerkzeug darstellen, mit dem ein gewisser Kantor Eckardt oder Eckert einen Kirchenräuber, den er auf frischer Tat ertappt hatte, zum Tode beförderte. Auch wenn ein unmittelbarer Zusammenhang dieser Tat mit dem Kreuz nicht eindeutig historisch belegbar ist, so deutet der eingeritzte Spieß auf ein Sühnekreuz hin.
→ Bad Brambach

COSWIG (Lkr. Meißen-Radebeul)

Karrasburg
Der Ort Coswig, nordwestlich von Dresden gelegen, gehörte einst der adligen Familie von Karras, die dort eine seit 1421 nachweisbare Wasserburg besaß. Von

dieser ist allerdings nur noch ein trockengelegter Ringgraben mit Mauerresten erhalten, der heute teilweise von einem Wohnhaus überbaut ist. Man findet ihn in der Nähe der alten Kirche.
Der Sage nach soll ein gewisser Georg von Karras den Kurfürsten Moritz in der Schlacht bei Sievershausen (1553) mit einer silbernen Kugel erschossen haben, weil dieser ihm einen Teil der Waldungen im Friedewald im Zusammenhang mit dem Bau der Moritzburg abgerungen hatte, um damit sein Jagdrevier zu vergrößern. Dieser Mord blieb lang verborgen, erst durch den Beichtvater des verstorbenen Ritters soll das Geheimnis bekannt geworden sein, woraufhin man den Toten aus der Gruft nahm, ihm den Kopf abschlug und den Körper vierteilte. Der Körper wurde verscharrt, der Kopf dagegen im Keller des Schlosses eingemauert. Diese nachträgliche „Hinrichtung“ des Schuldigen sowie die Verweigerung seines angestammten Grabes bedeutet eine besonders schwere Bestrafung, denn so findet er als Toter keine Ruhe mehr.
Die ungewöhnliche Tötungsweise des Kurfürsten durch eine silberne Kugel erinnert stark an die Werwolfsage. Möglicherweise glaubte man, daß Moritz, der ein sehr willensstarker, energischer und ehrgeiziger Mann war und der aufgrund seiner politischen und militärischen Erfolge dämonische und unheimliche Züge hatte, nur auf diese Weise zu töten war.
→ Niederau

COTTA (Lkr. Sächsische Schweiz)

Spitzberg
Fährt man von *Pirna* aus in Richtung *Bad Gottleuba*, so gelangt man auf halber Strecke zum Dorf Cotta, das am Fuß des 391 Meter hohen Spitzberges liegt. Dieser Berg bietet nicht nur einen grandiosen Ausblick auf die idyllische Umgebung, sondern war der Sage nach Wohnplatz eines Zwergenvolkes, die man in dieser Gegend „Querkse“ nennt. Auch am nahen Langenhennersdorfer Wasserfall hatten sie eine Wohnung, doch ein böses Schicksal führte dazu, daß sie bis auf einige wenige, welche die Schätze im Spitzberg bewachen müssen, die Gegend verließen. Einst soll nämlich ein Mädchen, dem einer der Querkse aus Liebe die Wohnung am Wasserfall gezeigt hatte, alles in der Beichte verraten haben. Daraufhin hörte man an einem düsteren Novembermorgen, als dichter Nebel die Gegend verhüllte, das Trippeln von unzähligen kleinen Füßen, welche den Kirchweg hinunter in

Richtung Pirna zogen, wo sie sich von einem Fährmann übersetzen ließen. Das Mädchen verstarb kurze Zeit später an gebrochenem Herzen und niemand weiß seither, ob die Zwerge eines Tages, wie sie versprochen haben, wiederkehren werden. Einmal im Jahr soll sich übrigens die Höhle am Spitzberg auftun und für jedermann zugänglich sein, der sich die Schätze ansehen möchte. Schade ist nur, daß keiner weiß, wann dieser Tag ist.
Die Höhle am Spitzberg existiert nur in der Sage, während am Langenhennersdorfer Wasserfall tatsächlich die sogenannte Zwergenhöhle bekannt ist.
→ Langenhennersdorf

CRIMMITSCHAU (Lkr. Zwickauer Land)

Hufeisen am Haus Herrengasse 1
Schätzungsweise um 1200 zusammen mit den umliegenden Waldhufendörfern gegründet, findet Crimmitschau 1222 erstmals als civitas Erwähnung. Die Herrschaft der 1212 genannten Reichsministerialen von Crimmitschau, die das Amt des königlichen Landrichters im Pleißenland innehatten, ging Anfang 1300 an die Herren von Schönburg über. Nach Aussterben der Crimmitschauer Linie derer von Schönburg fiel sie an die Markgrafen von Meißen. Von den Wettinern erhielt sie 1414 das Schmöllner Stadtrecht. Die wirtschaftliche Blüte der Stadt begann Mitte des 18. Jahrhunderts mit dem Aufkommen der Textilmanufakturen. Eine gewisse geschichtliche Berühmtheit erlangt die Stadt durch den Textilarbeiterstreik im Jahre 1903. Eine seltsame Sehenswürdigkeit der Stadt findet man gegenüber dem Rathaus. Hier steht ein Haus, das

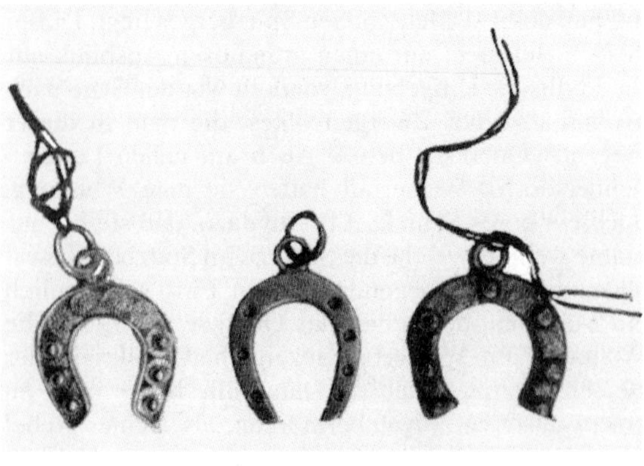

Hufeisen: Amulett oder Hausschmuck

durch sein wunderbar restauriertes Renaissance-Portal zu den architektonischen Besonderheiten Crimmitschaus zählt. Über diesem Tor, an der Wand neben einem Fenster, erblickt man ein Hufeisen. Von ihm berichtet die Sage, daß nach der Beendigung des Dreißigjährigen Krieges, als die Friedensbotschaft durch die deutschen Lande drang, ein schwedischer Trompeter in ungeheurem Galopp durch die Straßen der Stadt jagte, sich dabei dieses Hufeisen löste und in hohem Bogen bis zum Fenster im ersten Stock geschleudert wurde, wo es liegenblieb. An derselben Stelle wurde das Hufeisen befestigt.

Hufeisen gelten auch heute noch als Glücksbringer. Der Brauch, ein solches als Amulett über der Tür oder am Haus zu befestigen, ist sehr alt. Daher kann vermutet werden, daß schon vor dem Dreißigjährigen Krieg ein Hufeisen dieses Haus zierte. Die Sage versuchte dann später das Vorhandensein dieses Eisens zu erklären, indem sie es mit dem Ende des Krieges in Verbindung brachte.

Leider steht das Haus Herrengasse 1, auf das sich ursprünglich die Sage bezieht, nicht mehr. Es wurde Ende der achtziger Jahre abgerissen. Auch der Standort des neuen Hauses stimmt nicht mehr exakt. Im Zuge der Neubebauung des Stadtkerns wurde es näher an den Markt heran gerückt. Heute ist hier die Stadtbibliothek untergebracht.

Drei Linden im Ortsteil Frankenhausen

Vom einstigen Zisterziensernonnenkloster Frankenhausen, Ende des 13. Jahrhunderts gegründet, findet man heute außer der gut erhaltenen Kirche nur noch vereinzelte Nebengebäude, die kaum eine Vorstellung davon vermitteln, wie bedeutend es einst war. Es besaß neben Frankenhausen noch weitere vier Dörfer der Umgebung mit eigenem Gerichtsbezirk, sowie Streubesitz in etwa 30 Dörfern und einigen Städten des Pleißenlandes. Im Zuge der Reformation ereilte, wie so viele sächsischen Abteien, 1531 auch das Frankenhausener Kloster das Schicksal der Säkularisation. Die sechs letzten Nonnen erhielten eine Abfindung, das Kloster wurde später in ein Rittergut umgewandelt.

Unweit der Kirche führt der sogenannte Drei-Linden-Weg zum nahegelegenen *Heiersdorf.* Hinter der Autobahnbrücke gelangt man an jene sagenumwobene Stelle, die einst tatsächlich die Gerichtsstätte Crimmitschaus war und dem Weg seinen Namen gab. Hier standen drei alte Linden, die vor einigen Jahrzehnten

Femegericht unter der Linde

durch neugepflanzte ersetzt wurden und mit denen die Sage folgende Begebenheit verband: Einst wanderte ein junger Fleischerbursche mit seinem Hund in Richtung Crimmitschau, begleitet von einem alten Juden. Trotz der Warnung seines Begleiters eilte der junge Bursche in den Wald, aus dem sich ein klägliches Wimmern vernehmen ließ, fand aber nach langem Umherirren niemanden. Als er sich anschickte umzukehren, wurde sein Hund von einem Wolfshund angefallen. Er stand dem Tier bei, wurde dabei aber selbst mit Blut benetzt. Auf der Straße angelangt, fand er den Juden nicht mehr. Stattdessen wurde er nach seinem Eintreffen in der Stadt ergriffen und vom Richter zum Tode verurteilt, denn man hatte die verstümmelte Leiche des Juden gefunden und deutete das Blut am Hemd des Burschen, das eigentlich von seinem Hund stammte, als Beweis der Greueltat. Bei seiner Hinrichtung riß er drei Zweige von einer Linde, steckte sie in die Erde und beschwor seine Unschuld mit den Worten: „Wenn diese Zweige Wurzeln schlagen und zu Bäumen emporwachsen, sollt ihr merken, daß ich unschuldig gestorben bin!" Zehn Jahre später wurde der wirkliche Mörder gefaßt, als dieser, von seinem gequälten Gewissen getrieben, die drei Linden zu fällen versuchte. Er wurde ebenfalls hingerichtet.

CROTTENDORF (Lkr. Annaberg)

Dorfkirche

Vermutlich schon seit dem 12. Jahrhundert ist das große Waldhufendorf Crottendorf besiedelt. Seit dem Spätmittelalter, vor allem aber im 16. Jahrhundert, blühte hier der Eisensteinbergbau. Wie das gesamte

Erzgebirge, ist auch Crottendorf ein Ort, um den sich viele Sagen ranken.

So erklärt die Sage den Namen des Dorfes aus dem Umstand, daß es einst in vorchristlicher Zeit auf dem Liebenstein, dem 756 Meter hohen Berg östlich des Ortes, einen Kultplatz für einen Götzen namens Crodo gegeben habe, der noch viele Jahre nach der Ortsgründung sein Unwesen trieb – zum Beispiel auch beim Bau der Kirche, den er unter allen Umständen zu verhindern suchte. So sollen die Mauern, die tagsüber errichtet worden waren, allnächtlich von diesem Unhold wieder umgestoßen und das Bauholz und die behauenen Stämme an das andere Ende des Dorfes geschleppt worden sein. Erst als ein Priester das Baumaterial segnete, mußte der „Teufel" dasselbe in Ruhe lassen, und der Kirchenbau konnte vollendet werden.

Um die Kirche aus dem 16. Jahrhundert rankt sich noch ein anderes rätselhaftes Geschehen: Am Weihnachtsabend des Jahres 1584 erblickte ein Junge vor der Christmette in der Kirche, die eigentlich noch hätte leer sein müssen, einen unbekannten Priester im Meßgewand vor dem Altar stehen, so als hielte er die Messe. Der Junge erschrak, lief davon und erzählte sein Erlebnis im Dorf. Als der Schulmeister dann zur Mette läuten ging, war es wieder dunkel in der Kirche und nichts zeugte mehr von dem mitternächtlichen Spuk. – Im Jahre der Pest 1639 erblickte ein gewisser Georg Donat, als er nachts die Leichen begrub, einen gespenstischen Priester aus der Kirche kommen. Der Mann erschrak ebenfalls fürchterlich und lief davon. Seitdem spricht man im Ort davon, daß immer wenn sich ein solches Vorzeichen zeige, ein Priester sterben werde.

Die zuerst erwähnte Sage spiegelt auf eindrucksvolle Weise die Auseinandersetzung zwischen Christentum und Heidentum wider. Die alten Gottheiten – in diesem Fall Crodo – wurden diabolisiert und erhielten damit dämonische Züge. Die Episode mit dem Bauholz ist ein typisches Legendenmotiv. Erst der Segen des Priesters beendet den Spuk und demonstriert die Überlegenheit des Christentums.

→ Görlitz, Peterskirche

CUNEWALDE (Lkr. Bautzen)

Bieleboh und Czorneboh

Etwa 10 Kilometer südöstlich von Bautzen liegt Cunewalde, ein Ort, der sich aus drei Waldhufendörfern entwickelte und 1222 vom Bischof von Meißen dem Domkapitel zu Bautzen übertragen wurde. 1242 wird ein Herrensitz des Henricus de Chunewalde erwähnt. Das Dorf liegt eingebettet zwischen den beiden Bergen Bieleboh im Süden und Czorneboh im Norden. Auf dem 561 Meter hohen Czorneboh (früher Schleifberg) lassen sich Ringwälle nachweisen, die von einer vorslawischen Bevölkerung stammen und als Kultplätze und Fliehburgen gedeutet werden können. Mit 499 Metern ist der Bieleboh (bis 1827 Beiersdorfer Berg) die höchste Erhebung südlich von Cunewalde. Er bietet einen schönen Rundblick über das Mittellausitzer Bergland und ist deshalb ein beliebtes Ausflugsziel.

Die Namen beider Berge stammen aus der sorbischen Mythologie und wurden ihnen im vergangenen Jahrhundert, als eine romantisierende Heimatforschung aufkam, nachträglich verliehen.

Eine Sage über den Czerneboh scheint die alten Wallanlagen zum Anlaß genommen zu haben: Zur Zeit der Sorbenwenden hätten diese auf dem Berg ihren Götzen Czerneboh verehrt, der hier ein Schloß gehabt haben soll. Er hatte aber eine Tochter, die er mehr liebte als alle seine Schätze. Als das Christentum sich in der Gegend verbreitete, wurde der Götze zu Stein und seine Tochter wurde in ein Veilchen verwandelt. Alle hundert Jahre zu Walpurgis soll die Jungfrau zum Leben erwachen, und wem es beschieden ist, das Pflänzchen in diesem Augenblick zu pflücken, der soll die Jungfrau mit allen Schätzen ihres Vaters erhalten.

Der Walpurgistag, der Tag der hl. Walburga (710 bis 779), einer Tochter Richards von England, ist der 1. Mai. Dieser Tag nimmt im Brauchtum eine besondere Stellung ein, da er als besonders geeignet gilt für Magie und Zauberpraktiken aller Art. Die Verwandlung der Tochter in ein Veilchen ist ein Ausdruck ihrer Tugendhaftigkeit und Demut, welches diese Pflanze symbolisiert. Man findet sie auch als Mariensymbol und Symbol der Passion Christi.

Eine andere sagenhafte Erscheinung ist der „Pan Dietrich", der als wilder Jäger oft über den Czorneboh zieht und sich auch an vielen anderen Stellen der südlichen Lausitz zeigt. Wie unschwer zu erkennen ist, verbirgt sich hinter dieser Sagengestalt „Dietrich von Bern", der vor allem aus der mittelalterlichen epischen Literatur bekannt ist. Die Forschung sieht in ihm den Ostgotenkönig Theoderich von Verona (454–526), der als Anhänger des Arianismus von der Kirche als Ketzer bezeichnet wurde und nach seinem Tod als „wilder Jäger" durch die Lüfte fahren muß.

→ Oelsnitz, Röhrholz; → Neukirch, Angstberg

DIEHSA (Weißenberg, Niederschlesischer Oberlausitzkreis)

Banngehölz

In der Nähe des Stausees Quitzdorf, etwa 5 Kilometer südlich von *Niesky*, liegt das Dorf Diehsa. Von hier führt eine Straße in Richtung *Thräna*, die im Wald an einer Stelle vorüberkommt, welche in der Gegend das „Banngehölz" genannt wird. Wie die Sage berichtet, soll einst ein Edelmann das Schloß in diesem Dorf bewohnt haben. Er war sehr wild und hartherzig. Obwohl seine Frau von ihrem Wesen her das genaue Gegenteil war, blieb die Ehe einige Zeit durchaus harmonisch, bis nach einigen Jahren seine Liebe nachließ und sich in Abneigung verwandelte. Vielleicht mochte es auch an dem fehlenden Kindersegen gelegen haben, denn als er eines Tages von einem Freund zurückkehrte, dem er seinen Sohn neidete, entbrannte er in Wut über sein unfruchtbares Weib. Als sie ihm am Tor mit offenen Armen entgegenlief, stieß er sie heftig von sich, wobei sie sich am eisernen Torflügel so schwer verletzte, daß sie kurz darauf starb. Noch viele Jahre quälten Gewissensbisse den Edelmann, bis er es dann eines Tages nicht mehr ertrug und seinem Leben mit Gift ein Ende bereitete. Aber auch da fand er keine Ruhe: er irrte am Abend als Geist am Tor umher und verschwand dann um Mitternacht unter großem Gewimmer in der Gruft. Ein Priester bannte ihn an der oben erwähnten Stelle, wo er nun dem Wanderer erscheint – gibt dieser nicht acht, dann fesselt er ihn auf einige Zeit an diesen Ort, so daß er ihn nicht verlassen kann. Das Schloß selbst ist nicht mehr vorhanden. Es wurde nach dem Krieg von kommunistischen Eiferern abgebrochen.

Wacheberg

In der unmittelbaren Nähe von Diehsa, zum Stausee zu, befindet sich der 166 Meter hohe Wacheberg. Am Fuß dieses Berges ist es nicht geheuer. Hier geht das Mittagsgespenst um, das in dieser Gegend auch „Pschipolnitza" genannt wird. Es erscheint dort am Mittag von 12 bis 2 Uhr in der Gestalt einer weißgekleideten Frau mit einer Sichel. Sie pflegt den Bauern auf dem Feld zu erscheinen und ihnen, wenn sie nicht reinen Herzens sind, viele Fragen zu stellen. Können sie diese beantworten, so ist es gut – wenn nicht, dann tut sie ihnen ein Leid an.

Das Mittagsgespenst, auch Mittagsdämon oder Mittagsfrau genannt, ist eine aus dem Nahen Osten stammende Dämonengestalt, die schon in den Psalmen der Bibel genannt wird und in der lateinischen Übersetzung „daemonium meridianum“ heißt. Es scheint sich dabei um eine Personifizierung der durch Mittagshitze und Erschöpfung hervorgerufenen seelischen Ausnahmezustände zu handeln. Eine enge Verwandtschaft besteht auch zu den Korngeistern, dem Kornweib, der Roggenmutter usw., die denjenigen mit Fragen überschütten, den sie am Mittag bei der Arbeit antreffen und töten, wenn er diese nicht beantworten kann.

→ Hochkirch

Diesbar-Seusslitz (Lkr. Riesa-Großenhain)

Felsen

An der heutigen Meißner Straße in der Mitte der beiden Ortsteile Diesbar und Seußlitz, nicht weit von der Elbe entfernt, erblickt man einen Felsen, der scheinbar ein menschliches Antlitz trägt. Man erzählt sich hier die Sage, daß einst in einer nahen Schlucht zwei Brüder wohnten, die von der Räuberei lebten und das gleiche Mädchen liebten. Als sie eines Tages darüber in Streit gerieten und das Mädchen schließlich einem von beiden den Vorzug gab, wollte sich der andere das Leben nehmen, als er sah, daß beide über die Elbe übersetzten. Als er sich in seiner Verzweiflung vom Berg stürzen wollte, soll er von einem Zauberer in diesen Felsen verwandelt worden sein.

Dippoldiswalde (Weißeritzkreis)

Einsiedlerstein

Die im östlichen Erzgebirge gelegene Stadt entstand Ende des 12. Jahrhunderts als Waldhufendorf neben einer Burg der Meißner Markgrafen. Schon früh (1266) ist der Silberbergbau bezeugt.

Volkstümliche Überlieferung bringt den Ortsnamen mit einem Eremiten namens „Dippoldus“ in Verbindung, der in der Mitte des 10. Jahrhunderts in der Nähe des heutigen Ortes Dippoldiswalde seine Einsiedelei gehabt haben soll. Einst kam zu ihm Boleslaus der Gottlose, Herzog von Böhmen, dessen Gewissen seit einigen Jahren durch den Mord an seinem Bruder Herzog Wenzel dem Heiligen schwer belastet war. Als er in der Einsiedelei den heiligen Dippold fand, beeindruckte dessen heiligmäßiger Lebenswandel ihn so, daß er sich taufen ließ und von seinem gottlosen Leben völlig abkehrte. Aus Dank soll er dem Einsiedler ganz

in der Nähe seiner Klause eine Kapelle gebaut haben. Diese Sage scheint eine reine Erfindung zu sein, soweit es den heiligen Dippold betrifft, denn ein solcher läßt sich nicht nachweisen. Die Forschung dagegen bringt den Stadtnamen eher mit dem Personennamen „Dietbald" („der Kühne im Volk") in Zusammenhang. Allerdings gibt es in der Dippoldiswalder Heide tatsächlich einen Sandsteinfelsen, der den Namen „Einsiedlerstein" oder auch „Einsiedlersitz" trägt. Er ist ein beliebter Kletterfelsen, der durch die vielfältigen Einwirkungen der Erosionskräfte seine typische Gestalt bekommen hat. Auf diesem Felsen findet man auch die Reste der in der Sage beschriebenen Einsiedelei, sowie in einigen Metern Entfernung die Grundmauern einer Kapelle. Über beide gibt es aber keinerlei historische Hinweise und vielleicht wurde durch die Sage versucht, jene Wissenslücken zu füllen.
Zum „Einsiedlerstein" gelangt man, wenn man Dippoldiswalde in nördlicher Richtung auf der Rabenauer Straße verläßt und nach einem Kilometer in den sogenannten Marktsteig einbiegt. Nach einem weiteren Kilometer hat man sein Ziel erreicht.

Dresden

Schloß

Der slawische Gau Nisani fiel unter Heinrich IV. an den Böhmenherzog Vratislav und gelangte als Heiratsgut im Jahre 1084 an Wiprecht von Groitzsch. Um 1144 kam das Gebiet an die Wettiner und wurde ein Teil der Mark Meißen. Gegen 1200 gründeten sie neben der slawischen Vorgängersiedlung Dresdens eine kleine Burg und kurz darauf die civitas, die den Übergang über die Elbe sichern sollten. Ihre wirtschaftliche Bedeutung blieb gering und wurde bis ins 15. Jahrhundert hinein von der nahe gelegenen Stadt Pirna in den Schatten gestellt. Eine entscheidende Veränderung trat erst mit der Leipziger Teilung von 1485 ein, als Dresden zur Residenzstadt der albertinischen Linie der Wettiner wurde. In den folgenden Jahren entwikkelte sich Dresden zu einer der kunsthistorisch bedeutendsten Städten Europas und die prachtvolle Architektur seiner Bauwerke trug ihm den Namen „Elbflorenz" ein. Bauwerke wie der Zwinger, die Hofkirche oder die Kreuzkirche gehören zu den schönsten Zeugnissen des Barock. Das am 13. Februar 1945 über Dresden hereingebrochene Bombeninferno, das vor allem für die betroffenen Menschen eine unvorstellbare Tragik bedeutete, war aber auch für das alte Dres-

den als architektonische Einheit eine Katastrophe. Zwar wurden die bedeutendsten Gebäude wieder aufgebaut, aber die Altstadt mit ihren barocken Häuserfassaden bleibt für immer verloren.
Das Schloß, das seine heutige Gestalt im wesentlichen im 16. Jahrhundert erhielt, wurde durch mehrere Anbauten erweitert und in den Formen der Renaissance zu einem einheitlichen Bauwerk gestaltet.
Ein sagenhaftes Geschehen wird aus dem Jahre 1694 in einer alten Handschrift berichtet. Am 22. April dieses Jahres soll sich im Schloß der sogenannte Dresdner Mönch haben sehen lassen, dessen Erscheinung damals als Anzeige für den bevorstehenden Todesfall einer hochstehenden Persönlichkeit galt. Tatsächlich verstarb wenige Tage später, am 27. April, der Kurfürst Georg IV.
Der Dresdner Mönch ist eine bekannte Geistergestalt, die auch an anderen Plätzen der Stadt gesehen wurde,

Magdalena Sybille Reichsgräfin von Rochlitz. Stahlstich von V. Froer

zum Beispiel auf dem ehemaligen Kirchhof der Frauenkirche oder an dem Abschnitt der Bastei gegenüber dem Albertinum, den man „Die Jungfer“ nannte. Im Zusammenhang mit dem Tod Georgs IV., ebenso dem Georgs III., wurden unter August dem Starken gerichtliche Untersuchung durchgeführt. Man vermutete, beider Ableben sei das Werk der Generalin Ursula Margarethe von Neitschütz gewesen. Zuerst soll sie den Kurfürsten Johann Georg III. auf magische Weise getötet haben, indem sie von ihm eine Figur aus Wachs geformt und ins Feuer geworfen hatte, wodurch der Fürst an „verbranntem Herzen“ verschied. Als Beweis galt, daß man bei der Sektion das Herz und den Körper blutleer gefunden hatte. Ihr Ziel war, den Sohn des Kurfürsten mit Hilfe liebeszauberischer Praktiken unlöslich an ihre Tochter Magdalena Sybilla zu binden. Tatsächlich erklärte der dreiundzwanzigjährige Johann Georg IV. ihre Tochter zur Favoritin, stattete sie mit Gütern aus und setzte für sie sogar den Titel einer Reichsgräfin von Rochlitz durch. Als Magdalena Sybilla an den Pocken erkrankte und bald starb, scheint sich auch der Kurfürst infiziert zu haben, denn er folgte ihr wenig später ins Grab.
Man warf der alten Generalin vor, auch Georg IV. behext zu haben, indem sie ihrer verstorbenen Tochter ein Porträt ihres Liebhabers sowie ein aus dessen Haar verfertigtes Armband mit in den Sarg gegeben hatte. Bei der Sargöffnung zur Beweiserhebung wurden diese Gegenstände entdeckt und als magische Ursache für das rasche Nachsterben des Kurfürsten erkannt. Der Prozeß endete mit der lebenslangen Verbannung der Generalin in ein entlegenes Dorf.

Kreuzkirche
Die bekannte Kreuzkirche befindet sich am Altmarkt. Ihr Baubeginn datiert schon in die Zeit der Stadtgründung im 13. Jahrhundert zurück. Nachdem der gotische Vorgängerbau durch eine Brandkatastrophe in Mitleidenschaft gezogen worden war, erfolgte 1764 ein Neubau. Der Innenausbau orientierte sich an den Entwürfen von Johann Georg Schmidt, einem Vertreter der barocken Dresdner Bauschule; dagegen schuf Christian Friedrich Erxner die Außengliederung in eher schlichten Formen.
Eine Sage berichtet, daß man hier in der Kreuzkirche noch bis zum Jahre 1760 auf dem Fußboden der Orgelempore den Tritt eines Pferdefußes habe sehen können. Dieser beglaubigte eine Begebenheit, die sich am Anfang dieses Jahrhunderts zugetragen haben soll:

Die Kreuzkirche, älteste Stadtkirche Dresdens. Radierung, 1757

Als ein Kreuzschüler sich während der Predigt erlaubt hatte, Karten zu spielen, hatte ihn der Teufel geholt und dabei so heftig aufgestampft, daß er dabei den Abdruck seines Fußes hinterließ. Hier handelt es sich gleichzeitig um eine Teufelerklärungs- und Warnsage. Das Kartenspiel wird diabolisiert – nicht nur weil dabei oftmals viel Geld verspielt wurde, sondern weil es besonders frevelhaft war, während der Predigt zu spielen. In vielen Sagen nimmt der Teufel selbst – zunächst unerkannt – am Kartenspiel teil, um die Mitspieler dazu zu verleiten, ihr Seelenheil einzusetzen.

Goldener Reiter

Vom Schloß und der Semperoper aus führt die Augustusbrücke in den Stadtteil Dresden-Neustadt. Dort steht auf dem Neustädter Markt, unmittelbar am Ende der Brücke eines der bekanntesten Wahrzeichen der

Stadt, der Goldene Reiter, ein Standbild August des Starken. Es wurde von seinem Sohn und Nachfolger in Auftrag gegeben und in den Jahren 1733–1735 von dem schwäbischen Kupferschmied Ludwig Wiedemann nach den Entwürfen J. Vinaches geschaffen.
Dabei soll sich der Künstler, wie es uns eine Sage glaubhaft machen will, der Hilfe des Teufels bedient haben. Dieser hatte ihn aber kurz vor Vollendung des Werkes im Stich gelassen, so daß der Meister vergaß, dem Pferd eine Zunge ins Maul zu geben. Später auf seinen Irrtum aufmerksam gemacht, soll er vor Schreck gestorben sein.
Beides entbehrt allerdings der Wahrheit: Das Pferd auf dem Standbild ist seit seiner Fertigstellung durchaus vollständig und besitzt eine Zunge, und auch der Meister hat sein Werk noch einige Jahre überlebt.
Friedrich August I. (1670–1733), wegen seiner Körperkräfte „der Starke“ genannt, war der 2. Sohn Jo-

Friedrich August I. Reiterstandbild auf dem Neustädter Markt in Dresden. Um 1730

hann Georgs III. Nach dem plötzlichen Tod seines Bruders Johann Georg IV. folgte August I. diesem 1694 in der Kurwürde nach. Im Jahre 1697 wurde er König von Polen und wechselte zum katholischen Glauben über. Er träumte von einem albertinischen Großstaat, der sich von Thüringen über Sachsen, Schlesien und Böhmen bis an den Bosporus erstrecken sollte. Doch die militärischen Erfolge, die eine solche Expansionspolitik erforderte, blieben ihm versagt. Dafür erhielt die Residenzstadt Dresden unter ihm ihren bestimmenden baulichen Charakter. Er beschäftigte bedeutende Architekten, Bildhauer und Goldschmiede und die Erfindung des Porzellans verhalf dem Land zu großem Ansehen und wirtschaftlicher Blüte.

Bastei
Etwa in der Zeit der Reformation wurde die Stadt nach niederländischem Vorbild mit mächtigen Wällen und Bastionen umgeben. Große Teile dieser Anlagen prägen das Bild der Altstadt zur Elbe zu und können heute besichtigt werden. Die einzelnen Abschnitte der Befestigung trugen Namen wie „Bastion Sol", „Bastion Luna", „Bastion Saturn" usw., wobei die „Bastion Venus", besser bekannt unter der Bezeichnung „Jungfernbastei", ein sagenhafter und unheimlicher Ort ist. Hier zeigte sich besonders oft der schon erwähnte Dresdner Mönch. Es soll eine besonders schauderhafte Erscheinung sein, denn der graue Barfüßer-Mönch trägt seinen abgeschlagenen Kopf unter dem Arm! Sein Erscheinen verkündet, ähnlich der Erscheinung der Weißen Frau bei anderen Adelsfamilien, den baldigen Tod eines Mitgliedes des sächsischen Fürstenhauses. Man erzählte sich, daß er gewöhnlich aus einem heute nicht mehr existierenden Brunnen, dem sogenannten Mönchsbrunnen am Wilsdruffer Wall, in der Gegend des heutigen Postplatzes, herausstieg und sich dann zu verschiedenen Orten der Stadt begab. Am 22. April 1694 zeigte er im Schloß den Tod Georgs IV. an, am 3. Oktober 1698 hat er die Wachen an den Stadttoren erschreckt, so daß sie von allen Posten her um Hilfe riefen. Wie man im Volk erzählt, soll dieser Mönch einst zu Lebzeiten die beiden kurfürstlichen Brüder Moritz und August bei einem Gespräch belauscht haben und deshalb zur Strafe geköpft worden sein. Doch bleiben weitere Einzelheiten, wie es scheint, für immer im Dunkel der Geschichte.

Brühlsche Terrasse
Kurfürst Friedrich August II., der als polnischer König August III. hieß, regierte Sachsen von 1733–1763. Er war im Vergleich zu August dem Starken ein eher temperamentloser Mensch, der sich lieber der Jagd und dem Kunstgenuß hingab und die Regierungsgeschäfte seinem immer mächtiger werdenden Premierminister Graf Brühl überließ. Seitdem das schönste Stück der Festungsanlagen am Elbeufer als Schenkung seines Fürsten in dessen Besitz übergegangen war, nennt man es die Brühlsche Terrasse. Der Architekt Johann Christoph Knöffel gestaltete die einstige Anlage mit Lustgarten, Palais und Pavillons zu einer der repräsentativsten der Stadt. Hier wurden in augustinischer Zeit pompöse Feste gefeiert, mit aufwendigen Bootskorsos auf der Elbe und Riesenfeuerwerk. Von dem einstigen Ensemble blieb nur der Delphinbrunnen erhalten; heute steht im Zentrum der Terrasse das Gebäude der ehemaligen Königlich-Sächsischen Kunstakademie. Hinter den dicken Mauern der sogenannten alten Kasematten führte Johann Friedrich Böttger (1682–1719) seine Experimente aus, die im Jahre 1707 zur Erfindung des europäischen Porzellans führten. Zwar wurde er daraufhin zum Administrator der in Meißen errichteten Manufaktur, doch währte sein Lebensglück nicht lang: nachdem man einen Brief Böttgers entdeckt hatte, dem man entnehmen konnte, daß er das Geheimnis der Porzellanherstellung für Geld weitergeben wollte, warf man ihn ins Gefängnis, wo er 1719 starb.
Auf der Brühlschen Terrasse soll es der Sage nach nicht geheuer sein, da einst hier ein Geist umging. Man will früher eine weiß gekleidete Frau gesehen haben, die aus dem Brühlschen Palast kam und sich

Belvedere auf der Brühlschen Terrasse, um 1850

immer wieder einer bestimmten Stelle näherte, um sich dann über das Geländer ins Wasser fallen zu lassen. Man erzählte sich, daß dies der Geist der Mätresse des Grafen Brühl, einer gewissen Albuzzi sei, die an jener Stelle einst ihrem Leben ein Ende gemacht hatte und nun nicht mehr zur Ruhe kommen könne. Leider ist über diese Dame nichts weiter bekannt, außer daß sie eine Schauspielerin gewesen sein soll.

Kirche in Dresden-Kaditz

Im Nordwesten Dresdens, in Richtung *Radebeul,* liegt der Stadtteil Kaditz, der einst eine eigenständige Gemeinde war. Man gelangt am besten von der Abfahrt Nr. 79 der Autobahn A4 dorthin.

Am westlichen Ortsrand, ganz in der Nähe der Elbe, steht die alte Dorfkirche. Sie befindet sich an der Stelle eines älteren Vorgängerbaues, der Laurentiuskapelle, die wohl im 13. Jahrhundert gebaut wurde und zu den ältesten im Elbtal gehörte. Der Kirchenbau erfolgte um 1600, aber im 30jährigen Krieg scheint sie so großen Schaden genommen zu haben, daß im Jahre 1650 erneut von einem Kirchenbau gesprochen wurde. Mitte des 18. Jahrhunderts erhielt sie ihre barocke Gestaltung im Innenraum, und im 19. Jahrhundert erfolgten mehrere bauliche Veränderungen an der äußeren Gestalt. Mit der Eingemeindung von Kaditz zu Dresden im Jahre 1903 benannte man im Folgejahr die Kirche in Emmaus-Kirche um.

Von der einstigen Laurentiuskapelle ist nur noch das gotische Kreuzgewölbe im Turm der heutigen Kirche erhalten. Es zeigt auf seinem Schlußstein den heiligen Märtyrer Laurentius, den früheren Namenspatron. Lorenz war Diakon des Bischofs Sixtus in Rom und wurde der Legende nach im Jahre 258 auf einem glühenden Rost gebraten, weil er dem Kaiser auf dessen Geheiß nicht die Kirchenschätze auslieferte, sondern sie an die Armen Roms verteilte und jene als die unvergänglichen Schätze der Kirche dem Kaiser präsentierte. Die Kapelle war eine Wegekapelle am sogenannten „Bischofsweg" vom Meißner Dom nach Bischofswerda und ein Orientierungspunkt für die Elbschiffer. Heute wird das Turmgewölbe als Brauthalle genutzt.

In der Sakristei befindet sich ein altes Ölgemälde, das den ehemaligen Ortspfarrer Johann Böhme (1637 bis 1703) zeigt.

Von diesem behauptet die Sage, er habe sich erhängt. Seine Verwandten trugen daraufhin die Leiche zur Elbe, um einen Unfall vorzutäuschen. Und so glaubte man, nachdem man ihn gefunden hatte, tatsächlich an

Tod durch Ertrinken. Nun wird aber erzählt, daß jedesmal am Kirchweihfest des Ortes, welches gleichzeitig der Todestag war, dieses Ölgemälde gewaltig schwitze, so als sei es eine lebendige Person, der es im Gedränge der vielen Menschen zu heiß werde.
Das Ölgemälde war lange Zeit verschollen und wurde vor 20 Jahren wiederentdeckt. In der „Sächsischen Kirchengalerie" gibt es allerdings einen sehr ehrenhaften Nachruf auf diesen Pfarrer, was die in der Sage behaupteten Zusammenhänge eher zweifelhaft erscheinen läßt. Es könnte sich daher um eine ätiologische Sage handeln, die den Umstand zu erklären versuchte, daß es aufgrund der Novemberkälte und den Ausdünstungen der Gemeinde, die sich am Kirchweihtag in der Kirche versammelte, zu dem als Schwitzen interpretierten Beschlagen des Bildes gekommen war.

Mordgrund in Dresden – Weißer Hirsch

Im Stadtteil Weißer Hirsch, etwa da, wo die Schiller-Straße vom Stadtteil Loschwitz kommend in die Bautzner Straße einmündet, zieht sich der sogenannte „Mordgrund" in nordöstlicher Richtung durch die Ausläufer der Dresdener Heide.
Über dieses Tal, in dem ein Bach namens „Mordgrundwasser" sprudelt, ist diese etwas romantisierte Geschichte überliefert: Ende des 13. Jahrhunderts, als Markgraf Friedrich der Kleine herrschte, teilten sich zwei Adelsfamilien dieses Gebiet und hatten in den nahen Bergen ihre Burgen. Es waren dies die von Clohmen (in dem von ihnen benannten Lohmen) und die von Birken. Der tiefe Grund trennte ihre Güter.
Hans von Clohmen war Witwer und hatte eine 19jährige Tochter von großer Schönheit, die Elsbeth hieß. Sein Nachbar Benno von Birken verliebte sich in sie und bat um ihre Hand. Diese wurde ihm auch versprochen, allerdings sollte sich das Mädchen noch ein Jahr am Hofe Friedrichs aufhalten, um sich dort zu bilden. In dieser Zeit hatte der böhmische König Wenzel seine Einflußsphäre auf Dresden ausgeweitet. Ein böhmischer Graf namens Lodomar Kinsky, der von seinem König nach Dresden gesandt worden war, um den dortigen Adel auf seine Seite zu bringen, bat ebenfalls um die Hand von Elsbeth mit dem Hintergedanken, als Schwiegersohn eines mächtigen sächsischen Ritters um so besser für seinen König wirken zu können. Von Clohmen brach sein Versprechen, das er Benno von Birken gegeben hatte, und vermählte seine Tochter, die vor dem Altar mit „Nein" antwortete, mit dem

Böhmen. Von Birken, der davon erfuhr, entführte in einer Nacht- und Nebelaktion seine Geliebte aus der Burg ihres Vaters. Beide gelangten bis zum Mordgrund, wo sie von Lodomar Kinsky gestellt wurden. Ein Kampf entbrannte, in dem der böhmische Graf getötet wurde. Elsbeth beschwor ihren Geliebten, mit ihr in ein Land zu fliehen, in dem sie sicher wären, und als sie ihren Dolch zückte, wußte er, welches Land sie meinte. Beide gaben sich selbst den Todesstoß und starben, bevor ihre Verfolger sie erreichten. Von diesem Geschehen soll der Mordgrund der Sage nach seinen Namen haben.
Heute bezeichnet man diese Geschichte als frei erfunden, denn keine der genannten Burgen ist nachweisbar. Man nimmt an, daß der Grund einst ein alter Markt- oder Grenzgrund war, denn alte Urkunden belegen, daß hier im Jahre 1420 den Augustinermönchen von Altdresden ein Stück Heide zur Nutzung überlassen wurde. Aus der Bezeichnung „marscha" für Grenze hat sich über „Marscht", „Marte", „Mort" schließlich die Bezeichnung „Mordgrund" herausgebildet.

Heiliger Brunnen in Leubnitz-Ostra
Im Dresdner Stadtteil Neuostra findet man in der Nähe des ehemaligen Klostergeländes die sogenannte Heiligenbornstraße, die zum „heiligen Brunnen" führt. Er ist heute von stattlichen Eichen umgeben, und obwohl er selbst abgedeckt ist, hat er wenige Schritte daneben einen freien Wasserlauf.
Das Wasser dieses Brunnens besitzt der Überlieferung nach eine große Heilkraft, und schon im Mittelalter wurden viele Wallfahrten hierher unternommen. Besondere Berühmtheit erlangte der Ort durch ein mystisches Geschehen, das in der Legende geschildert wird: Einst sollen hier die Jungfrau Maria und der heilige Johannes erschienen sein. Nomaden, die zufällig an der Quelle rasteten, wurden durch dieses Wunder zum Christentum bekehrt und ließen sich taufen.
Weiter wird berichtet, daß die Zisterzienser-Nonnen ein Klosterhaus hier hatten und das Wasser des Brunnens zum Baden benutzten. Alle Versuche, das Brunnenhaus und damit die Quelle zu überdachen, scheiterten, weil der Brunnen sogleich heftig aufschäumte und damit seine Überdachung zerstörte. Auch will man seit dem Dreißigjährigen Krieg des öfteren die Quellnixe beobachtet haben. Sie soll jeden, der das Wasser verunreinigte, bösen Geistern übergeben haben. Dagegen verwandelte sie frommen Leuten, die in der Johannisnacht Wasser schöpften, selbiges in Wein.

Nixe. Holzschnitt von Ludwig Richter, 1846

In der Neujahrsnacht soll um den Brunnen herum ein heller Schein erstrahlen und leises harmonisches Glockenläuten zu hören sein.
Hier handelte es sich offenbar um einen alten Quellkult; in der Überlieferung mischen sich heidnische (Nixe) mit christlichen (Maria und Johannes) Elementen. Um das Wasser ranken sich viele Zauberpraktiken, die in bestimmten Nächten wie der Neujahrs- und der Johannisnacht besonders wirkungsvoll sind. Bekannt ist zum Beispiel der Brauch des Osterwassers; es muß schweigend, unter stillem Gebet in der Osternacht aus einem fließenden Wasser geholt werden. Es verdirbt nicht, ist heilkräftig, hebt die Schönheit und findet bei Liebeszauber und Wahrsagung Anwendung. In der Ostermitternacht verwandelt sich das Wasser angeblich für einen Augenblick in Wein.
Der Brunnen spielte auch stadtgeschichtlich eine gewisse Rolle, da er lange Zeit in die Wasserversorgung von Dresden eingebunden war. Es heißt, August der Starke habe das Wasser so sehr geschätzt, daß er sich selbiges sogar bis nach Warschau bringen ließ.

Niederpoyritzer Damm
Eine besonders schauerliche Gegend findet man in Dresden-Niederpoyritz, einer kleinen Siedlung kurz

vor *Pillnitz*. Einst soll hier in der Nähe ein Reiter erschlagen worden sein, und man sagt, da er ohne Beichte und Absolution dahingefahren sei, habe er keine Ruhe finden können, und sein Geist würde daher in der Nähe des Elbedammes zur Mitternacht umgehen. Als einmal ein Prager Fiedler, der vorgab, selbst vor dem Teufel keine Angst zu haben, davon erfuhr, setzte er sich nachts an den Damm, begann zu spielen und lud das Gespenst spottweise zum Tanzen ein. Da soll sich ein so unheimliches Geräusch in der Luft und in den Bäumen erhoben haben, daß der kühne Spötter die Nerven verlor, seine Fiedel wegwarf und die Flucht ergriff. Doch der Spukgeist war schneller, sprang ihm auf den Rücken und gab ihm die Sporen, bis ihm der Atem ausging. Man fand den Spielmann am anderen Morgen tot auf der Erde liegen, und seit dieser Zeit sieht man an jener Stelle zwei Gespenster, den Reiter und den Fiedler, wobei letzterer von zwölf Uhr nachts bis zum Morgengrauen seine Stücke spielen muß.
Die Gestalt des Fiedlers galt wie alle Musikanten, Gaukler und Spielleute als Außenseiter und nahm eine Randstellung in der Gesellschaft ein. Aus theologischer Sicht galten sie sogar als „Sprachrohr des Teufels“. Daher ist der Spielmann in der Sage besonders prädestiniert auf Erfahrungen mit der Geisterwelt.

E

EBENDÖRFEL (Großpostwitz, Lkr. Bautzen)

Thromberg

Nur etwa 3 Kilometer südlich von Bautzen liegt die kleine Gemeinde Ebendörfel, die heute ein Ortsteil von Großpostwitz ist. Genau südöstlich davon gelangt man in ein schönes bewaldetes Naherholungsgebiet, in dessen Zentrum sich der 432 Meter hohe Thromberg erhebt. Er wurde früher auch oft Thronberg, Kronenberg, Traum- oder Frageberg genannt. Auf diesem Berg findet man eine Felsenschlucht, in der es mehrere kleine höhlenartige Felsspalten gibt. Der Sage nach sollen hier in vorchristlicher Zeit die heidnischen Priester geweissagt haben.
Als einst ein armer Hirte am Fuß des Berges seine Tiere weiden ließ, kam ihm eine Kuh abhanden. Bei seiner Suche gelangte er schließlich auch in die Felsenschlucht auf dem Thromberg und entdeckte dort eine Höhle. Er stieg hinein und fand sie über und über mit Gold gefüllt. Schnell füllte er sich seine Taschen und eilte wieder hinaus. Aber da bemerkte er, daß er Hut und Hirtenstab drinnen vergessen hatte und stieg noch

einmal hinein, um sie zu holen. Bevor er jedoch wieder ans Tageslicht gelangen konnte, schlug vor seinen Augen die Pforte zu, und er war gefangen. Seine Herde kehrte ohne Führer ins Dorf zurück, und noch heute soll man des Nachts, wenn man sich dem Felsen nähert, das schwere Seufzen und die Klage des für alle Zeiten eingesperrten Hirten hören können.
Zwar standen Schäfer am unteren Ende der traditionellen Gesellschaftsordnung und galten als Außenseiter, dennoch waren sie aufgrund ihres tiermedizinischen Fachwissens unentbehrlich. Man hielt sie für zauberkundig und glaubte, daß sie leicht den Kontakt zur Welt des Übernatürlichen finden konnten. In der vorliegenden Sage fällt der sozialkritische Akzent auf: ein armer Hirte findet den Schatz – doch die Begegnung mit dem Numinosen endet tragisch.
→ Burgstädt

EBERSGRÜN (Pausa, Vogtlandkreis)

Zwölf Apostel in der Dorfkirche
Das Dorf Ebersgrün, das heute ein Ortsteil von Pausa ist, liegt etwa 15 Kilometer nordwestlich von *Plauen*. In der Ebersgrüner Kirche, die aus einer Wehrkirche aus dem 13. Jahrhundert hervorging und durch spätere Anbauten verändert wurde, stehen die Figuren der zwölf Apostel, die mit fünf weiteren Figuren in einem Altarschrein vereint sind. Seit der Reformation hatte man sie im Glockenturm gelagert, aber seit einigen Jahren sind sie wieder im Kirchenraum aufgestellt. Leider ist nichts über das genaue Alter oder gar den Künstler bekannt, der sie geschaffen hat. Zwei Figuren stammen nachweislich aus dem 14. Jahrhundert, während die anderen jünger sind.
Die Legende berichtet, daß man früher eine große Scheu vor ihnen hatte. Es hieß, wer sie anrühre oder verspotte, habe eine schwere Strafe zu gewärtigen. Einst soll ein Bauernjunge, der dem Küster läuten half, es gewagt haben, in einem unbeobachteten Augenblick einen der Apostel am Bart zu zupfen und dem heiligen Petrus sogar eine Ohrfeige zu geben. In der gleichen Nacht noch erschien ihm der heilige Mann und gab ihm den Schlag mit solcher Gewalt zurück, daß ihm Hören und Sehen verging und er daran starb. Seitdem hat es niemand mehr gewagt, die Zwölf zu beleidigen.
Einer anderen Sage nach ist es in der Kirche nicht geheuer. Der letzte Propst des ehemaligen Klosters, der sich während der Reformation mit Kirchenschätzen

davongemacht haben soll, läßt sich hier des öfteren sehen. Er trägt seine Ordenstracht, und ihn scheint eine schwere Last an den Händen und auf dem Rücken zu drücken. Man kann ihm den Wunsch ansehen, von seiner Bürde befreit zu werden.
→ Fürstenau

EHRENFRIEDERSDORF (Lkr. Annaberg)

Greifensteine
Ehrenfriedersdorf wurde Ende des 12. Jahrhunderts im Zuge der bäuerlichen Besiedlung des Erzgebirges als Waldhufendorf angelegt. Schon früh setzte hier eine rege Bergbautätigkeit ein, man grub nach Zinn und Silber, doch verebbte der Erzsegen im 18. Jahrhundert im wesentlichen.

Der unterirdische Schatz

Zwischen Ehrenfriedersdorf, *Geyer* und *Thum* liegt das wildromantische Gebiet der Greifensteine. Es handelt sich dabei um eine bizarre Felsengruppe inmitten des Waldes oberhalb des Greifenbach-Stauweihers. Die Greifensteine mit ihrer vom Annaberger Winterstein-Theater bespielten Naturbühne sind heute ein beliebtes Naherholungsgebiet.
Um die Felsgruppe der Greifensteine ranken sich viele Sagen. Am Fuße des einen Felsen ist ein mannshohes Loch zu sehen, von dem berichtet wird, daß einst eine Magd ihren Namen daraus habe rufen hören. Nachdem sie mit einer anderen Magd verabredet hatte, ihr, falls sie rufe, aus der Höhle herauszuhelfen, stieg sie hinein und entdeckte einen Goldschatz, der von einem dämonischen Hund bewacht wurde. Sie packte ihre Schürze voll und wollte die Höhle verlassen. Da verengte sich plötzlich der Eingang, der Hund fiel sie an, und ihr blieb nichts weiter übrig, als den Schatz fahren zu lassen und um Hilfe zu schreien. Zwar konnte sie entkommen, starb aber drei Tage später an der ausgestandenen Angst.
Einem bettelarmen Hauer namens Hans Geißler erschien in einer eisigen Silvesternacht am Greifenstein der Berggeist und verkündete ihm, daß seine Frau soeben drei Söhne geboren habe und er gern die Patenschaft übernehme. Als sich die Botschaft bestätigte und der Berggeist tatsächlich in Hauerkleidung zur Taufe erschien, beschenkte er Hans Geißler mit einem Schlegel und einem Eisen, die immer auf reiche Ausbeute trafen und so ihren Besitzer zum wohlhabenden Mann machten.
→ Aue; → Burgstädt

Burg Greifenstein
Auf einem der Felsen des Greifensteinmassivs deuten Mauerreste auf eine mittelaterliche Höhenburg hin, die einst hier gestanden haben muß. Zwei dreieckige Felsklippen bilden die Grundfläche für eine in Unter- und Oberburg getrennte Anlage. Die Oberburg bedeckte ein Areal von 60 x 30 Metern, die Unterburg eines von 50 x 80 Metern. Über die Besitzer und die Entstehung der Burg ist nichts bekannt, so daß noch heute die Sage vom Raubschloß erzählt wird: Ein Ritter vom Hofe des Herzogs Wratislaw von Böhmen, Odo von Greifen mit Namen, soll sich im 11. Jahrhundert hier niedergelassen und die Burg gebaut haben. Als er einmal bei der Jagd ein kleines Mädchen im Walde fand, entschloß er sich, dieses zusammen mit seinem eigenen Sohn aufzuziehen. Leider kam es

dann im jugendlichen Alter zwischen Pflegetochter und Sohn zu intimen Beziehungen. In der Abwesenheit des Sohnes, der einem anderen Ritter gegen einen Raubritter beistand, machten die Pflegeeltern dem Mädchen die heftigsten Vorwürfe und ließen sie in den Kerker werfen. Dort gebar sie einen Sohn, den sie in ihrer Verzweiflung tötete, indem sie ihn an die Wand schleuderte. Eine weibliche Geistererscheinung gestand ihr daraufhin eine ähnliche Bluttat, wegen der sie keine Ruhe hatte finden können. Durch die Tat des Mädchens war sie nun erlöst. Zwischen beiden fand ein Rollentausch statt und das Mädchen soll noch heute, mit seinem zerschmetterten Kind auf dem Arm, am Greifenstein umgehen.

Sauberg
Am südöstlichen Ortsrand von Ehrenfriedersdorf findet man den Sauberg, heute ein Industriegebiet mit einem sehenswerten Schaubergwerk. Eine Überlieferung berichtet von einem schauerlichen Vorfall: Am 20. September 1560 fand man die Leiche eines Bergmannes. Er hieß Oswald Barthel und war 61 Jahre zuvor im Berg verschüttet worden. Das Unheimliche daran war, daß er völlig unverwest und ebenso seine Kleidung und Ausrüstung vollkommen erhalten geblieben war.
Ähnliches schildert Johann Peter Hebel (1760–1826), der bekannte Volks- und Mundartdichter des alemannischen Sprachraumes, in seiner Erzählung „Unverhofftes Wiedersehen“, der ebenfalls ein historisch belegbarer Vorfall zugrunde liegt: In Falun/Schweden fand man im Jahre 1809 bei Grubenarbeiten den Leichnam eines jungen Bergmannes, der 50 Jahre zuvor verschüttet worden war. Vitriolwasser, das eine konservierende Wirkung besitzt, hatte ihn in einem unverwesten Zustand erhalten.

Stülpnerhöhle
Unweit der Greifensteinfelsen stößt man, wenn man dem gut beschilderten Wanderweg folgt, auf eine Höhle im Wald, die als Stülpnerhöhle bezeichnet wird. Hier soll der berühmte erzgebirgische Wildschütz einst gehaust haben. Der 1762 in Scharfenstein geborene und 1841 dort gestorbene Karl Stülpner avancierte in kürzester Zeit zum Volkshelden. In Zeiten allgemeiner Not und in armen Verhältnissen aufgewachsen, begann er schon früh zu wildern, ging zum Militär, desertierte, führte wieder ein unstetes Wildererleben, wurde von der Obrigkeit gesucht, verfolgt, gefaßt, floh

aus dem Gefängnis, wanderte einige Jahre über Ungarn, Österreich, die Schweiz, Baden und Hessen nach Norddeutschland, kam zurück, wilderte erneut in den erzgebirgisch-böhmischen Wäldern, fiel in Bayreuth preußischen Werbern in die Hände und mußte 1792 gegen die junge französische Republik ins Feld ziehen. Danach widmete er sich erneut ausgiebig dem Wildererdasein, denn schließlich hatte er nichts anderes gelernt als Schießen, und das konnte er wie kein zweiter. Daß man ihn in all den Jahren nicht zu fassen bekam, muß wohl an der großen Sympathie gelegen haben, die er bei seinen Landsleuten genoß. Er verkörperte den Typus des „edlen Räubers", der vor allem durch sein Wildererturn für breite Volksschichten ausgleichende Gerechtigkeit betrieb, indem er das alleinige Jagdrecht der Fürsten und Grundherren mißachtete und damit zu einer Art Rebell gegen die Obrigkeit wurde. Stülpner, der „Sohn der Wälder", starb in seiner Heimatstadt Scharfenstein völlig mittellos.

ELSTERBERG (Vogtlandkreis)

Burgbrunnen

In strategisch günstiger Lage, auf einem vorspringenden Felskegel über dem Elstertal, entstand wohl gegen 1100 das sogenannte „Alte Haus" zur Sicherung der Saale-Elster-Linie. Die aus Mittelfranken stammen-

Der unheimliche Wassergeist

den Herren von Lobdeburg erbauten etwa 1180 etwas abseits davon die Elsterburg, die der um 1200 gegründeten Stadt ihren Namen gab. Im sogenannten Vogtländischen Krieg wurden Schloß und Stadt von den im Bunde mit Kaiser Karl IV. kämpfenden Wettinern zerstört. Die Lobdeburger errichteten an derselben Stelle eine neue Burg, die, seit 1636 aufgegeben, schnell verfiel und heute nur noch als romantische Ruine erhalten ist. Im Innenhof der Burg findet man den einstigen Brunnen, der allerdings mit einer Betonplatte mit der Aufschrift „Burgbrunnen / freigelegt 1932“ abgedeckt ist.

Die Sage berichtet von einem grünen Nix, der in diesem Brunnen hausen soll und es besonders auf Kinder abgesehen hat – eine typische Kinderschreck – Figur, die Kinder warnen soll, dem Wasser zu nahe zu kommen. Der Brunnen, der in großer Tiefe mit der Elster verbunden sein soll, birgt auch noch ein anderes kostbares Geheimnis: Auf seinem Grunde soll eine goldgefüllte Braupfanne liegen, die von einer Jungfrau mit einem großen Schwert bewacht wird.

→ Burgstädt

ELSTRA (Lkr. Kamenz)

Der Hochstein

Südlich von *Kamenz*, in der Nähe des kleinen Ortes Elstra, nicht weit von der Autobahn A4 entfernt, ragt ein 449 Meter hoher Berg aus einem großen Waldgebiet empor. Er wird der „Hochstein“ genannt, und auf seinem Gipfel findet man einen großen, von Felsen gesäumten Platz, der der Sage nach verrufen sein soll.

Diesen Platz nannte man, wie die Sage weiter zu berichten weiß, die „Luchsenburg“, weil hier der Teufel selbst, nachdem er einen Luchs erlegt hatte, als Erinnerung an dieses Ereignis sich ein Jagdschloß baute. Von hier aus pflegte er immer mit seinem höllischen Hofstaat zur Jagd zu gehen, wobei ihm die Seelen der Verdammten als Hunde und Treiber dienen mußten. Wer sich in jener Zeit in den Wald wagte, der büßte diese Frechheit mit dem Tode oder wurde in ein wildes Tier verwandelt.

Nun soll damals in dieser Gegend ein christlicher Ritter namens Hubertus gelebt haben, der später heilig gesprochen wurde. Er konnte diesem Treiben nicht länger tatenlos zusehen und ging, nachdem er sich durch Beten und Fasten gestärkt und mit Weihwasser besprengt hatte, in den Wald. Als er die höllische Jagd näherkommen hörte, sprach er den Jagdsegen, und damit war es für immer mit dem Jagdvergnügen der teuflischen Gesellen aus. Denn von nun an konnte kein Hund mehr einen Hirsch oder ein Wildschwein stellen, und jeder Schuß prallte von seinem Ziel ab, als sei dessen Haut mit Stahl gepanzert. Als selbst dem Teufel kein Schuß mehr gelang, da erkannte er, daß er es mit einem mächtigeren Gegner zu tun hatte. Er gab die Jagd auf, zertrümmerte sein Schloß, so daß die Steine nach allen Ecken flogen, und wurde seither nicht mehr gesehen.

Bei dieser Geschichte haben wir es offensichtlich mit einer Verquickung von ätiologischer Sage, welche die zahlreichen Felsen auf dem Berg erklären will, mit der Legende des heiligen Hubertus, des Schutzpatrons der Jäger und Kürschner, zu tun. Hubert von Lüttich wurde vermutlich um 655 herum geboren und war Bischof von Maastricht-Tongern. Er verlegte den Bischofssitz nach Lüttich, entfaltete eine umfangreiche Missionstätigkeit im Gebiet der Ardennen und starb 727. Seit

Der wilde Jäger, 1857

dem 15. Jahrhundert wird Hubert in der Legende als Jäger geschildert, dessen Jagdlust unersättlich ist. Als er am Karfreitag einen Hirsch jagt, der ein Kruzifix im Geweih trägt, wird er bekehrt.
Neben diesen beiden Anteilen erkennt man in dieser Sage auch Elemente der „Wilden Jagd", bzw. des „Wilden Jägers".
→ Oelsnitz, Das Röhrholz; → Cunewalde

ERLABRUNN (Lkr. Aue-Schwarzenberg)

Nonnenfelsen

Im Schwarzwassertal bei Erlabrunn findet man unweit des nördlichen, in Richtung Schwarzenberg gelegenen Ortseinganges einen Felsen, welcher der Nonnenfelsen genannt wird. Es wird erzählt, daß einst der wilde Graf Iso von Isenburg zu nächtlicher Stunde beim Wein nach einem Tischgenossen – und wäre es der Teufel selber! – rief. Dieser erschien natürlich augenblicklich. Im Würfelspiel verlor der Graf all seine Habe, selbst seine Knechte und Mägde an den Finsteren. Als dieser das Angebot machte, seinen gesamten Gewinn in einem letzten Spiel gegen Isa, die jungfräuliche Tochter des Grafen zu setzen, willigte der trunkene Burgherr schließlich ein, wurde aber, wie nicht anders zu erwarten, von seinem Partner betrogen, der einfach die vom Grafen mit zwei Würfeln geworfene 12 mit einer 13 übertraf! Dem erzürnten Grafen machte er daraufhin das Angebot, auf dessen Tochter zu verzichten, wenn er sie dem Kloster *Grünhain* übergäbe. Der Vater willigte ein, allerdings mit dem Hin-

Eltern führen ihre Tochter ins Kloster. Aus: Johann Geyler von Kaysersberg, Die Brösamlin, 1517

tergedanken, den Teufel seinerseits zu betrügen und seine Tochter heimlich wieder aus dem Kloster zu entführen.
Nach einigen Monaten sah man nach Mitternacht eine Gestalt mit Hilfe eines Vermummten über die Klostermauer klettern und fliehen. Klosterknechte mit Spürhunden nahmen die Verfolgung auf und fanden nach drei Tagen die Flüchtigen auf einer hohen Felswand über dem Schwarzwasser. Doch noch bevor sie der beiden habhaft werden konnten, sprangen diese in die schauerliche Tiefe und wurden nie mehr gesehen. Der Felsen bedeckte sich daraufhin mit schwefligem Gelb und heißt seitdem der Nonnenfelsen.
In dieser Sage finden wir zwei Aspekte miteinander verschmolzen: Zum einen versucht sie die gelbliche Färbung des Nonnenfelsens zu erklären und weist somit die Kennzeichen einer Erklärungs- oder ätiologischen Sage auf, zum anderen enthält sie die Merkmale einer christlich geprägten Warnsage, die verdeutlichen soll, wohin Spielsucht und Teufelsbeschwörung führen.

ESCHDORF (Schönfeld-Weißig, Lkr. Meißen-Radebeul)

Dorfkirche

Fährt man von Dresden aus die B 6 in Richtung Bautzen und biegt kurz vor *Rossendorf* nach rechts in Richtung Pirna ab, dann gelangt man nach weiteren 3 Kilometern nach Eschdorf, einer kleinen Gemeinde in reizvoller Umgebung. Folgt man der Pirnaer Straße durch den Ort, dann erblickt man bald rechter Hand die Kirche. Sie wird im Jahre 1346 erstmals erwähnt und trägt den Namen St. Barbara. Von dieser Kirche berichtet die sagenhafte Überlieferung, daß ein großer Schatz in ihr versteckt sei. In der Eingangshalle quer vor der Tür gibt es eine alte Gruft, in der ein Mitglied der Familie Kiesewetter ruht, welches jenen Schatz mit ins Grab genommen hat. Allerdings darf man auf keinen Fall weder die Gruft öffnen noch den Schatz heben, ehe nicht aufgrund des Alters der Kirche oder wegen eines Unglücksfalls ein Neubau notwendig wird. Allein für diesen Zweck ist der Schatz bestimmt. Drei noch heute in dieser Kirche vorhandene Grabplatten aus der Zeit um 1650 von Verstorbenen der Familie Kiesewetter belegen, daß sie hier tatsächlich bestattet wurden.

F

FLÖHA (Lkr. Freiberg)

Bundesstraße 173

An der schon seit frühester Zeit bedeutenden Handelsstraße von Chemnitz nach Dresden und Bautzen wurde Flöha gegen 1200 als Waldhufendorf gegründet. Es gehörte zur reichsministerialen Herrschaft Schellenberg. Der industrielle Aufschwung im 19. Jahrhundert führte zu einem Anwachsen der Einwohnerzahl, und im Jahre 1933 wurde Flöha zur Stadt erklärt.

Auf der Landstraße bei Flöha, der heutigen B 173, war es der Sage nach früher nicht ganz geheuer. Sie wird in alten Berichten mehrfach als Spukort erwähnt. So wurde zum Beispiel von den Passagieren und dem Postillion einer Postkutsche, die im Sommer 1859 in einer Mondnacht von Dresden in Richtung Chemnitz fuhr, von einer seltsamen Begegnung berichtet: In der Nähe von Flöha scheuten plötzlich die Pferde, und aus dem Gebüsch sprang der Schatten eines Reiters, der an ihnen vorübersauste. Als sie dies im nächsten Stationshaus erzählten, bestätigte ihnen ein Fuhrmann, daß auch er das Gespenst schon mehrfach gesehen habe.

FRANKENBERG (Lkr. Mittweida)

Harrasfelsen

In der Mitte des 12. Jahrhunderts gegründet, wurde das Dorf Frankenberg schon um 1200 zum Städtchen. Zuerst im Besitz der Reichsministerialen von Mildenstein, ging es um 1292 in die Hände der Markgrafen von Meißen über und wurde Teil der Herrschaft Sachsenburg.

Südwestlich von Frankenberg, etwa auf halbem Wege nach *Lichtenwalde*, am rechten Ufer der Zschopau,

Schloß Lichtenwalde und der sagenhafte Harrassprung an der Zschopau. Stahlstich 1863

ragt der Harrasfelsen empor, der in alten Quellen auch Haustein genannt wird. Er ist leicht zu finden, da die Eisenbahnlinie Frankenberg – Braunsdorf / Lichtenwalde in einem Tunnel unter ihm hindurch verläuft.
Der Ritter Harras, Besitzer von Lichtenwalde, soll am 28. Mai des Jahres 1499 von Feinden, mit denen er in einer Fehde lag, hier am Felsen überfallen worden sein. Als man ihn verfolgte, blieb ihm keine andere Möglichkeit, als mit seinem Pferd von diesem Felsen aus in die Zschopau zu springen. Der kühne Sprung gelang, da er mit seinem Roß auf eine tiefe Stelle des Flusses traf. Beide entkamen so den Verfolgern und gelangten wohlbehalten ans Ufer. Von diesem Vorfall soll der Felsen seinen Namen haben.

FRAUENSTEIN (Lkr. Freiberg)

Burg
Die Burg Frauenstein ist sicher eine der imposantesten Burgen des Freistaates. Ihre ältesten Teile, die aus dem 12. Jahrhundert stammen und im Zuge der Besiedlung des osterzgebirgischen Kammgebietes von den Meißner Markgrafen errichtet wurden, zeugen noch als Ruinen von der einstigen strategischen Bedeutung der Anlage. Eine erste Erwähnung des Städtchens Frauenstein, das sicher gleichzeitig mit der Burg entstand, stammt allerdings erst aus dem Jahre 1384. Die mit der Burg belehnten Geschlechter wechselten oft. Im 13. Jahrhundert waren es die von Syden (de Serico), Anfang des 14. werden die von Ileburg genannt, es folgen die meißnischen Burggrafen Hermann und Meinher; 1426 ging die Herrschaft an die Burggrafen von Plauen über, von denen es die Wettiner nach einer siebentägigen Belagerung zurückeroberten. Im Hussitenkrieg wurde die Stadt, die einst am Südosthang des Burgberges lag, zerstört und auf dem Berg neben der Burg wieder errichtet. Ein Stadtbrand vernichtete sie 1869 fast völlig, und so mußte sie noch einmal neu aufgebaut werden. Das neue Schloß entstand 1585–90 unter der Herrschaft derer von Schönberg und beherbergt heute das Museum zu Ehren des Orgelbaumeisters Gottfried Silbermann.
Zur Entstehung des Ortsnamens ist folgende heitere Anekdote erhalten: „Als in Deutschland das Faustrecht noch in seiner schönsten Blüte stand, da haben eine Anzahl Raubritter mehrere Burgen im sächsischen Hochlande gehabt; zu Frauenstein hatten sie ihre Frauen, zu Rechenberg hielten sie ihre Abrechnung und teilten ihren Raub, zu Purschenstein lagen

ihre Reisige und Burschen in Quartier und zu Pfaffrode unterhielten sie ihre Pfaffen.“

Freiberg

Dom

Freiberg besitzt noch heute einen der bedeutendsten und besterhaltensten historischen Stadtkerne Sachsens. Die Geschichte Freibergs reicht zurück bis ins 12. Jahrhundert. Nachdem man in dieser Gegend Silber gefunden hatte, entwickelte sich die Stadt in der Flur des Waldhufendorfes Christiansdorf in relativ kurzer Zeit, vor allem aufgrund der Ansiedlung von Bergleuten aus dem altsächsischen Bergbaugebiet im Harz. Daher rührte auch ihr erster Name „Civitas Saxonum“, Sächsstadt, der 1241 in einer Urkunde erscheint.

Wesentlich entwickelte sich das Berg- und Hüttenwesen um 1500 unter dem Bürgermeister Ulrich Rülein von Calw weiter. Ein wichtiger Höhepunkt in der Geschichte der Stadt war die Gründung der Bergakademie im Jahre 1765, der ersten technischen Hochschule der Welt.

Der Orgelbaumeister Gottfried Silbermann wirkte viele Jahre in Freiberg und schuf hier unter anderem die große Domorgel, die neben der sogenannten „Goldenen Pforte“, dem ersten vollständigen Statuenportal in Deutschland, und der Tulpenkanzel von Hans Witten aus dem Jahre 1510 zu den bedeutendsten Meisterwerken des Freiberger Doms gehört. Schon im 12. Jahrhundert als Pfarrkirche des Burglehens gegründet, wurde dieser bedeutende Kirchenbau etwa um 1290 vollendet. Im Jahre 1512 wurde das spätgotische Hallenlanghaus völlig neu geschaffen, nachdem ein Brand den Vorgängerbau zerstört hatte.

Die Legende berichtet von einem Bischof namens Wolfgang, dem einst, als er zum Dom ging, ein Bettler begegnete, der ihm zu Füßen fiel und scheinbar das Gliederreißen hatte. Während alle anderen Anwesenden ihn mitleidig anblickten, sprach der Bischof zu ihm: „Tobt wirklich eine Krankheit in Dir, so möge sich Gott deiner erbarmen und dich gesund machen, hast du sie aber zum Frevel erlogen, um Almosen zu erlangen, soll sie von jetzt an deine Strafe sein!“ Das anschließende jämmerliche Geschrei des Heuchlers ließ niemanden daran zweifeln, daß sich an ihm das göttlichen Strafgericht vollzogen hatte.

Bei dem Bischof Wolfgang handelt es sich um den hl. Wolfgang, den Bischof von Regensburg, der von etwa

924 bis 994 lebte. Er ist der Patron der Hirten, Köhler, Holzfäller und Zimmerleute. Legenden heben sein wundertätiges Wirken hervor und berichten von der Heilung vieler Kranker oder vom Teufel Besessener. Besonders in den Montangebieten des Erzgebirges wurde er sehr verehrt. Unmöglich hat er tatsächlich einst Freiberg besuchen können, wie ein Vergleich seiner Lebensdaten mit denen der Stadtgründung zeigt.
→ Annaberg-Buchholz, Annenkirche, Pflockscher Altar

Tulpenkanzel im Dom

Die Tulpenkanzel gilt als ein letztes Werk der sächsisch-thüringischen Gotik. Ihren Namen erhielt sie aufgrund ihrer Form: Von einer mit Engeln verzierten Säule getragen, erhebt sich die einer Tulpenblüte nachempfundene Kanzel. Ein Bergmann, der die Treppe trägt, stellt den Bezug zum Bergbau her.

Tulpenkanzel im Dom

Über diese Kanzel erzählt man sich eine sonderbare Sage: Der Meister und ein Geselle hatten dereinst jeder ein Modell für diese Kanzel entworfen. Das Werk des Gesellen soll aber besser gelungen sein als das des Meisters, weshalb dieser ihn aus Mißgunst erschlug.
So wenig historische Wahrheit diese Geschichte – eine Variante der verbreiteten Wandersage vom „Mord aus Kunstneid“ – auch enthalten mag, scheint sie ein für den derben erzgebirgischen Humor typischer Erklärungsversuch für die Unbequemlichkeit der Kanzel zu sein, denn es wird weiter behauptet, diese Freveltat sei der Grund, warum kein Prediger darauf auftreten könne, denn sie „leide“ ihn nicht.

Grube „Alte Elisabeth“

Östlich des Stadtzentrums, in der Nähe des Kreiskrankenhauses, befindet sich die „Alte Elisabeth“, eine alte Schachtanlage, die heute besichtigt werden kann. Sie ist ein Teil der Himmelfahrt-Fundgrube der TU Bergakademie.
Einst soll hier ein armer Bergmann namens Hans gearbeitet haben. Er war so arm, daß er oft in der Grube unter Tränen über seine Not jammerte. Eines Tages erschien ihm der Berggeist in der Gestalt eines kleinen Männchens, der ihm zu helfen versprach, wenn er dafür in jeder Schicht ein Pfennigbrot und ein Pfennig-licht bekäme. Hans versprach alles und gelobte Stillschweigen. Der Berggeist verschwand und hinterließ ihm viel Silber. Die Sache endete wie üblich tragisch:

Die Grubenanlage „Alte Elisabeth“

Hans berichtete beim „Stollnbier“ eines Tages seinen Genossen von diesem Erlebnis. Zwar bereute er nüchtern sein Geschwätz zutiefst, aber es nützte ihm nichts – er wurde am folgenden Tag tot aus dem Stollen gezogen.
→ Aue

Freital (Weißeritzkreis)

Windberg

Schon vor der deutschen Ostsiedlung gab es im Gebiet des Döhlener Beckens, südwestlich von Dresden gelegen, slawische Siedlungsplätze. Lange Zeit bestimmten eine Reihe kleiner Dörfer mit ihren dazugehörigen Rittergütern das Bild der Gegend bis zu dem Zeitpunkt, als man Steinkohle fand. In der Mitte des 16. Jahrhunderts begann der Abbau, erreichte aber erst im 18. Jahrhundert einen größeren Umfang. Mit der Zunahme der Bevölkerung wuchs aus den verstreuten Dörfern die neue Stadt zusammen, die 1921 mit der Namensgebung „Freital“, in Anlehnung an Freiberg, auch die politische Einheit vollzog.
Zwischen den beiden Stadtteilen Deuben und Burgk erhebt sich das „Naturschutzgebiet Windberg“. Drei Berge prägen das Antlitz dieses wichtigen Naherholungsgebietes der Stadt, der Kleine Windberg, der Kieferberg sowie der Große Windberg, der mit seinen 352 Metern Höhe die beiden anderen um knapp 30 Meter überragt. Dieser Berg, der meist nur „Windberg“ genannt wird, soll der Sage nach ein Zauberschloß beherbergen.
Ein alter Dorfmusikant aus Burgk, der Rothkopfs Görge hieß, hatte einst ein sehr mysteriöses Erlebnis. Als er einmal nachts von Deuben, wo er mit seiner Fiedel zum Tanz aufgespielt hatte, nach Hause ging, erschien ihm in der Nähe des Windberges ein unbekannter Mann, der ihn bat mitzukommen. Er führte ihn geradewegs ins Innere des Berges, wo sich tatsächlich ein wundervolles Schloß befand. Dort hatte sich eine vornehme Gesellschaft versammelt und forderte ihn auf, seine Kunst zu zeigen. Görge, den der Schrecken anfangs fast gelähmt hatte, holte also seine Fiedel hervor und spielte zu seinem eigenen Erstaunen eine Musik, wie er sie nie gehört hatte und auch später nie wieder zustande brachte. Nachdem er geendet hatte, fragte ihn ein Herr, welche Belohnung er für sein Spiel fordere, und Görge antwortete voller Bescheidenheit und unter Angstschweiß, er sei mit allem zufrieden. Da ergriff jener Herr eine Kohlenschaufel und schüttete da-

mit dem Musikanten glühende Kohlen in dessen Hut. Sein Führer brachte ihn wieder vor das Tor des Schlosses, und Görge lief eiligst nach Hause, seinen Hut mit der seltsamen Entlohnung, die von Minute zu Minute schwerer zu werden schien, in den Händen. Bevor er sich aufgeregt zu Bett begab, warf er noch den Inhalt des Hutes vor das Haus, was ein schwerer Fehler war. Denn als er am nächsten Morgen erwachte und in seinem Hut noch ein einzelnes Goldstück fand, begriff er seinen Irrtum, fand aber vor dem Haus nur noch ein Häufchen Steinkohlen, die sich auch nicht mehr in Gold zurückverwandelten, als er sie in seinen Hut zurücklegte.
→ Burgstädt

FROHNAU (Lkr. Annaberg)

Teufelskanzel
Die kleine Gemeinde Frohnau, die heute fast mit *Annaberg-Buchholz* verschmolzen ist, war schon im 16. Jahrhundert eng mit dem Annaberger Bergbau verbunden. Das Museum „Frohnauer Hammer" vermittelt einen interessanten Einblick in die Arbeitsverhältnisse der Vergangenheit.
Über die Entstehung einer Kapelle in Frohnau berichtet eine Sage, daß einst der spätere Fundgrübner Lorenz Pflock mit seiner Frau in Richtung Annaberg fuhr, um sich dort anzusiedeln. In der Nähe des Dorfes Frohnau, auf der sogenannten Frohnauer Höhe, spürte seine Frau an einer bestimmten Stelle die Erde beben. Als er daraufhin diesen Ort näher untersuchte, stieß er auf bedeutende Silbervorkommen und gelangte durch deren Förderung zu ansehnlichem Reichtum. Zum Dank stiftete er dem Dorf Frohnau einen Altar nebst einer Kapelle, die heute verschwunden ist.
Es soll sich um eine dem Heiligen Fabian und dem Heiligen Sebastian geweihte Kapelle gehandelt haben. In Ortschroniken wird erwähnt, daß noch im 18. Jahrhundert Grundmauern zu sehen waren. Da in diesem Zusammenhang die Straße nach *Schlettau* erwähnt wird sowie der Umstand, daß die Kapelle auf einem Felsen gestanden haben soll, nimmt man heute allgemein an, daß sie sich auf der Teufelskanzel, einem 663 Meter hohen Berg südwestlich von Frohnau, befand. Kurz nach 1500 gebaut, soll sie 1598 schon nicht mehr genutzt worden und dadurch verfallen sein. Über den Verbleib des Altars ist nichts bekannt.
→ Annaberg-Buchholz, Annenkirche

Käthchenstein

Der sogenannte Käthchen- oder Käthelstein befindet sich nördlich vom Ort, zwischen dem Schreckenberg und dem Schacht Markus Röhling, und ist auf einem Wanderweg in einer halben Stunde gut zu erreichen. Über diesen Felsen erzählt man sich eine Geschichte von teils sagen-, teils legendenhaftem Charakter: Der Teufel hatte einst ein Auge auf Käthchen, die Tochter des Steigers Günzel, geworfen, die dies durch einen schrecklichen Traum erfuhr. Nach einer Frist von 9 Wochen erschien der Gottseibeiuns und wollte seine Braut abholen. Der Vater rief Gott um Beistand an, und der Teufel verschwand, um nach weiteren 9 Tagen wiederzukommen. Beim zweiten vergeblichen Besuch ließ er das Haus in Flammen aufgehen, so daß die Verzweiflung immer größer wurde. Da erschien Käthchen ein Engel und führte es zu einem Felsen in der Nähe, wo es in einer Höhle von der „Fürstin der Berge", wie es heißt, ein Kruzifix geschenkt bekam, das es vor der Macht des Teufels beschützte. Der Vater hatte ein ähnliches Erlebnis. Mit Hilfe ihrer Kreuze gelang es den beiden schließlich, den Teufel in die Flucht zu schlagen. Vater und Tochter sollen nach einem erfüllten Leben später an jenem Felsen begraben worden sein, der seitdem der Käthelstein heißt.
„Fürstin der Berge" scheint ein anderer Name für die Jungfrau Maria zu sein, die hier als Beschützerin vor den Machenschaften des Teufels auftritt.

FÜRSTENAU (Geising, Weißeritzkreis)

Dorfkirche

Nur wenige Kilometer östlich von *Altenberg* und *Zinnwald*, nahe der Grenze zur Tschechischen Republik, liegt das Dorf Fürstenau, das heute mit Geising eine Einheitsgemeinde bildet. Die Kirche von Fürstenau ist eine der ältesten in dieser Gegend und ging vermutlich aus einer Kapelle der „Maria zur unbefleckten Empfängnis" hervor, die im 13. Jahrhundert gebaut wurde. Eine erste Erwähnung stammt aus dem Jahre 1424, als die Kirche eine Glocke bekam. Sie besaß einst ein legendenumwobenes Marienbild, einen hölzernen Flügelaltar mit den Figuren der Maria und Elisabeth. Es war in katholischer Zeit berühmt für seine Wunderkräfte und Ziel vieler Wallfahrer, die sich von ihm Linderung oder Heilung ihrer Krankheiten erhofften. Als die Kirche im Jahre 1886 sehr baufällig geworden war, schenkte es der damalige Pfarrer Lindner

der Nachbargemeinde Vorderzinnwald (heute Tschechische Republik), und dort befindet es sich auch jetzt noch.
Eine seltsame Begebenheit, die auf anschauliche Weise die besonderen Kräfte dieses Bildes verdeutlicht, ist aus dem beginnenden 15. Jahrhundert überliefert: Diebe hatten das Bild entwendet und flohen damit in den nahe gelegenen Wald. Bald schon bemerkten sie, daß sie sich verirrt hatten, und versteckten es einstweilen unter einem Strauch. Kaum hatten sie es niedergelegt, als sie den Weg wiederfanden. Groß war allerdings ihr Erstaunen, als sie es kurz darauf aus dem Versteck ziehen wollten und es nicht mehr auffindbar war. Tags darauf soll es sich auf geheimnisvolle Weise wieder in der Kirche an seinem alten Platz befunden haben.
Später versuchten andere Diebe gleichfalls das Bild zu stehlen, kamen mit ihrer Beute allerdings nicht sehr weit. Sie wurden in der Nähe von Teplitz von unbekannten Männern überfallen, welche das Bild ihrerseits dem Prior der Klosters Mariaschein übergaben. Dieser wollte es der kostbaren Ausführung wegen selber behalten und der Kirche von Fürstenau nicht wieder ausliefern. Doch siehe da, eines Tages war es ebenso verschwunden und kehrte auf rätselhafte Weise an seinen ursprünglichen Platz zurück. Seither hat niemand mehr einen Entwendungsversuch gemacht.
Hier handelt es sich um eine typische Wanderlegende, die auch von anderen Gnadenbildern erzählt wird: das Bild bzw. der Heilige, den es darstellt, bestimmt selbst den Ort, wo er verehrt werden will. Die betreffende Kirche gewinnt durch solche Wundergeschichten an Prestige und Zulauf.

Das wandernde Gnadenbild von Schienen

Geithain (Lkr. Leipziger Land)

Steinrelief an der Nikolaikirche

An einer alten Straße zwischen *Rochlitz* und *Altenburg* entstand Geithain um 1180 im Zuge der deutschen Ostsiedlung. Es wurde innerhalb der Grafschaft Rochlitz als Waldhufendorf angelegt. Schon 1209 wurde der Ort civitas genannt und war mit Wassergräben gesichert, die später mit einer Stadtmauer ergänzt wurden. Die spätgotische Nikolaikirche stammt aus dem 16. Jahrhundert und steht wahrscheinlich an der Stelle einer ehemaligen Burg, worauf vor allem die Ummauerung im Bereich des dahinter liegenden Friedhofes hinweist.

An der Ostseite der Kirche befindet sich ein Steinrelief, das einen Kurrendeschüler zeigte. Über den Anlaß, der zur Aufstellung dieses Steines führte und dem wahrscheinlich eine wahre Begebenheit zugrunde liegt, ist folgendes überliefert: Einst sollen vier Kurrendeschüler auf den Turm der Kirche gestiegen sein und hinter der Glocke, die die Viertelstunden schlägt, ein Dohlennest entdeckt haben. Um an dieses Nest heranzukommen und es auszunehmen, legten sie einen Balken so an, daß einer von ihnen daraufsteigen und das nur von außen zu erreichende Nest berauben konnte, während die anderen drei das Gleichgewicht hielten. Als nun dieser Wagemutige entdeckte, daß im Nest drei schwarze und ein weißes Ei lagen, kam es zu einem Streit, denn er wollte das weiße für sich selbst behalten und den anderen die drei schwarzen geben. Das gefiel ihnen überhaupt nicht, und sie drohten, ihn in die Tiefe fallen zu lassen, falls er ihnen nicht das weiße aushändigte. Da er es aber trotz dieser Drohung nicht tat, ließen sie ihn samt dem Nest, das er in der Hand hielt, herabfallen. Zum Andenken an diese schauerliche Begebenheit wurde jenes steinerne Bild aufgestellt.

Der Begriff Kurrendeschüler (von lat. currendo – laufend) kam ursprünglich wohl im 16. Jahrhundert auf, als Bezeichnung für Schüler oder Studenten, die sich ihren Lebensunterhalt durch Singen bei Begräbnissen u. a. Anlässen verdienten. In Sachsen und Thüringen heißen die bei Gottesdiensten und hohen Feiertagen auf den Straßen singenden kirchlichen Knabenchöre ebenfalls Kurrendeschüler.

GEYER (Lkr. Annaberg)

Steinkreuz

Der Ort Geyer entstand im Zusammenhang mit dem einsetzenden Zinnbergbau am Greifenstein etwa Mitte des 14. Jahrhunderts als Bergmannssiedlung.
Ein altes Steinkreuz, das auf einer Seite noch die Reste eines eingeritzten Schwertes zeigt, findet man im Norden der Stadt, in der Nähe des Hauses Am Ziegelberg 380. In der Literatur gibt es mehrere Deutungen: Nach der einen Version wurde es zur Erinnerung an die letzte Hinrichtung in Geyer am 23. November 1753, bei der eine des Gattenmordes beschuldigte Frau namens Sophie Elisabeth Melzer aus Tannenberg den Tod fand, errichtet. Andere nehmen an, es handle sich um ein Wahr- oder Markzeichen der früheren Richtstätte.

GLASHÜTTE (Weißeritzkreis)

Wittichkreuz

Fährt man von Dresden aus nach Heidenau und biegt dort in Richtung Süden nach *Weesenstein* ab, dann gelangt man nach etwa 18 Kilometern nach Glashütte. Ursprünglich standen hier nur zwei Hammerwerke, die auf frühen Eisenbergbau hinweisen, und eine Glashütte, die dem Ort den Namen gab. Nach deren Zerstörung durch die Hussiten im Jahre 1429 erlebte der Ort erst wieder einen Aufschwung seit 1490, als man in dieser Gegend nach Silber zu schürfen begann. Nordwestlich des Ortes führt von einem einzeln stehenden Haus an der Straße nach *Luchau* ein Fußweg ab in Richtung der Straße nach *Cunnersdorf*. An diesem Fußweg steht ein altes Steinkreuz, das man „Wittichkreuz" oder „Wittigs Kreuz" nennt, nach einer schwer entzifferbaren Inschrift. Außerdem trägt es noch zwei weitere Einritzungen: Ein gleichschenkliges Linienkreuz sowie die Darstellung eines Dolches. Über die Bedeutung dieses Steinkreuzes erzählt man sich zwei recht unterschiedliche Geschichten: Zum einen soll hier ein gewisser Weichold von Bernstein auf Luchau um 1430 den Raubritter Wittich im Zweikampf getötet haben. Die andere Version spricht von der Begegnung eines Jungen aus Glashütte, der hier Beeren gesucht haben soll, mit einem kleinen, grauen Männchen. Letzteres soll den Jungen mehrmals gerufen haben, doch dieser ergriff die Flucht und starb einige Tage danach auf rätselhafte Weise – vermutlich infolge der ausgestandenen Ängste.

Beide Geschichten scheinen erst später dem schon vorhandenen Kreuz angedichtet worden zu sein, denn es erscheint doch recht zweifelhaft, daß man einem ermordeten Raubritter ein Kreuz setzte. Die Geschichte von der Erscheinung des kleinen grauen Männchens weist auf das Kreuz als typischen Spukort hin: Steinkreuze umgibt das ‚Fluidum des Außerordentlichen, des Numinosen und der Ehrfurcht'.

GLAUCHAU (Lkr. Chemnitzer Land)

Scherberggänge

Um 1170 erbauten die Herren von Schönburg die Burg Glauchau am Ufer der Zwickauer Mulde, die bis 1945 Sitz dieses Geschlechtes blieb. Ihre heutige Gestalt hat sie durch viele Umbauten sowie die Zweiteilung in Schloß Vorder- und Schloß Hinterglauchau erhalten. Den Namen übernahm die Stadt von dem sorbischen Dorf Gluchowe, das schon vorher hier bestand.

Im Norden der Stadt findet man den Scherberg. An seinem westlichen Ausläufer, südlich der Umgehungsstraße nach *Niederlungwitz,* breitet sich ein flaches Gelände aus, das früher mit Wasser gefüllt war und der „Schafteich" hieß. Die Sage berichtet von einer ehemaligen Räuberhöhle, die sich in der Nähe des Teiches befunden haben soll. Ein neugieriger Hirtenknabe stieg einst mit Hilfe eines Garnknäuels hinein, indem er es an das Bein einer Henne band. Schon tagelang hatte er diese dabei beobachtet, wie sie in der Höhle verschwand, um Eier zu legen. Drinnen gewahrte er einen schwarzen Hund und ein seltsames graues Männchen, das ihm eine Handvoll Taler gab. Es sagte zu ihm, daß er immer wieder kommen könne, um Geld zu holen, doch dürfe er keinem etwas erzählen. Erst das Drängen des skeptischen Vaters führte zur Katastrophe: nachdem der Knabe alles verraten hatte, fand man ihn am nächsten Morgen tot im Bett liegen.

Bei der in dieser Sage als Räuberhöhle bezeichneten Stelle handelt es sich um einen Teil der sogenannten Scherberggänge, eines unterirdischen Tunnelsystems, das vermutlich aus dem späten Mittelalter stammt. Solche Tunnelsysteme sind von vielen Städten und Gemeinden bekannt und dienten in Verbindung mit einer Burg wohl meist zur Verteidigung. In späterer Zeit wurden diese Gänge, deren Eingänge durch Einsturz teilweise zutage getreten waren, oft von zwielichtigen Gesellen als Unterschlupf genutzt, wodurch sich wohl im Volk die Bezeichnung „Räuberhöhle" eingebürgert hat.

Pfarrhaus

Gegenüber der Georgenkirche befindet sich das Pfarrhaus, das früher eine Superintendentur war, die Hauptpfarrei des Kirchenkreises. Eine Sage berichtet von einer weißen Frau, die im Oktober des Jahres 1675 hier erschienen ist. Sie zeigte sich in der Kammer der Näherin Maria Sabina Demantin, die vorübergehend in diesem Haus tätig war, mehrere Nächte lang und flehte diese an, mit ihr zusammen einen Schatz zu heben, der dem Superintendenten Graumüller gehöre. Als die Näherin einmal zwei Kerzen entzündete, drang unter gewaltigem Lärm eine Schar schwarzer Mönche ein; das Mädchen floh in das Schlafzimmer des Geistlichen, dem es nur mit Hilfe frommer Gesänge gelang, den Spuk zu vertreiben. Aber auch in der nächsten Nacht erschien die weiße Frau wieder und berichtete, daß es sich bei dem Schatz um Kirchenkleinodien handle, die vor vielen hundert Jahren während eines

Die „Weiße Frau“

Krieges versteckt worden seien. Als man an der beschriebenen Stelle grub, fand man zwar Schiefertafeln, mit denen die Kästen, welche die Kleinodien enthalten hatten, bedeckt waren, doch fehlte von den Kostbarkeiten selbst jede Spur. Obwohl die Näherin einige Tage später abreiste, erschien das Gespenst weiterhin und drohte gar noch schlimmer zu wüten, worauf der Pfarrer Graumüller die Worte sprach: „Der Teufel ist ein Lügner, er wird's auch diesmal bleiben!" Seitdem ließ sich das Gespenst nicht mehr sehen.
Das Gebäude der Superintendentur wurde 1551 errichtet und 1721 umgebaut. Superintendent Graumüller amtierte hier tatsächlich von 1656 bis 1685. Auch die Näherin ist historisch nachweisbar. Sie stammte aus Leipzig und soll ein „lockerer Vogel" gewesen sein, was zu der Vermutung Anlaß gab, daß der Geist ein Liebhaber dieser Dame war.
Jüngste Erkenntnisse bringen einen Tiefkeller unter der Superintendentur, der einen Ausgang in den nahen Hirschgrund hatte und wahrscheinlich beim Umbau des Hauses im Jahre 1721 zugeschüttet wurde, mit dieser Sage in Verbindung. Danach waren die „weiße Frau" und die „schwarzen Mönche" die heimlichen Geliebten des Pfarrers bzw. der Näherin, die durch diese Kellergänge unbemerkt von der Öffentlichkeit ins Haus gelangen konnten.

GNANDSTEIN (Lkr. Leipziger Land)

Burg

An der Straße von *Leipzig* nach *Chemnitz*, die schon im Mittelalter eine große Bedeutung hatte, wurde vermutlich Ende des 12. Jahrhunderts die romanische Burg Gnandstein gebaut. Sie ragt auf einem Porphyrfelsen über dem gleichnamigen Ort empor. Von der Anlage der Gründungszeit sind nur noch die Schildmauer, der Pallas und das Brunnenhaus erhalten. Bis Anfang des 14. Jahrhunderts sind die Herren von Gnannenstein als Besitzer bezeugt, danach eine Seitenlinie der Burggrafen von Leisnig. Seit 1409 war die Familie von Einsiedel mit Burg und Herrschaft Gnandstein belehnt. Diese Familie spielte in der Reformationszeit eine große Rolle und blieb bis 1945 Besitzer der Burg sowie des Rittergutes. Nur wenige sächsische Adelsfamilien waren so lang im Besitz ihrer Burg. Gnandstein ist heute noch eine der am besten erhaltenen Burgen Sachsens und mit ihrem Museum, das unter anderem eine wertvolle Zinnsammlung enthält, der Kapelle mit den drei Flügelaltären

von Peter Breuer aus dem 16. Jahrhundert, dem einzig erhaltenen Pallas in Sachsen und dem begehbaren Bergfried eine touristische Sehenswürdigkeit erster Ordnung.
Auf einen Vertreter des Geschlechts derer von Einsiedel bezieht sich eine sagenhafte Überlieferung: Auf einer Italienreise soll dieser Herr bei einem Unwetter in einem Kloster Unterschlupf gefunden haben. Dort überreichte ihm der Prior ein altes Dokument aus der Klosterbibliothek, in dem beschrieben war, auf welche Weise ein großer, auf Burg Gnandstein versteckter Schatz ans Tageslicht kommen werde. Es wurde darin prophezeit, man werde eines Tages bei Bauarbeiten eine kleine eiserne Kiste finden, die neun Pfeile und einen großen Schlüssel enthalte. Diese solle man aber sehr vorsichtig öffnen, denn der Bart des Schlüssels weise in die Richtung der Wand, hinter der jener Schatz versteckt liege.
Der Herr von Einsiedel ließ nach seiner Rückkehr natürlich an vielen Stellen seiner Burg nachgraben, doch fand man weder von dem Schatz noch von der eisernen Kiste irgendeine Spur. Mitte des 18. Jahrhunderts soll ein Nachfahre dieses Herrn einen Raum des Schlosses haben umbauen lassen – dabei fiel aus einer Wandöffnung das eiserne Kästchen herab, dessen Deckel aufsprang, so daß die erwähnten Pfeile, ein vergilbtes Dokument und der Schlüssel herausfielen. Nun wußte man nicht, wie der Schlüssel gelegen hatte und konnte deshalb auch nicht auf die Stelle, die den Schatz barg, schließen. Das Dokument, das man einem Leipziger Professor zur Entzifferung schickte, ging ebenfalls verloren, als bei diesem mysteriöserweise ein Feuer ausbrach.
Da die Familie von Einsiedel durch Träume immer wieder gewarnt wurde, eigenmächtige Nachforschungen anzustellen, und da es weiter hieß, der Schatz werde zu seiner Zeit schon von selbst an den Tag kommen, hat man die Suche aufgegeben. So liegt wohl der Schatz noch heute irgendwo hinter den dicken Mauern der Burg.

Gopplasgrün (Erlbach, Vogtlandkreis)

Steinkreuz „Das Marterle“
Zwischen Markneukirchen und Klingenthal liegt das Dorf Gopplasgrün. Etwa in der Mitte der kurzen Landstraße zwischen Erlbach und Gopplasgrün, in Richtung Dorfbach, steht ein altes Steinkreuz, das im Volksmund „die Marter“ oder „das Marterle“ heißt.

„Marteln“ sind Erinnerungsmale an Tote, die bei einem Unglück oder durch Gewalt ums Leben gekommen sind. Ähnlich den Sühnekreuzen haben auch sie den Zweck, die Seele des Verstorbenen aus dem Fegefeuer zu erlösen, indem die Vorübergehenden zur Gebetshilfe aufgefordert werden. Diese Vorstellung bildet auch den Hintergrund für angebliche Spukerscheinungen. So sind aus alter Zeit mehrere sonderbare Spukberichte im Zusammenhang mit dem „Marterle“ von Gopplasgrün überliefert: Die einen wollen einen Mann, der ein Kreuz auf dem Rücken trug, gesehen haben, andere die Erscheinung eines weißen Männchens, und wieder anderen begegnete hier um Mitternacht ein Reiter ohne Kopf. Im Dreißigjährigen Krieg fügten sich an dieser Stelle angeblich zwei Dragoner tödliche Wunden zu; seit dieser Zeit will man allnächtlich einen Mann im Priestergewand, einen Becher mit dem Blut eines der beiden Getötenen in der Hand, gesehen haben.
→ Bad Brambach

GÖRLITZ

Teufelsstein am Stadtpark und Peterskirche
Eine alte, bedeutende Handelsstraße, die „Hohe Straße“, auch „via regia“ genannt, führte aus dem Rhein-Main-Gebiet kommend über Leipzig nach Breslau. Sie kreuzte sich in der Nähe der Neiße mit einer anderen wichtigen Handelsroute, die in Nord-Süd-Richtung von der Ostsee nach Böhmen führte. An der Stelle, an der die „Hohe Straße“ die Neiße überquerte, lag einst das slawische Dorf Görlitz. Unter Kaiser Heinrich IV. gelangte das Gebiet im Jahre 1071 unter die

Görlitz an der Neiße. Neben der Burg, die die Furt schützte, wurde bald nach der Stadtgründung 1220 die mächtige St.-Peter-und-Paul-Kirche angelegt: hier im Bild in ihrer spätgotischen Ausstattung vor dem Brand 1691. Allegorischer Kupferstich, 1625

Herrschaft der Meißner Markgrafen und gehörte damit zum Gau Milsca. Vermutlich zwischen 1210 und 1220 entstand die Stadt Görlitz im Zuge der deutschen Ostbesiedlung.
Die Görlitzer Altstadt gehört zu den am vollständigsten erhaltenen alten Stadtkernen Sachsens; besonders das Gebiet um den Untermarkt, das noch im wesentlichen die Grundrißform aus der Gründungszeit beibehalten hat, vermittelt dem Besucher einen Eindruck von den Verhältnissen der Vergangenheit. Eines der bedeutendsten Bauwerke des mittelalterlichen Görlitz stellt die Stadtkirche St. Peter und Paul, meist nur Peterskirche genannt, dar. Sie zählt zu den prächtigsten Hallenkirchen im sächsisch-schlesischen Raum. Teile des Westportals sowie die achteckigen Türme stammen von einem älteren spätromanischen Vorgängerbau. Mit dem Bau der spätgotischen Kirche begann man im Jahre 1423. Ursprünglich als dreischiffige Hallenkirche geplant, erhielt sie letztlich fünf Schiffe und wurde zwischen 1490 und 1497 fertiggestellt. Ihre Ausmaße sind beachtlich: so beträgt die Länge des Mittelschiffes über 60 Meter, die Höhe 27 Meter und die Gesamtbreite 38 Meter. Welch reiche Innenausstattung sie einst besessen haben muß, läßt sich daran ermessen, daß bei einem Stadtbrand im Jahre 1691 unter anderem dreißig Altäre den Flammen zum Opfer fielen.
Eine Sage, die ausführlich das Wirken des Teufels in der Lausitz zur Zeit der Christianisierung beschreibt, erwähnt die Görlitzer Peterskirche: Der Teufel wollte auch hier den Bau verhindern und schleuderte von der

Der Teufel will Bau eines Gotteshauses verhindern

Landeskrone, einem 419 Meter hohen Berg südöstlich von Görlitz, einen großen Felsbrocken in Richtung des Gotteshauses. Doch eine höhere Macht lähmte in diesem Moment seine Hand – der Stein verfehlte sein Ziel und fiel stattdessen auf halbem Wege herunter, wo er auch heute noch zu sehen ist und die Eindrücke zeigt, welche die glühende Teufelskralle hinterließ. Er liegt am Eingang des Stadtparks, Ecke Lindenweg.
Hier handelt es sich um eine typische Teufelerklärungs- und Baumeistersage, deren Züge von den kulturhistorisch älteren Riesensagen auf den Teufel übertragen worden sind. Der Teufel wird zum zufälligen Bildner der Landschaft, indem er die ihm nicht genehme Kirche zu zerstören versucht.
→ Crottendorf

Ochsenbastei
Etwa 200 Meter südlich der Peterskirche erhebt sich über dem Neißeufer die sogenannte „Ochsenbastei", ein sehr gut erhaltener Teil der mittelalterlichen Stadt-

Folterung. Holzschnitt, 1541

mauer. Durch die Pforte der Ochsenbastei wurde früher das Vieh aus der Stadt auf die Weiden an der Neiße gebracht, und von daher erhielt diese Anlage ihren Namen.
In diesem Teil des Befestigungswerkes soll sich eine Folterkammer befunden haben. Die Sage berichtet, daß hier einst ein Unschuldiger zu Tode gemartert wurde. Da er keine Ruhe im Grab finden konnte, soll er seitdem auf der Ochsenbastei umgehen und die Bürger in Angst und Schrecken versetzen. Besonders oft konnte man beobachten, wie er in Gestalt eines Flämmchens zwischen den Zinnen saß und die Vorübergehenden erschreckte.
Es ist nicht bekannt und auch wenig wahrscheinlich, daß in der Ochsenbastei jemals eine Folterkammer untergebracht war. Keine der Räumlichkeiten deutet darauf hin. Wie es zur Entstehung dieser Sage kam, bleibt deshalb rätselhaft.
→ Lichtenstein, Schloß

GOSSDORF (Hohnstein, Lkr. Sächsische Schweiz)

Raubschloß
Einige Kilometer nördlich von *Bad Schandau* in der Sächsischen Schweiz zieht sich das romantische Tal der Sebnitz hin. Im sogenannten Ochelgrund, an der Stelle, wo der Schwarzbach in die Sebnitz mündet, findet man auf einem steilen Abhang die Reste einer kleinen Burg. Diese wird das „Goßdorfer Raubschloß" genannt. Es handelte sich dabei um eine mittelalterliche Spornburg mit weit vorgelagerten Abschnittsgraben und Halsgraben. Man gelangt am besten von Altendorf aus über den Mühlenweg dorthin bzw. folgt von Goßdorf her dem gut gekennzeichneten Wanderweg.
Von den Rittern, die einst in dieser Burg hausten, erzählt die Sage, es sei ein raublustiges Geschlecht gewesen. Um Feinden den Zugang zu ihrem Raubnest zu verbergen, hätten sie ihren Pferden sogar die Hufeisen verkehrt herum angebracht. Als eines Tages ihre Burg geschleift und ihnen damit das Handwerk gelegt wurde, gelang es aber nicht, den Schatz zu finden, den sie all die Jahre über zusammengeraubt hatten. Deshalb machten sich eines Nachts zwei Ulbersdorfer Bauern, die ein geheimes Zauberwort kannten, auf, um den Schatz zu heben. Als sie schon ein beträchtliches Loch gegraben hatten, gewahrten sie ein helles Licht und riefen: „Der Schatz, der Schatz!" Doch zu ihrem Schrecken sahen sie plötzlich einen Galgen über sich,

auf dem ein Hahn saß, der sogleich zu krähen begann. Neben ihnen tauchte ein schwarzer Ziegenbock auf, der sie auf ihrer hastigen Flucht heftig attackierte, so daß sie blau und braun gestoßen zu Hause ankamen. In dieser typischen Schatzsage, die von einer mißlungenen Schatzhebung berichtet, jagen dämonische Erscheinungen den Schatzgräbern solche Schrecken ein, daß sie das obligatorische Schweigegebot brechen. Der schwarze Ziegenbock ist eine Erscheinungsform des Teufels. Die Warnsage soll von solchen gefährlichen Unternehmen abhalten, indem die Schatzsuche diabolisiert wird.

GOTTSCHDORF (Neukirch, Lkr. Kamenz)

Pane

Verläßt man *Königsbrück* in östlicher Richtung auf der Kamenzer Straße, dann gelangt man nach einigen Kilometern nach Neukirch und Gottschdorf, die heute eine Gemeinde bilden. Die Kirche von Neukirch, die sich gleich wenige Meter hinter dem Ortseingang befindet, soll der Sage nach an der Stelle eines heidnischen Tempels stehen, der einen heiligen Brunnen besaß. Noch lange Zeit nachdem das Gotteshaus dort errichtet worden war, kamen die Leute, um von der Wunderkraft des Brunnens Gesundheit und Kraft zu erlangen. Erst als eines Tages von der Königsbrücker Herrschaft verfügt wurde, den Brunnen zu überdekken, soll dieser seine heilende Kraft verloren haben. Eine andere Version dieser Sage behauptet, dieses Heiligtum habe sich nordöstlich von Gottschdorf befunden. Die Gegend um den heutigen Gasthof „Waldhaus“ heißt noch immer die „Pane“. Dort soll sich der Sage nach eine heilkräftige Salzquelle befunden haben, die im Zusammenhang mit einem dem Gott Pan geweihten Heiligtum stand und deshalb die Pan-Quelle genannt wurde. Tatsächlich bedeutet das Wort „Pan“ im sorbischen „Herr“, weshalb es wahrscheinlicher ist, daß es sich hier um einen herrschaftlichen Brunnen handelte. Allerdings ist von diesem außer dem erhalten gebliebenen Flurnamen nichts mehr nachweisbar.

GRÄFENHAIN (Königsbrück, Lkr. Kamenz)

Mordkreuz

Etwa einen Kilometer südöstlich von Königsbrück liegt Gräfenhain, das heute mit Königsbrück eine Verwaltungseinheit bildet. Am südöstlichen Ortsausgang, in der Nähe der Zufahrt zum ehemaligen Rittergut, findet man ein altes, einen knappen Meter hohes Steinkreuz. Auf seiner Vorderseite ist als Ritzzeichnung ganz deutlich eine Rodehacke zu sehen. Das Kreuz wird von den Leuten das „Mordkreuz“ genannt. Die eingeritzte Hacke als Beil oder Axt umdeutend, erzählt man sich in dieser Gegend, zwei Zimmerleute hätten sich einst um ein Mädchen gestritten, seien aufeinander losgegangen, und der eine hätte den anderen mit einem Beil erschlagen.

GRILLENBURG (Hartha, Weißeritzkreis)

Jagdschloß
Etwa auf halber Strecke zwischen *Freiberg* und *Freital,* mitten im Tharandter Wald, liegt der kleine Ort Grillenburg. Er wurde benannt nach einem schlichten Jagdhaus, das Kurfürst August im Jahre 1554 hier erbauen ließ. Er erlangte 1553 als Nachfolger seines Bruders Moritz die Kurwürde, weil dieser keinen männlichen Erben hinterlassen hatte. Vom ursprünglichen Schloß ist nur noch die sogenannte Schösserei erhalten – ein ehemaliges Verwaltungsgebäude, das bis zum 2. Weltkrieg als Sächsischer Jägerhof genutzt wurde. Heute ist hier ein Jagdmuseum untergebracht. Über die Hintergründe des Baus informiert ein altes Gedicht, das einst zwischen den Eingangstüren des Schlosses zu lesen gewesen sein soll: eine Abschrift wird auf der Grillenburg aufbewahrt. Demnach hatte August dieses Schloß so benannt, weil er es in einer Zeit der Sorgen und Mühen (Grillen) zum Zwecke der Ablenkung und des Zeitvertreibes bauen ließ. In der dritten Strophe heißt es:

„Ich bin genannt die Grüllenburg,
Darauf geschieht gar mancher Schlurg,
Gedanken und schwere Phantasey,
Legt man auf diesen Hause bei.
(Mit) Jagen, Fahen, Hirsch und Schwein
Vertreibt man hier die Zeit allein,
Wer nun hat Grillen und Mucke(n),
Der laß sie hinter sich zurucke.“

Dieses Gedicht deutet den Namen volksetymologisch; eine andere sprachgeschichtliche Deutung ist nicht bekannt.

GRIMMA (Muldentalkreis)
Augustinerklosterkirche und Klosterruine Nimbschen

Grimma erreicht man heute am besten von Leipzig oder Dresden aus auf der Autobahn A 14 über die Anschlußstelle Nr. 23. An einer alten Handelsstraße von Merseburg nach Meißen, die hier über die Mulde führte, wurde Ende des 12. Jahrhunderts Grimma als Marktsiedlung in diesem machtpolitisch heiß umkämpften Gebiet gegründet. Markgraf Dietrich der Bedrängte (1197- 1221) beeilte sich, diese Siedlung recht bald zu erweitern, um den zweiten Muldeübergang für sich zu sichern. Die Bischöfe von Meißen hatten ihrerseits einen anderen Übergang in der Nähe von Wurzen in ihre Hand bekommen. Außerdem machten sich territoriale Bestrebungen der Bischöfe von Merseburg auf Grimma immer deutlicher bemerkbar. Um 1200 herum wurde die Burg erbaut, 1230 begann der Ausbau der Frauenkirche zur Stadtkirche. Besonders unter Markgraf Heinrich dem Erlauchten (1221–1288) entstanden Klöster und andere geistliche Einrichtungen. Um 1250 kam es zur Gründung eines Zisterzienser-Nonnenklosters, das 1291 nach Nimbschen verlegt wurde, 1287 entstand das Augustinerkloster; 1240 gründeten die Tempelherren das Hospital zum Heiligen Kreuz, das 1311 an die Johanniter fiel, und außerhalb der Stadt das Spital für Aussätzige, St. Georg. Grimma wurde im 14. Jahrhundert eine Nebenresidenz der Wettiner und sah in der Folgezeit viele Land- und Fürstentage, bei denen wichtige Entscheidungen fielen.

Martin Luther, 1526. Gemälde von Lucas Cranach d. Ä. Stockholm

Katharina von Bora, Luthers Frau. Gemälde aus der Werkstatt Lucas Cranachs d. Ä.

Einen Kilometer vor Grimma liegt an der nach *Colditz* führenden Landstraße das Gelände des Klosters Nimbschen, von dem heute nur noch Ruinen eines Gebäudes und der ehemalige Brunnen erhalten sind. Luthers spätere Frau, Katharina von Bora, war seit 1509 Nonne in diesem Kloster. Als die Erschütterungen der Reformation auch dieses Kloster erreichten, wandten sich neun Nonnen, darunter auch Katharina, an ihre Familien mit der Bitte, sie aus dem Kloster zu befreien. Als diese Hilferufe ungehört blieben, schrieben sie an Luther. Dieser beauftragte den Torgauer Ratsherrn und Kaufmann Leonhard Koppe mit der lebensgefährlichen Aufgabe, die Nonnen zu entführen. Dies geschah in der Nacht vom 4. zum 5. April 1523. Zwei Jahre später heiratete Katharina den Reformator.
An der Mulde unweit des Schlosses steht das ehemalige Augustinerkloster. Es wurde nach der Reformation in die sogenannte Fürstenschule umgewandelt. Vom ursprünglichen Kloster steht heute nur noch die Kirche. Im 19. Jahrhundert wurden die alten Gebäudeteile des Klosters abgerissen, und es entstand ein klassizistischer Neubau, in dem sich heute das Gymnasium befindet. Nach umfangreichen Sanierungsarbeiten an der Außenhülle der Kirche wird sie seit einigen Jahren als Konzert- und Ausstellungsraum genutzt.
Eine alte Überlieferung berichtet von einem geheimen Gang, der einst das Augustinerkloster mit dem südlich von Grimma gelegenen Kloster Nimbschen verbunden haben soll. Noch im vergangenen Jahrhundert soll das Ende dieses Ganges in einem Keller der Klosterruine Nimbschen zu sehen gewesen sein. Auf der Seite zum Augustinerkloster zu endete er der Sage nach im Kreuzgang, wurde aber schon vor längerer Zeit mit Steinplatten verschlossen, so daß die Stelle nicht mehr zu erkennen ist. Immer wieder wurde berichtet, daß man in diesem Gang Stimmengewirr und Gesang gehört hätte. Einige Studenten der damaligen Schule sollen einmal mit Schwertern bewaffnet in den geöffneten Gang hineingeklettert sein. Nachdem sie mehrere Biegungen durchschritten hatten, erschien ihnen ein eisgrauer, schwarz gekleideter Mönch, fragte sie, was sie hier suchten und forderte sie auf, sofort umzukehren. Sie ließen sich aber nicht beirren und gelangten an eine Stelle, wo schwarz verhüllte Gestalten mit Totengesichtern an einer Tafel saßen. Einer, der aussah wie der Prior, erhob sich und sprach: „Kehrt um und laßt die Toten ruhen, sonst seid ihr alle des Todes!“ Zum Andenken an das, was sie gesehen hatten, gab er ihnen allerdings einen silbernen Becher mit, der lange Zeit

in der Klosterkirche zum Abendmahl benutzt wurde. Hier haben wir es mit einer Warnsage zu tun, die vor den Gefahren des unbefugten Eindringens in die Gemeinschaft der Toten warnt. Es ist zugleich eine ätiologische Erzählung, die die Herkunft des silbernen Abendmahlkelches erklären soll. Der Kelch befindet sich heute im Kreisheimatmuseum und kann dort besichtigt werden. Er stammt aus dem Jahre 1519, wie eine am Fuß eingravierte Jahreszahl deutlich macht. Der unterirdische Gang dagegen bleibt weiter Legende, da bisher noch keine archäologische Grabung durchgeführt wurde, um seine Existenz nachzuweisen.

Burgberg
Nördlich vom Schloß erhebt sich über der Mulde der Burgberg. Hier befand sich einst in slawischer Zeit eine Wallanlage von mindestens 80 Metern Länge, von der heute noch Reste vorhanden sind. Auf dem Berg steht heute noch der sogenannte „Tempel", ein hölzerner Pavillon, den der Rittergutsbesitzer Herr Devrient aus Hohnstädt aus Liebe zur Romantik im Jahre 1795 hier bauen ließ. Man erzählt sich, daß in der Nähe dieses „Tempels" gelegentlich eine Wunderblume blühen soll. Sie soll einen tulpenartigen, farbenprächtigen Blütenkelch haben und einen lieblichen Duft verströmen. Wem es gelingt, diese Blume zu pflücken, der soll angeblich Herr über alle Schätze und Besitzer ewiger Jugend und Schönheit werden. Ein Wanderer, der diese Blume einmal von unten aus auf der Mitte des Berges sah und sofort hinaufstieg, um sie zu pflücken, konnte sie nicht mehr finden.
Blumen, vor allem Frühlingsblumen, finden im Volksglauben besondere Beachtung und gelten vielfach als heil- und zauberkräftig, u. a. gewähren sie Zugang zu verborgenen Schätzen.

GROSSHARTHAU (Lkr. Bautzen)

Kapellenberg
Etwa 8 Kilometer südwestlich von *Bischofswerda,* zwischen den Orten Großharthau und *Schmiedefeld,* erhebt sich ein 323 Meter hoher Berg, der Kapellenberg. Wie uns eine alte Sage versichert, ruht in seinem Inneren ein unermeßlicher Schatz aus Gold und Edelsteinen, den ein graues Männchen, ein Mönch, bewacht. Ein langer Gang, der sich in besonderen Vollmondnächten öffnet, führt in ein weiträumiges unterirdisches Gewölbe. Wer das Glück hat, zum rechten

Vom Schatzfinden: Holzschnitt aus Sebastian Brant, Narrenschiff, 1494

Zeitpunkt an Ort und Stelle zu sein, der darf sich nach Herzenslust bedienen und mitnehmen, soviel er tragen kann. Im vergangenen Jahrhundert, als noch Postkutschen zwischen Bautzen und Dresden verkehrten, soll am Fuß des Berges einem Postknecht das graue Männchen erschienen sein. Es forderte ihn auf mitzukommen, aber ermahnte ihn gleichzeitig, auf dem Hin- und Rückweg kein einziges Wort zu sprechen. Der Berg öffnete sich plötzlich, und nachdem sich der Postknecht die Taschen mit den Schätzen gefüllt hatte, sagte er angesichts seines unfaßbaren Glückes zu dem grauen Mönch: „Ich danke euch!" Da donnerte es gewaltig, und er wurde wie von unsichtbarer Hand durch die Luft geschleudert, daß ihm die Sinne vergingen. Als er erwachte, lag er draußen am Berg an einem Feldrand. Die Schätze in seinen Taschen hatten sich in wertlose Lehmklumpen und Feldsteine verwandelt.
→ Burgstädt

GROSSHENNERSDORF (Lkr. Löbau-Zittau)

Langer Berg

Fährt man von *Herrnhut* auf der B 178 in Richtung *Zittau*, dann erreicht man nach knapp 5 Kilometern Großhennersdorf, einen Ort, der erstmals 1296 urkundlich erwähnt wird. Noch vor dem Ortseingang ragt rechterhand der 372 Meter hohe „Lange Berg" empor, über den man sich eine besondere Schatzsage erzählt. Betreffs des Schatzes selbst unterscheidet sie sich von anderen Sagen dieser Art kaum: Die Reichtümer lagern in der Tiefe des Berges in riesigen Gewölben, zu denen ein langer Gang hinunterführt. Doch die Bedingungen, die zum Auffinden des Ganges führen, heben sich doch etwas von den bekannten ab: Die Schätze können nur von demjenigen gehoben werden, der in der Weihnachtsnacht, auf einem kohlrabenschwarzen Ziegenbock reitend, die Spitze des Berges erklimmt. Da der Berg darüberhinaus nur bis 1 Uhr geöffnet bleibt, muß der Betreffende ihn zu dieser Zeit mitsamt seinen Schätzen wieder verlassen haben, sonst bleibt er ein ganzes Jahr gefangen. Ein Bauer aus Großhennersdorf ritt einst mit seinem schwarzen Ziegenbock hinauf in dem Glauben, all diese Bedingungen zu erfüllen. Als er in die Höhle stieg, wurde er jedoch von unsichtbaren Händen gehörig verprügelt, wobei er die Worte vernahm: „Ein weißer Fleck!" Auf dem Heimweg entdeckte er tatsächlich einen weißen Fleck an seinem Reittier; er übermalte ihn mit schwarzer Tinte, und als er es nun noch einmal versuchte, gelangte er in die Tiefe des Berges und kehrte reich beladen zurück.

Die Schatzgräberei erscheint hier stark dämonisiert bzw. diabolisiert, etwa durch die Funktion des schwarzen Bockes. Der glimpfliche Ausgang ist daher ungewöhnlich.

→ Burgstädt

GRÜNHAIN (Lkr. Aue-Schwarzenberg)

Zisterzienserkloster Grünhain

Vom einstmals bedeutenden Kloster Grünhain, das große Besitzungen in der Hartensteiner Grafschaft besaß, zeugen heute nur noch die erhalten gebliebenen Klostermauern und die spärlichen Reste der freigelegten Kirche. Im 13. Jahrhundert zogen Mönche aus Sittichenbach hier ein, und innerhalb kurzer Zeit erlebte das Kloster eine Blüte, die bis zum Bauernkrieg anhielt. Es besaß die Grundherrschaft über etwa 60 Dör-

fer, dazu kamen noch Besitzungen bei *Zwickau* und *Altenburg*. Seine weitgehend unabhängige Stellung konnte es selbst gegen die Wettiner behaupten, und erst die Übergriffe und Plünderungen durch Bauern im Bauernkrieg sowie die Reformation führten im Jahre 1536 zur völligen Aufgabe durch die Zisterzienser und damit zum Verfall.
Die Überlieferung berichtet von einem mit hellseherischen Fähigkeiten begabten Mönch, Peter Rosenkranz, der wohl im 15. Jahrhundert im Kloster gelebt hat und dessen Prophezeiungen allesamt in Erfüllung zu gehen pflegten. So soll er die reichen Erzvorkommen am Bärenstein vorhergesagt haben und ebenso, daß am Hang des Pöhlberges ein großes Bergwerk entstehen und die schöne Stadt *Annaberg* dort erbaut würde. Der Ruf dieses Mönchs war so groß, daß auch der Ritter Kunz von Kauffungen, bevor er den legendären Raub der sächsischen Prinzen verübte, sich mit der Bitte um Rat an ihn wandte. Rosenkranz soll ihn aber sehr gewarnt haben, dieses Unternehmen auszuführen, da es ihn Leib und Leben kosten würde – was auch eintraf. Selbst den Untergang des Klosters soll Rosenkranz vorhergesagt haben: Nach einer Zeit des Aufruhrs würden die Mönche zwar wiederkehren, aber man werde sie überwältigen, und sie könnten nicht verhindern, daß das Kloster wüst werde und Himbeeren, Heidelbeeren und Erdbeeren auf Kirche und Mauern wüchsen.
→ Hartenstein, Prinzenhöhle

Oswaldbach
Verläßt man Grünhain in östlicher Richtung, gelangt man im nahen Schindelwald an den Oswaldbach. Er begleitet die Talstraße auf der linken Seite bis nach Waschleithe.
An diesem Bach soll um Mitternacht ein gespenstischer Schatten umgehen, der klagende Laute von sich gibt und deshalb von den Einheimischen die „Winselmutter" genannt wird. Einst soll hier ein Jüngling aus Liebeskummer seinem Leben ein Ende gemacht haben. Seine Mutter, die ihn noch sieben Tage lang an den Ufern des Baches suchte, starb schließlich an Erschöpfung und gebrochenem Herzen ebenfalls. Ihr Los soll es seitdem sein, am Oswaldbach auf ewig ihren Sohn unter stetem Klagen und Wimmern suchen zu müssen, weil sie gegen Gottes weise Fügung gemurrt hatte.
Hier haben wir es mit dem Typ einer Warnsage zu tun, die vor übermäßiger Trauer warnt. Vor allem im Erz-

und Fichtelgebirge sowie im Vogtland verbreitet ist die Gestalt der „Winselmutter“ – auch „Klagemutter“, „Heulemutter“ oder „Klageweib“ genannt. Vermutlich führte das nächtliche Schreien des Uhu zu dieser Vorstellung.

HAINEWALDE (Lkr. Löbau-Zittau)

H

Breiteberg

Der sagenumwobene Breiteberg liegt südlich von Hainewalde, einem Dorf 6 Kilometer westlich von *Zittau.* Auf der Bertsdorfer Seite des Berges findet man ein auffälliges Phonolit-Felsgebilde: zwei giebelartig einander zugekehrte Steinplatten bilden das sogenannte Querxloch. Nicht weit davon entfernt gibt es einen Brunnen, der vor etwa 150 Jahren mit Steinen eingefaßt und einem Dach versehen wurde: der Querxborn. Querx ist eine andere Bezeichnung für Zwerg, die be-

„Zwergschabernack“ (Querxe auf einer Bauernhochzeit). Holzstich 1853

sonders in der Zittauer Gegend vorkommt. Zwerge sind eine in ganz Europa bekannte Gruppe von Elementarwesen; kleinwüchsige Dämonen, die in Bergen oder unter der Erde leben. Sie werden oftmals als recht häßliche, bärtige Männchen geschildert, die in größeren Gemeinschaften leben und einen König haben. Sie üben allerlei Handwerke aus und besitzen Zauberkräfte.

Zwar sind Querxsagen auch von anderen Bergen in der Lausitz bekannt, doch scheint die Umgebung des Breitebergs von diesen Wesen besonders bevorzugt worden zu sein. So konnte früher jeder, der den Mut dazu hatte, das Tun und Treiben der Querxe beobachten, und täglich war es möglich zu sehen, wie einer nach dem anderen zum Querxloch hinein- oder herausging. Auch sollen dieselben fast massenhaft aus dem Querxborn gequollen sein. Besonders lästig wurden sie den Anwohnern vor allem dadurch, daß sie ständig Brot und andere Speisen aus den Häusern stahlen. Erst als man entdeckte, daß sie Kümmel verabscheuten, konnte man diesem Treiben ein Ende setzen, indem man beim Backen dem Brot einige Körner Kümmel beimengte. Der Kümmel gilt wie andere starkriechende Gewürzpflanzen als dämonenfeindlich; in manchen Sagen rufen die Geister erschreckt: „Kümmelbrot, unser Tod!"

Überhaupt scheint das Essen ihre Lieblingsbeschäftigung gewesen zu sein, denn vor allem zu Hochzeiten und anderen Feierlichkeiten fanden Querxe sich ein, waren aber aufgrund ihrer Nebelkappen unsichtbar und konnten so unter den Augen der Menschen verzehren, was sie wollten, ohne bemerkt zu werden. Auch sollen sie gern bei Wöchnerinnen erschienen sein, wo sie unsichtbar speisten und oftmals der im Bett Liegenden etwas von ihrem Brot oder Zwieback schenkten.

Eine besonders gespenstige Erscheinung muß noch erwähnt werden: Alle fünf Jahre soll sich in der Johannisnacht (24. Juni) – die Johannisnacht ist besonders günstig für Zauberei und dämonisches Treiben – gegen 11 Uhr auf dem Berg ein geisterhafter Leichenzug sehen lassen. Einer Gruppe von zwergenhaften Posaunenbläsern folgen sechzehn Zwerge, die das Sargtuch tragen. Im Sarg selbst, der mit kostbaren Edelsteinen geschmückt ist, soll ein totes Männchen liegen, mit silbernem Haar und Bart, eine Krone auf dem Kopf und ein Szepter in der rechten Hand. So wie der Zug erscheint, soll er schließlich auch wieder im Querxloch verschwinden.

Die zuletzt aufgeführte Sage ist die vom Tod des Zwergenkönigs – Zwerge wurden also als sterblich gedacht, analog zur Menschenwelt.

HARTENSTEIN (Lkr. Zwickauer Land)

Hartensteiner Schloß

Die Gegend um den kleinen, an der Zwickauer Mulde gelegenen Ort Hartenstein kann man durchaus als eine der romantischsten Sachsens bezeichnen. Auf engstem Raum lassen sich hier vier mittelalterliche Burgen nachweisen:

Eine recht gut erhaltene Wehranlage ist Schloß Stein im gleichnamigen Ortsteil. Es beherbergt heute das Heimatmuseum. Sein jetziges Aussehen verdankt es dem Spätmittelalter und der Renaissance, es basiert aber auf einer älteren Burg, als deren erster Besitzer 1233 ein Heidenreich von Stein überliefert ist. Anfang des 15. Jahrhunderts ging sie an Friedrich von Schönburg über.

Nördlich von Schloß Stein, fast nur einen Steinwurf entfernt, befinden sich auf einem Felsen gegenüber dem Bahnhof die Reste einer anderen mittelalterlichen Höhenburg, von der nur Bühl und Außenwall erhalten sind. Von ihr sind lediglich die Namen „Ur-Stein", „Eichleithe" und „Eichlehde" überkommen.

Die dritte Burg, von der die Grundmauern freigelegt werden konnten, die „Isenburg", befindet sich in der Nähe der Prinzenhöhle, gehört aber schon zu Wildbach.

Die größte Anlage findet man auf einem Berg über dem Thierfelder Bach nördlich des Ortskernes. Es ist die Ruine eines Schlosses, das erst am Ende des Zweiten Weltkrieges zerstört wurde. Es steht auf den Resten einer Burg, die um 1170 von dem Edelfreien Meinher von Werben gebaut wurde, der etwas später als Burggraf von Meißen nachweisbar ist. Als wichtiger Stützpunkt für die Besiedlung des Westerzgebirges entstand sie an einer strategisch bedeutungsvollen Stelle an der alten Handelsstraße von Zwickau nach Böhmen. Sie blieb lange Zeit im Besitz der Burggrafen von Meißen, wurde 1406 ebenfalls an die Herren von Schönburg verkauft und blieb im wesentlichen bis in die Neuzeit in deren Besitz.

Um diese Burg rankt sich die Sage von einem unsichtbaren Geist, einem Schattenritter namens König Vollmer der Geisterkönig. Er besuchte allabendlich die schöne Kunigunde von Schönburg, zu der er seit ihrer Kindheit in Liebe entbrannt war. Auch sie äußerte, nie einen anderen ehelichen zu wollen. Das Erscheinen

des Schattenritters wurde angekündigt vom Geräusch der Hufe seines Pferdes im Burghof, dann vernahm man seine Tritte, die eilig die Treppen hinauf erklangen. Seiner Braut pflegte der Unsichtbare stets die rechte Hand zum Gruße zu reichen, denn dies war das einzig fühlbare Körperteil an ihm. Sie fühlte sich weich und glatt, aber eiskalt an. Er blieb nur wenige Stunden bis kurz nach Mitternacht, sprach mit seiner Geliebten und speiste mit ihr und ihrem Bruder ausgiebig. Eines Tages, als Kunigunde beim Abschied ihren gespenstigen Liebhaber bat, sie auf die Lippen zu küssen, antwortete dieser: „Lebe wohl auf ewig! Weil ich an Deine rein geistige Liebe glaubte, verließ ich mein himmlisches Reich, um bei Dir zu sein. Jetzt, wo Du an irdische Liebe denkst, ist mein Bleibens nicht mehr hier, Du siehst mich nie wieder!"
Bei der Gestalt des „Königs Vollmer", wie er hier genannt wird, handelt es sich um eine Sagenfigur, die in der literarischen Überlieferung das erste Mal bei Albrecht von Kemenaten im 13. Jahrhundert auftaucht. Als koboldähnlicher Hausgeist erscheint er seitdem in mehreren sagenhaften Überlieferungen adliger Geschlechter unter Namen wie „Goldemar", „Goldemer" oder „Volmar".
→ Wildbach, Isenburg

Prinzenhöhle
Von Schloß Stein aus führt die Talstraße in Richtung *Schlema* durch ein wildromantisches Waldgebiet. Auf der rechten Seite schlängelt sich die Zwickauer Mulde dahin, zur Linken erheben sich dunkle Berge, die mit kleinen Felskuppen durchsetzt sind. Nach etwa 2 Kilometern zeigt ein Schild den Wanderweg zur Prinzenhöhle an. Diese Höhle – eigentlich nur ein Felsspalt von 20 Metern Länge, die früher auch Teufelsloch genannt wurde – ist heute ein beliebtes Ausflugsziel. Hier soll der Ritter Kunz von Kauffungen, als er im Jahre 1455 den berühmten sächsischen Prinzenraub verübte, besagte Prinzen versteckt gehalten haben. Der Entführung war ein langes Geplänkel zwischen dem Kauffunger und dem Landesherrn, Friedrich dem Sanftmütigen, vorangegangen, in dem ersterer vom Kurfürsten Entschädigung forderte für die im Bruderkrieg zwischen den Wettinern erlittenen Verluste. Da der Kurfürst zu einer Zahlung nicht bereit war und im Gegenzug vom Kauffunger eine dreimal höhere Geldbuße verlangte, entschloß sich dieser zum waghalsigen „Kidnapping" der beiden Kurfürstensöhne aus dem Altenburger Schloß. Die Entführung endete tra-

gisch: schon bald wurden die Prinzen von Köhlern entdeckt und Kunz von Kauffungen dingfest gemacht. Am 14. Juli 1455 machte man ihm den Prozeß wegen schweren Landfriedensbruchs und enthauptete ihn am gleichen Tag auf dem Marktplatz in Freiberg.

HEIDENAU (Lkr. Sächsische Schweiz)

Muttergottes- oder Marienbrunnen

Im Tal zwischen Heidenau und *Pirna*, am Hang der Hügelkette, die zur Elbe zu steil abfällt, gibt es eine Quelle, die von einem hölzernen Häuschen umbaut ist. Man findet sie neben der B 172 an der sogenannten „Pechhütte". Diese Quelle soll einst besondere Heilkräfte besessen haben. Als einmal ein Hirte, der an Aussatz litt, seine Gliedmaßen mit diesem Wasser reinigte, genas er im gleichen Augenblick. Später entdeckte man auch eine besondere, die Fruchtbarkeit bei Frauen befördernde Wirkung, ähnlich dem „Queckbrunnen" in Dresden, und nannte deshalb den Quellort den „Muttergottesbrunnen" oder auch „Marienbrunnen". Um 1670 haben die Bewohner von Pirna und den Nachbarorten begonnen, jährlich am Mittwoch nach Pfingsten zum „lieben Brunnen" zu pilgern, wo man sich mit Speise und Trank, Musik und Tanz belustigte. Im Laufe der Zeit wurde dieses Frühlingsfest die „Pirnsche Wallfahrt" genannt.
Quellheiligtümer stammen oft aus vorchristlicher Zeit und wurden später auf christliche Heilige – hier Maria – übertragen.
Daß die Sage in diesem Fall gerade von einem Hirten spricht, der die Heilwirkung des Quells entdeckt, ist kein Zufall: Hirten besaßen ein geringes Sozialprestige, trotz ihres volksmedizinischen Spezialwissens. Indem ein Hirt die besondere Wirkung des Heilwassers entdeckt, wertet er auch seinen Stand auf.
→ Ebendörfel

HENNERSDORF (Lückersdorf-Gelenau, Lkr. Kamenz)

Heiliger Berg

Der 354 Meter hohe Heilige Berg liegt etwa 3 Kilometer südwestlich von *Kamenz*, in einem durch die Dörfer *Gersdorf*, Hennersdorf und *Gelenau* gebildeten Dreieck. Man erreicht ihn von Kamenz aus am besten auf der Pulsnitzer Straße, die man nach 3 Kilometern auf dem Bischheimer Weg links in Richtung Hennersdorf verläßt.

Die Sage berichtet, daß auf diesem Berg einst in vorchristlicher Zeit von den Wenden ein „greulicher Götzendienst“ getrieben worden sei. Erst nachdem unter Otto I. der Markgraf Gero (900–965) hierher kam, die heidnischen Priester tötete und das Christentum einführte, fand dies ein Ende. Gero gründete eine Kapelle der heiligen Walpurgis. Diese Heilige soll der Legende nach einst in der Lausitz von Berg zu Berg gezogen sein, um das Christentum zu predigen. Wer am dritten Pfingstfeiertag sowie zu Walpurgis und zu Margarethe zu dieser Kapelle eine Wallfahrt unternahm, der konnte damit 100 Tage lang Ablaß für seine Sünden erwirken. Während der Reformation war die Kapelle baufällig geworden und wurde daher, nachdem man die bischöfliche Erlaubnis eingeholt hatte, im Jahre 1542 abgebrochen. Es sind heute keine Spuren des einstigen Sakralbaus mehr vorhanden.
Die Überlieferung berichtet weiter, daß der heilige Benno, der Bischof zu Meißen, an dieser Gegend so großen Gefallen fand, daß er vom nahe gelegenen Bischheim regelmäßig herüberkam; in Erinnerung daran hieß noch lange Zeit ein gepflasterter Weg, der über den Heiligen Berg führte, die „Mönchsmauer“.
Professor Alfred Meiche, der sächsische Sagensammler und -forscher, schloß sich einer anderen Deutung an: In einer Oberlausitzer Grenzurkunde von 1223 ist die Rede von einem Steig namens „semita Pribislai“. Damit wurde ein Fußweg von Meißen nach Göda bezeichnet, der auch einen Abzweig nach Bautzen hatte. Er verlief über die Berghänge im Schutz der Burgen, deren Ringwälle man als letzte Zeugnisse überall finden kann. Im Schloß Bischheim sollen die Mönche bzw. der Bischof eine Pause eingelegt haben, denn es war die halbe Strecke. Zwischen dem Bischof von Meißen und dem Pfarrer von Göda bestanden freundschaftliche Beziehungen. Außerdem war während der Kolonisationszeit dieser Ort ein bedeutender Kirchsprengel mit großen Machtbefugnissen.
Der hl. Benno (Gedenktag: 16. Juni) wurde 1010 in Hildesheim geboren. Seit 1031 Mönch, wurde er 1042 Abt von St. Michael in Hildesheim. Ab 1066 war er Bischof von Meißen, wurde von Kaiser Heinrich IV. aufgrund seiner Papsttreue seines Amtes enthoben, aber 1088 wieder eingesetzt. Er ging als Bekehrer der Slawen in die Kirchengeschichte ein und starb 1106. Besonders bekannt ist die Legende um die in die Elbe geworfenen Kirchenschlüssel.
→ Meißen

HERRNHUT (Lkr. Löbau-Zittau)

Hutberg

Herrnhut ist der Stammort der bekannten evangelischen Brüdergemeinde gleichen Namens. Der Name des Ortes bedeutet soviel wie „in der Hut des Herrn“. Der Reichsgraf von Zinzendorf gewährte im 18. Jahrhundert mährischen Exilanten, sich unterhalb des Hutberges anzusiedeln. Schnell wuchs die Gemeinde durch den Zuzug weiterer Einwanderer auf über eintausend. Ein christlich-soziales Gemeinwesen entstand, das bald schon eine umfangreiche Missionstätigkeit in aller Welt entfaltete. Am Ende des 2. Weltkrieges fielen die meisten Gebäude der Brüdergemeinde einer Feuersbrunst zum Opfer; nur der Kirchensaal und ein Gästehaus wurden wieder aufgebaut. Zu empfehlen ist die Besichtigung des am Hutberg angelegten Gottesackers mit der Grabstätte des Grafen Zinzendorf und weiteren fast 5000 Grabstätten.

Auf jeden Fall sollte man sich vor dem Hutberg selbst sehr in acht nehmen, denn er ist der Sage nach ein unheimlicher Ort! Vor allem in der Walpurgisnacht – der Nacht zum 1. Mai, einem bevorzugten Termin für Spuk und Zauberei – kann man dort ein schreckliches Tosen in der Luft hören und riesenhafte Gestalten daherziehen sehen. Dabei soll es sich um den ruhelosen Geist eines wilden Raubritters handeln, der einst dort auf dem Berg eine große Burg besaß, deren Trümmer man immer noch sehen kann. Dieser Ritter Ulrich von Ruprecht, wie ihn die Sage namentlich bezeichnet, soll einst große Keller im Berg angelegt haben, wo er seinen Raub versteckte. Der so entstandene gewaltige Schatz wartet noch heute ungehoben auf seine Entdekung. Denn als der wilde Ruprecht einmal in seinem Keller saß, um im Gold zu wühlen, kam der Teufel höchstselbst und mauerte die Kellertür zu, so daß der Räuber inmitten seiner Schätze elend umkam.

Übrigens erwähnt die Sage beiläufig, daß es einen unterirdischen Gang gegeben habe, durch den dieser Ruprecht ins nahe Schloß seines Freundes und Helfershelfers Bernhard Dietrich in Bernstadt gelangen konnte. Die Erwähnung dieser in der Lausitz recht gut bekannten Sagengestalt, des „Bernhard Dietrich“, auch „Pan Dietrich“ genannt, bringt uns auf eine interessante Fährte. Es scheint sich bei beiden Sagengestalten um „Wilde Jäger“ zu handeln, dämonische Wesen, die in besonderen Nächten mit ihrem Gefolge unter großem Getöse über die Berge ziehen.

Hutberge sind in der Lausitz sehr verbreitet. Etymologisch leitet sich der Name dieser Berge von „Hutung“, d. h. vom Hüten der Kühe ab.
Es ist nicht bekannt, daß es jemals auf dem Hutberg eine Burg bzw. überhaupt eine Bebauung gab. Daher ist es sehr wahrscheinlich, daß es sich hier um eine Verwechslung mit dem etwa 4 Kilometer nordöstlich gelegenen Heidberg bei Niederrennersdorf handelt. Dort befindet sich ein geschütztes Bodendenkmal: die Reste einer mittelalterlichen Turmhügelburg mit Wehrgraben und Bogenwall. Man findet sie am westsüdwestlichen Hang des Berges.
→ Cunewalde; → Oelsnitz, Das Röhrholz

HERWIGSDORF (Rosenbach, Lkr. Löbau-Zittau)

Dorfkirche

Verläßt man *Löbau* in östlicher Richtung, dann gelangt man nach knapp 5 Kilometern nach Herwigsdorf. Kurz hinter dem Ortseingang steht rechts die Kirche. Sie wurde im Jahre 1545 erbaut, nachdem ihr Vorgängerbau etwa zehn Jahre davor abgebrannt war. Über diese Kirche ist eine recht gruslige Begebenheit überliefert. Vor langer Zeit gab es einen Pfarrer, der mit einem ortsansässigen Rittergutsbesitzer in einem persönlichen Spannungsverhältnis lebte. Die gegenseitige Abneigung wuchs von Jahr zu Jahr, und an Aussöhnung war deshalb nicht zu denken. Als der Gutsherr starb, versagte ihm der Pfarrer die letzte Begleitung und ließ diese stattdessen von einem Amtsbruder verrichten.
Auch der Pfarrer starb kurze Zeit später, und in der letzten Nacht vor seiner Beisetzung geschah das Unfaßbare. Man hatte ihn in der Kirche aufgebahrt; einige Leute aus dem Ort übernahmen die Totenwache. Um Mitternacht begann plötzlich ein gewaltiges Gepolter in der herrschaftlichen Loge, die Lichter erloschen, und so eilten die Wächter verängstigt hinaus. Draußen sträubten sich ihnen die Haare, denn sie hörten einen solchen Lärm im Innern, daß sie glaubten, es tobe ein Kampf auf Leben und Tod. Als es still geworden war, wagten sie sich wieder hinein. Dort war alles wie vorher, nur die Kerzen auf den Leuchtern brannten hell, und die Perücke des Pfarrers zeigte sich bei näherer Betrachtung etwas verschoben.
Unheimliche Ereignisse bei der Leichenwache sind ein häufiges Motiv in Totensagen; sie treten meist dann ein, wenn der Verstorbene eine zu Lebzeiten auf sich geladene Schuld nicht mehr sühnen konnte.

HEYNITZ (Lkr. Meißen-Radebeul)

Schenklinde

In dem kleinen Dorf Heynitz gibt es einen sagenumwobenen Baum. Um ihn zu sehen, muß man die B 101, die *Nossen* mit *Meißen* verbindet, entlangfahren und etwa 5 Kilometer vor Nossen in Richtung Osten abbiegen. Nach weiteren 2 Kilometern ist man in Heynitz. Mitten im Ort steht dieser Baum, eine etwa 600 Jahre alte Linde, die man immer noch die „Schenklinde" nennt, weil sie gegenüber einem früheren Dorfgasthaus, der „Schenke", steht.

Über diesen Baum gibt es folgende Überlieferung: Im Jahre 1634, während des Dreißigjährigen Krieges, wurde der Ort von einer Pestepidemie heimgesucht. Die Schuldige stand schnell fest: Einem rothaarigen Mädchen, das als Frönerin tätig war und Prochlitz geheißen haben soll, unterstellte man, sich mit dem Teufel verbündet und mit seiner Hilfe die Seuche verursacht zu haben. Die fanatische Menge schleppte die vermeintliche Hexe zur Dorflinde, wo man sie an den Haaren aufhängte und unter ihren Füßen Feuer entzündete. Drei Tage später soll sie an den erlittenen Verletzungen unter Qualen gestorben sein.

Rothaarige Menschen wurden häufig verdächtigt, da sie wegen dieser seltenen Haarfarbe zu einer Minderheit gehörten; sie galten u. a. als besonders triebhaft. Seuchen wurden gern Hexen, Zauberern, auch Juden angelastet, da man die wahren Ursachen dieser Infektionen nicht kannte. Der „Schwarze Tod" und andere Epidemien waren oft der Auslöser für Hexen- und Judenverfolgungen.

„Anne Heinrichs zu Amsterdam verbrent Anno 1571".
Kupferstich von Jan Luyken, 1685

Hirschfeld (Lkr. Zwickauer Land)

Semmelkreuz

An der Straße von Hirschfeld nach *Wolfersgrün*, unmittelbar am Ortsausgang, neben der Brücke über den Hegebach, findet man ein Steinkreuz. Im Volksmund heißt es „Semmelkreuz", „Mordstein" oder auch „Hungerstein". Es ist knapp einen Meter hoch, und es fehlt ihm ein Arm. Auf einer Seite sieht man noch Reste einer eingeritzten Axt oder Hacke. Dieses Kreuz soll ursprünglich auf dem Kreuzbühl von Wolfersgrün gestanden haben, etwa 600 Meter östlich von hier. Die Sage berichtet von einem Streit zwischen zwei Bauersfrauen während einer Hungersnot dort am Kreuzbühl, in dem es um ein erbetteltes Brot oder eine Semmel ging und in deren Verlauf sie mit Messern auf einander einstachen. Die eine Frau wurde so schwer verletzt, daß sie sich mit letzten Kräften nur noch bis zum Hegebach hinschleppen konnte und dort verschied.
Über das tatsächliche Alter des Kreuzes ist nichts bekannt. Neben der obigen sagenhaften Überlieferung vermutet man allerdings, daß dieses Kreuz einst die Grenze des Kirchsprengels bezeichnet hat.

Hirschstein (Lkr. Riesa-Großenhain)

Schloß

Etwa auf halber Strecke zwischen *Riesa* und *Meißen* findet man am linken Elbeufer die kleine Gemeinde Hirschstein, die sich in Alt- und Neuhirschstein untergliedert. Ein alter Ringwall aus der slawischen Zeit, der sich südlich von *Althirschstein* über dem Ufer der Elbe befindet, weist auf eine recht frühe Besiedlung hin. Er hat einen Durchmesser von 70 Metern, ist aber an seiner Ostseite aufgrund von Abtragungsarbeiten unvollständig.
Südlich davon liegt heute der Ortsteil *Neuhirschstein*, dessen Schloß die barocke Umgestaltung einer älteren Burganlage darstellt. Ihre erste urkundliche Erwähnung stammt aus dem Jahre 1205 und läßt vermuten, daß es sich um eine wichtige Anlage zur Sicherung der Elbelinie im Zuge der deutschen Ostsiedlung handelte. Bis kurz nach 1400 war die Burg ein Lehen des Naumburger Bistums und kam dann an die Markgrafschaft Meißen. Bedeutende Adelsfamilien waren im 16. Jahrhundert die Familie von Haugwitz, im 17. eine Familie Felgenhauer und im 18. die von Loß. Übrigens war während des 2. Weltkrieges König Leopold von Belgien in Schloß Hirschstein interniert.

Eine zur Kindtaufe gehende Hebamme. Kupferstich, 18. Jahrhundert

Eine Sage, die zeitlich unbestimmbar bleibt, berichtet von einem dramatischen Geschehen. Es wird erzählt, daß einst eine Amme das ihr zur Pflege anvertraute Kind der Herrschaftsfamilie schlafen legen wollte. Da sie sehr betrunken war vom vorangegangenen Taufschmaus, legte sie das Kind versehentlich nicht in die Wiege, sondern auf das Fensterbrett. Der Säugling fiel zwar in die Tiefe – doch verhinderten die Zweige eines im Mauerwerk wurzelnden Strauches, daß er zu Tode stürzte. Es gelang, ihn unversehrt zu retten. Noch heute ist das Fenster zu sehen, das man damals nach diesem Vorfall sofort zumauern ließ.

HOCHKIRCH (Lkr. Bautzen)

Alte Schanze

Zwischen *Löbau* und *Bautzen* liegt Hochkirch, ein Ort, der 1222 erstmals urkundlich Erwähnung fand und dort noch Bukkewicz (Buchendorf) genannt wurde. Im 14. Jahrhundert erst taucht der deutsche Name Hoynkirchen in den Dokumenten auf. In dem Dreieck,

das Hochkirch mit den beiden östlich gelegenen Dörfern *Lauske* und *Zschorna* bildet, befindet sich ein parkartiges Gelände, das „die Schanze" genannt wird und in welchem tatsächlich zwei derartige Anlagen aus slawischer Zeit, also noch vor der deutschen Ostsiedlung, existieren. Eine „Schanze" befindet sich in der Nähe von Lauske, südlich vom Ort, auf dem westlichen Hochufer des Kotitzer Wassers. Die andere liegt weiter südlich, kurz vor Zschorna, ebenfalls am Ufer des gleichen Baches, allerdings auf der anderen Seite. Beide Wehranlagen bestehen aus einem Wallring, sind recht gut erhalten und stellen geschützte Bodendenkmale dar.
Auf den Wiesen zwischen den Schanzen soll oft die Mittagsfrau erschienen sein. So erzählt uns eine sagenhafte Überlieferung von einem Mädchen, das vor über hundert Jahren hier Kühe hütete. Dabei spann sie Garn mit Hilfe einer Spindel, wie es damals üblich war. Außerdem hatte sie ihr kleines uneheliches Söhnchen bei sich. Da erschien ihr eines Tages die Mittagsfrau und fragte sie, ob sie ihr nicht auch etwas Garn spinnen könnte. Als sie es bejahte, erhielt sie ein Häufchen Flachs unter der Bedingung, nichts für sich selbst zu behalten. Sie machte sich an die Arbeit. Unüberlegt nähte sie aber mit einem kurzen Faden des gesponnenen Garns den Ärmel ihres Söhnchens an, der abgerissen war. Das entging der Mittagsfrau natürlich nicht, und sie schüttete dem Mädchen trockenes Laub als Entlohnung in ihre Schürze. Erst zu Hause bemerkte sie dann an einem kleinen Rest, der in der Schürze hängengeblieben war und sich in ein Goldstück verwandelt hatte, was es mit dem Laub auf sich hatte, das sie enttäuscht auf der Wiese fortgeworfen hatte. Vergebens suchte sie an der Stelle auf der Schanze, denn die Mittagsfrau hatte alles schon wieder aufgelesen.
In dieser Sage trägt die gefährliche Mittagsfrau, die normalerweise ihre Opfer mit Fragen zu quälen oder gar zu töten beliebt, die Züge des harmloseren Holzweibchens, das zwar auch einen ambivalenten Charakter hat, doch oftmals Fleiß und Aufrichtigkeit mit Gold belohnt.
→ Diehsa

HOHNSTEIN (Lkr. Sächsische Schweiz)

Burg
Am nordwestlichen Rand des Elbsandsteingebirges, etwa 15 Kilometer östlich von *Pirna*, liegt der kleine Ort Hohnstein, dessen Burg auf dem Felssporn über

dem historischen Ortskern einen malerischen Anblick bietet. Die erste Erwähnung der Burg als Mittelpunkt eines Distrikts erscheint im Jahre 1333. Bis Mitte des 15. Jahrhunderts war sie im Besitz der Herren Berka von der Duba und damit Bestandteil des Königreiches Böhmen. Erst danach gelangte sie durch Kauf an das Kurfürstentum Sachsen. Heute befinden sich hier eine Jugendherberge und das Heimatmuseum.
Auf der Burg Hohnstein kam es in der Mitte des 16. Jahrhunderts zu seltsamen Erscheinungen, wie uns eine Sage glaubhaft machen will. Hier ließ sich der „Geist des Gebirges" in der Gestalt eines 8–9jährigen Mädchens mehrfach sehen, indem er zu einem Mädchen gleichen Alters kam, das im Schloß wohnte. Dieser Geist soll ihr zur Hand gegangen sein bei allerlei Arbeiten, soll ihr Geld gebracht und mit ihr über den neuen Glauben gesprochen haben. Die Sache muß so großes Aufsehen erregt haben, daß sie dem Dresdner Superintendenten Daniel Greser (1504 bis 1591) vorgetragen wurde. Dieser erklärte jedoch, die Erscheinung sei entweder ein Gespenst des Teufels oder eine Erfindung des Vaters des Mädchens und befahl, die Sache auf sich beruhen zu lassen – eine vor dem Hintergrund der religiösen Aufregung und der konfessionellen Spannungen dieser Zeit ungewöhnlich nüchterne Haltung.

Felsen im Tiefen Grund

Fährt man von Hohnstein aus die Straße in Richtung *Bad Schandau*, dann gelangt man nach 2 Kilometern kurz hinter der Grundmühle in den sogenannten „Tiefen Grund". Nach etwa 1,5 Kilometern, an der Stelle, an welcher der Waitzdorfer Bach in den Grundbach

Bauern, die mit Dreschflegeln auf einander schlagen. Kupferstich von J. Amman (1539–1591)

mündet, gibt es auf der linken Seite einen Felsen, in den neben einer Sense und einem Kreuz die Jahreszahl 1699 eingeritzt ist. Dies geschah in Erinnerung an eine schreckliche Begebenheit. Zwei Burschen aus Waitzdorf, die einst um ein Mädchen warben, sollen von ihr zur Antwort erhalten haben, daß sie nur den mutigsten ehelichen wolle. Die beiden Burschen, die sonst Freunde waren, beschlossen, sich im Tiefen Grund im Zweikampf zu messen. Sie verlangten von dem Mädchen, bei diesem Kampf anwesend zu sein, und es willigte auch geschmeichelt ein, da es an einen Faustkampf glaubte. Allzu groß kann ihr Schrecken nicht gewesen sein, als sie die beiden Kontrahenten mit neuen Sensen bewaffnet vorfand, denn die noch einmal gestellte Frage, ob sie sich nicht doch für einen von beiden entscheiden wolle, um den Kampf zu verhindern, verneinte sie starrköpfig. So kam es zu dem geforderten Kampf, der damit endete, daß der eine Bursche seinem Freund das Herz mit der Sense durchbohrte. Statt die ausgestreckte Hand des Mädchens zu ergreifen, warf sich der Bursche auf seinen toten Freund und bejammerte das Schicksal, aber die Klage weckte ihn nicht mehr auf.
Ob dieser Vorfall tatsächlich in dieser Weise stattfand, ist nicht belegt. Bei den Felsritzungen handelt es sich aber eindeutig um Sühnezeichen für ein begangenes Verbrechen.

Horka (Niederschlesischer Oberlausitzkreis)

Kirche

Über die B 115 in nördlicher Richtung gelangt man von Görlitz aus in die Ortschaft *Kodersdorf*. Hier biegt man rechts ab und erreicht nach etwa 5 Kilometern Horka. Schon kurz hinter dem Ortseingang kann man linkerhand die Dorfkirche sehen. Sie wurde um 1200 im Zuge der deutschen Ostsiedlung und der Gründung des Ortes erbaut. Über sie bzw. über eine hölzerne Christusfigur, die in einer Kammer dieser Kirche stand, erzählte man sich früher recht unheimliche Geschichten. Diese Figur wurde von den Leuten „Alex" genannt, doch niemand weiß den Grund dafür. Dieses Bildwerk war ein Gegenstand von Furcht und Schrekken für viele Einwohner. Einst, so wird erzählt, wollte eine Magd des Kantors auf dem Kirchhof Gras schneiden. Als sie an der Kammer, in der das Bildnis stand, vorüberging, verleiteten sie Leichtsinn und Übermut zu der Bemerkung: „Alex, komm, hilf Gras schneiden!" Urplötzlich erhielt sie daraufhin von unsicht-

barer Hand eine Ohrfeige, die sie ihr Lebtag nicht mehr vergaß. Auch der Nachtwächter des Ortes will damals in einer stürmischen Nacht die Gestalt in der Geisterstunde am Kirchhoftor gesehen haben.
Leider ist nichts mehr bekannt über den Verbleib dieser Figur. Die Kammer, in der sie stand, befindet sich tatsächlich an der Nordseite der Kirche, ist von außen zugänglich und wird immer noch als „Alexkammer“ bezeichnet.
Diese Geschichte erinnert an den nicht sehr häufigen Legendentyp vom „dämonisierten Heiligen“: das Bildnis des Heiligen bestraft mangelnde Ehrfurcht mit augenblicklicher Züchtigung oder nächtlicher Heimsuchung.

Wehrmauer des alten Friedhofs
Eine Sage spricht von einem alten, mit Moos und Gras bewachsenen Grab auf dem Friedhof in Horka, das sich an der nördlichen Mauer befunden haben soll und dessen Hügel schon lange eingesunken war. Kein Grabstein oder Kreuz nannte den Namen dessen, der hier begraben lag. Dieser Umstand mag wohl die

Die Wilde Jagd, Kupferstich, 19. Jahrhundert

Phantasie des Volkes schon in alter Zeit angeregt haben, denn man erzählte sich früher, es sei das Grab des sogenannten „grünen Mannes“ oder „bösen Jägers“, der nach seinem Tod aus nicht näher bekannten Gründen keine Ruhe fand. Als vor vielen Jahren, so berichtet die Sage weiter, der Totengräber ein neues Grab ausheben wollte und dabei seine Schaufel in das Grab des „bösen Jägers“ stieß, bekam er von unsichtbarer Hand eine so derbe Ohrfeige, daß er seine Schaufel und alle anderen Gerätschaften im Stich ließ und voller Entsetzen floh. Seitdem hat kein Totengräber mehr gewagt, das Grab des „bösen Jägers“ anzurühren. Nur einer machte noch einmal einen Versuch, doch das Grab war felsenhart, und es gelang ihm nicht, seine Schaufel in den Hügel zu stoßen.
Die Gestalt des „bösen“ oder „wilden Jägers“ ist in der Sagenwelt der Lausitz sehr weit verbreitet. Meist zieht er zwar mit seinem Gefolge über bestimmte Bergeshöhen hinweg, doch projiziert ihn die Volksphantasie in diesem Falle in das Grab eines ominösen Unbekannten.
Da der heutige Friedhof in Horka keine nördliche Mauer besitzt, wie in der Sage beschrieben, ist anzunehmen, daß sich die sagenhafte Geschichte auf den alten Friedhof innerhalb der Mauern der einstigen Wehrkirche bezieht. An deren Nordmauer befanden sich tatsächlich Grabstätten, und es finden sich noch heute mit Erdreich überdeckte und überwachsene Gruften. Die Entfernung zur oben genannten „Alexkammer“ beträgt nur etwa 20 Meter.
→ Cunewalde

HÖRNITZ (Bertsdorf-Hörnitz, Lkr. Löbau-Zittau)

Koitsche
Am westlichen Ortsrand von Hörnitz, einem kleinen Dorf unweit von *Zittau*, erhebt sich die Koitsche, ein 375 Meter hoher Berg. Die Sage berichtet, daß hier in der Nacht vor St. Vitus, d. h. vom 14. zum 15. Januar, in der Geisterstunde ein äußerst häßlicher Zwerg unter Donner und Blitz den bemoosten Felsen entsteigt. Dieser mißgebildete Zwerg soll in der linken Hand einen mit Edelsteinen besetzten goldenen Becher und in der rechten einen großen Erdmolch halten. Damit gibt er den Leuten der Gegend auf recht seltsame Weise eine Vorausschau auf künftiges Unheil: wenn er den Molch in den Becher taucht und beim Herausziehen eine blaue Flamme erscheint, dann wird die Gegend bald von einem Brand heimgesucht. Entquillt dem Be-

Zwerg, Radierung, um 1622

cher hingegen Blut, so wird es bald einen Mord geben. Beim ersten Hahnenschrei verschwindet der Zwerg unter Blitz und Donner wieder im Felsen.

JOHANNGEORGENSTADT
(Lkr. Aue-Schwarzenberg)

Grube zur Treuen Freundschaft

Von Kurfürst Johann Georg I. im Jahre 1654 als Bergstädtchen gegründet, entwickelte sich die von Exilantenfamilien aus Böhmen erbaute Siedlung rasch zu einer Größe, die schon 1656 Stadtprivilegien rechtfertigte und in diesem Zusammenhang einen Wochenmarkt und zwei Jahrmärkte bewilligt bekam. Neben dem Bergbau erlangte die Spitzenklöppelei eine große wirtschaftliche Bedeutung für den Ort auf dem Fastenberg.

Von einem der vielen Bergwerke, der Grube „Zur Treuen Freundschaft“, ist eine Sage überliefert, die erstmals im Jahre 1723 von dem Chronisten Engelschall in der „Chronik der Exulanten- und Bergstadt Johanngeorgenstadt“ niedergeschrieben wurde. Am 7. August des Jahres 1719 arbeitete in dieser Grube der Hauer Johann Christoph Schlott. Als man zu Mittag auspochte, nahm er zuerst ein Husten im Schacht wahr und sah kurz darauf jemanden mit einem Grubenlicht auf sich zukommen. Zuerst glaubte er, daß es der Steiger wäre, doch als beide im Stollen zusammentrafen, erblickte er einen sehr kleinen, ihm gänzlich unbekannten Mann in einem braunen Kittel. Dieser hängte, als er an Schlott vorbeikam, sein Grubenlicht an das Gestein und fragte: „Ist schon Schicht?" Bei dieser Anrede überfiel Schlott ein fürchterlicher Schauer, er eilte aus der Grube und erzählte die Begebenheit dem Steiger. Zuerst erntete er natürlich Gelächter, aber als man später an der bezeichneten Stelle fündig wurde, erkannte man, daß es der Berggeist gewesen war.

Zwar existiert heute das Mundloch dieser Grube noch, aber es liegt auf einem Privatgrundstück und ist für die Öffentlichkeit nicht zugänglich. Wer sich aber dennoch ein Bild von den unterirdischen Behausungen des Berggeistes machen will, kann dies im nahe gelegenen Lehr- und Schaubergwerk Frisch Glück „Glöckl" tun. Hier erfährt man nicht nur genauere Einzelheiten über dieses sagenhafte Wesen, sondern auch über die Geschichte des Bergbaues von den Zeiten der ersten Silberfunde bis zum Wismut- und Uranabbau in der Region.

→ Aue

Der helfende Berggeist. Holzschnitt, 1616

Jonsdorf (Lkr. Löbau-Zittau)

Semperstein / Semperhexe

Wenige Kilometer südlich von *Zittau* liegt der Kurort Jonsdorf, der neben *Oybin* das Herz des Zittauer Gebirges ausmacht. Dieses Gebirge entstand einst in der Kreidezeit vor 140 bis 65 Millionen Jahren durch Ablagerungen. Die so gebildeten Sandsteinschichten wurden in der Zeit des Tertiär durch Vulkantätigkeit verändert, indem Basalt und Phonolith vorhandene Spalten ausfüllten oder als Schlote die Schichtungen durchdrangen. Die in den folgenden Jahrmillionen einsetzenden Erosionsvorgänge befreiten diese härteren Gesteine aus dem Sandstein und es bildeten sich bizarre, vielgestaltige Felsformationen. Im Waldgebiet, das Jonsdorf einschließt, findet man diese phantastischen Gebilde sehr zahlreich, und viele dienen heute als Kletterfelsen. Namen wie „Die Kaffeekanne“, „Die Mausefalle“ oder „Die drei Tische“ zeugen von der Formenvielfalt.

Folgt man von der Waldbühne aus dem sogenannten Orgelweg bis kurz vor die Grenze zur Tschechischen Republik, dann findet man rechts zwischen den „Dachssteinen“ und dem „Fensterturm“ die sogenannte „Semperhexe“. Über diesen Felsen berichtet die Sage, daß einst eine Wöchnerin sich während eines Krieges hierher flüchtete und ihr Kind gebar. Da die alten Slawen einen Gott „Zemberis“ hatten, der die Erde befruchtete und ebenso in Verbindung stand mit der weiblichen Fruchtbarkeit, soll der Fels „Semperstein“ genannt worden sein. Die heute ebenfalls gebräuchliche Bezeichnung „Semperhexe“ entstand aufgrund der menschenähnlichen Gestalt des Felsens.

Kamenz

K

Reinhardsberg

Um 1200 wurde Kamenz im Zuge der deutschen Ostsiedlung als städtische Siedlung gegründet. Als ältesten Zeugen der Vergangenheit findet man auf dem Reinhardsberg einen gut erhaltenen Ringwall mit den Maßen 80 x 45 Meter. Möglicherweise handelt es sich dabei um eine bronzezeitliche Anlage oder eine altsorbische Burg. Eindeutig datierbare Funde, die eine Zuordnung möglich machen würden, fehlen leider noch. Der Reinhardsberg befindet sich südlich des Stadtzentrums, etwa dort, wo das Lange Wasser in die Schwarze Elster mündet.

Hier am Reinhardsberg soll der Sage nach eine mit Gold und Silber gefüllte Braupfanne vergraben sein; sie wird von einem grau gekleideten kleinen Kobold gehütet, der jeden, der ihm in den Weg kommt, verhöhnt und verspottet. Die einzige Möglichkeit, den Schatz zu heben, ist folgende: In der Johannisnacht gehe man eine Stunde vor Mitternacht dorthin. Man wird dann ein blaues Flämmchen erblicken, das aus der Erde emporzüngelt und nach und nach die Gestalt eines Männchens annimmt, das einen großen Schlüssel in der rechten Hand hält. Diesem soll man sich nähern und durch Zeichen bedeuten, daß man den Schlüssel haben möchte. Ist man in dessen Besitz, wird sich das Männchen in Nichts auflösen. Der Berg wird sich öffnen und eine Tür zum Vorschein kommen. Hat man diese mit dem Schlüssel geöffnet, dann erblickt man die Braupfanne. Doch man hüte sich, etwas daraus zu entnehmen. Im Gegenteil soll man sogar noch etwas dazu legen und auf dem gleichen Weg, auf dem man hereingekommen ist, sich rückwärts wieder entfernen, ohne sich von den auftretenden Spukerscheinungen schrecken zu lassen. Erst drei Tage später darf man wiederkommen und an derselben Stelle graben. Nachdem man die Tür geöffnet hat, kann man sich nun den Inhalt der Pfanne gefahrlos aneignen.
Die Sagen um einen in einer Braupfanne aufbewahrten Schatz, der in einem Berg verborgen liegt, sind eine spezifische Form der Schatzsagen. Hierbei muß derjenige, der den Schatz heben will, nicht so sehr über moralische Qualitäten verfügen, wie in der gewöhnlichen Schatzsage, sondern eine Reihe seltsamer Vorschriften oder Vorbedingungen erfüllen.
→ Burgstädt; → Werdau

Mönchsmauer und Klostertor
Nur kurze Zeit gab es in Kamenz ein Franziskanerkloster. Um die Zeit der Wende vom 15. zum 16. Jahrhundert wurde es vor der Stadtmauer erbaut, die zu diesem Zweck erweitert wurde. Reste davon sind als sogenannte „Mönchsmauer“ erhalten. Als Durchbruch durch die alte Stadtmauer wurde 1518 das „Klostertor“ geschaffen, das ebenfalls noch zu sehen ist. Bald schon kam das Kloster mit der seit 1527 in Kamenz Fuß fassenden Reformation in Konflikt und wurde einige Jahre später von seinen Mönchen verlassen. Im Jahre 1565 fiel es an die Stadt, und der Rat verlegte die städtische Lateinschule hierher, die zum Beispiel der in Kamenz geborene Dichter Gotthold Ephraim Les-

sing (1729–1781) besuchte. Von den Gebäudekomplexen steht heute nur noch die Klosterkirche „St. Annen". Sie beherbergt wertvolle spätgotische Schnitzaltäre. Die übrigen Gebäude wurden beim letzten großen Kamenzer Stadtbrand von 1842 so stark in Mitleidenschaft gezogen, daß man sie abreißen mußte. Heute befindet sich dort der Schulplatz.

So wie auch in vielen anderen Orten Sachsens ein unheimlicher Mönch umgehen soll, der bei seinem Erscheinen stets drohendes Unheil ankündigt, gibt es auch in Kamenz der Sage nach einen solchen Mönch, der sich gelegentlich im ehemaligen Kloster zeigt. Einmal soll er die Buchstaben C.M.P. an das Klostertor geschrieben haben, die man, da kurz darauf im Jahre 1680 die Pest umging und ihre Opfer forderte, als „Camencia Misere Peribit" („Kamenz wird elendiglich zu Grunde gehen") deutete. Man vermutet, daß es sich bei diesem Mönch um einen gewissen Matthäus Rudolph handelt, einen der letzten Brüder vor Auflösung des Klosters. Er soll in Leipzig und Paris Magie und Alchimie studiert und seine Kenntnisse im Kloster oft angewandt haben, indem er Kranke durch Formeln und Wundersprüche sowie mit Wurzeln, Steinen und Kräutern heilte. Über ihn ging allerdings das Gerücht um, er sei mit dem Teufel im Bunde; als er eines Tages bei völlig heiterem Himmel vom Blitz erschlagen wurde, hieß es, der Leibhaftige habe ihn geholt. Erst nach seinem Tod wagte man, ihm postum den Prozeß als Zauberer zu machen; seine Magd und deren Sohn, die auf der Folter gestanden, ihm beim Zaubern geholfen zu haben,wurden im Jahr 1564 hingerichtet.

Opfer der Pest. Holzschnitt

Bei den Buchstaben am Klostertor könnte es sich um die drei Königsnamen Caspar, Melchior und Balthasar handeln. Noch heute schreiben Sternsinger diese zum Schutz an Haustüren.
In der Geschichte des Aberglaubens spielte die Idee des Teufelspaktes eine große Rolle: man versuchte, durch Verträge mit der Geisterwelt materiellen Gewinn oder ideellen Nutzen zu erlangen. Mit dem Beginn des Humanismus und dem Aufkeimen des wissenschaftlichen Denkens, trat das Motiv der Erkenntnissuche als Grund für das Studium der Magie immer mehr in den Vordergrund. Der Teufelspakt wurde zur Möglichkeit, in tiefere, für den Menschen verborgene Naturvorgänge einzudringen – auch wenn der Preis dabei das eigene Seelenheil war.
→ Dresden, Schloß und Bastei

Kirchberg (Lkr. Zwickauer Land)

Borberg
Um den nordwestlich von Kirchberg gelegenen, 435 Meter hohen Borberg rankt sich eine alte Sage: Vor der deutschen Besiedlung dieses Gebietes soll sich hier die Burg eines sorbenwendischen Fürsten befunden haben. Bevor er in eine Schlacht zwischen Deutschen und Sorbenwenden zog, in der er dann auch umkam, vergrub er seinen Schatz neben einem tiefen Brunnen am Borberg. Seine drei schönen Töchter ließ er schwören, auch im Falle einer Niederlage dem Glauben ihrer Vorväter treu zu bleiben.
Nachdem die Deutschen die Burg niedergebrannt hatten, lebten die drei Töchter unbehelligt in einem Gehöft am Fuß des Berges. Zwar nahmen sie äußerlich das Christentum an, die Religion der Sieger, doch übten sie im Verborgenen an ihrem alten Opferstein weiter die heidnischen Bräuche aus. Als eines Tages am Geiersberg, einem etwas südlicher gelegenen Berg, eine Kirche entstand, blieb das Treiben nicht lange unentdeckt. Von einem Mönch verflucht und damit dem Teufel verfallen, lebten die Schwestern von aller Gesellschaft ausgestoßen. Um den Bann zu brechen, wurde ihnen auferlegt, ein Kind, das zur Taufe nach St. Margarethen getragen würde, ans Herz zu drücken und zu küssen.
Harte Jahre der Not brachen nun für sie an, denn sie wurden von allen Menschen gemieden. Erst als eines Tages ein Köhler sein Kind zur Taufe trug, gelang es der jüngsten Schwester nach langem Bitten, das Kind an sich zu drücken und damit den Bann zu brechen.

Seit dieser Zeit nun sollen die Geister der drei Schwestern am Borberg erscheinen und nächtliche Wanderer zum Dank für die Rettung ihrer Seelen aus den Klauen des Teufels mit Gaben aus dem Schatz ihres Vaters beglücken. Wie groß muß der Schatz wohl gewesen sein, wenn sie auch heute noch daraus schöpfen können?
Tatsächlich scheint es auf dem Borberg einst eine sorbische Kult- und Opferstätte gegeben zu haben. Die dazugehörige Siedlung soll sich zwischen dem ehemaligen Armenhaus und dem früheren Amtsgericht befunden haben. Der Name „Borberg" wurde in älterer Zeit zwar meist aus dem Begriff „Burgberg" hergeleitet, doch scheint es etymologisch richtiger zu sein, ihn mit dem sorbischen Wort „Bog" in Verbindung zu bringen, was soviel bedeutet wie „Gott". Es ist beispielsweise noch erhalten geblieben in den Namen der Berge „Bielebog" (Bieleboh) und „Tschernebog" (Czorneboh) in der Lausitz, die ebenfalls Kultplätze waren. Der Borberg hieß also ursprünglich „Bogberg", d. i. „Gottesberg".
Nachforschungen des Pastors Scheibe zu Beginn des 20. Jahrhunderts erbrachten, daß es auf dem Berg auch eine Burg gegeben hatte. Man fand damals die Reste eines alten Burgwalles und stellte fest, daß Steine ehemaliger Mauerreste zum Bau des ersten Borbergaussichtsturmes im Jahre 1882 verwendet worden waren. Ebenso hatte man eine halbverschüttete Zisterne, das Jungfernloch der Sage, entdeckt. Heute läßt allerdings das Felsplateau des Gipfels die einstige Bebauung nur noch erahnen, denn beim Bau des Anton-Günther-Berghauses wurden auch die letzten Spuren beseitigt.
→ Cunewalde

KIRSCHAU (Lkr. Bautzen)

Burgruine

Genau 10 Kilometer südlich von Bautzen, kurz vor *Schirgiswalde*, liegt Kirschau. Die Spree, welche den Schloßberg in einem großen Bogen umfließt, trug sicher nicht unwesentlich dazu bei, daß dieser Hügel als strategisch günstige Stelle für den Bau einer Burg ausgewählt wurde. Zwar sind durch spätere Bebauungen die ursprünglichen Verhältnisse zerstört worden, doch geht man davon aus, daß schon etwa im 10. Jahrhundert ein Abschnittswall bestand. Die Eroberung und Zerstörung der Burg erfolgte 1352. Heute sind noch anhand der Mauerreste eine quadratische Hauptburg und eine Vorburg mit Türmen nachweisbar.

In dieser Ruine soll es nicht geheuer sein. Besonders zu Beginn des Frühjahrs und des Herbstes will man dort ein dumpfes Gewimmer, starkes Waffengeklirr, heftiges Kettengerassel, aber auch gellendes Gelächter, wilden Gesang und lauten Becherklang gehört haben. Gelegentlich sieht man furchtbare vermummte Gestalten, die im Schloß die Runde machen und wieder verschwinden.

Unter den Trümmern der Burg liegt der Sage nach in einem eisernen Kessel ein reicher Schatz aus Gold und Edelsteinen. Allerdings wird dieser Kessel von mächtigen Geistern bewacht: von einem schwarzen furchtbaren Ritter mit blutrotem Helmbusch und einem riesigen, mit Menschenblut gefärbtem Schwert und einem nimmerschlummernden Falken mit eisernem Schnabel und panzerfestem Gefieder.

Dennoch soll es möglich sein, den Schatz zu heben, wenn man streng folgende Bedingungen erfüllt: Man muß in der Nacht vom 22. zum 23. Februar („Petri Stuhlfeier") geboren sein, am Tage „Petri Kettenfeier", dem 1. August, in drei aufeinanderfolgenden Jahren das heilige Abendmahl genossen haben und sich genau die Zauberformel merken, welche man in der heiligen Christnacht träumen wird. Weiterhin muß man sich in der Nacht von „Petri Kettenfeier" auf die Landstraße von Bautzen nach Postwitz begeben, dort einen schwarzen Kater, eine schwarze Schlange und einen schwarzen Hahn schlachten, das Blut mit Bilsenkrautasche mischen, sich damit Gesicht und Hände waschen und dann dreimal die Zauberformel in Richtung der Burgruine aussprechen. Wenn der Schatzgrä-

Schatzhütende Dämonen. Holzschnitt, 19. Jahrh.

ber genau befolgt, was ihm dann mitgeteilt wird, dann wird ihm das Unternehmen gelingen, ohne Schaden zu erleiden. Noch ist der Schatz nicht gehoben, obwohl uns die Sage zwei Versuche glaubhaft machen will.
→ Burgstädt; → Werdau

KLAFFENBACH (Lkr. Stollberg)

Steinkreuz
Inmitten des Ortes an einem Hang 50 Meter von der Schule entfernt, befindet sich ein schönes altes Steinkreuz, das etwa 1,60 Meter hoch ist. Es trägt auf einer Seite ein tief eingeritztes, 1 Meter langes Schwert.
Die Sage bringt das Kreuz mit dem Märtyrertod des Würzburger Bischofs Arno in Verbindung, der im Verlauf eines Krieges gegen die heidnischen Wenden hier am 13. Juli 892 gestorben sein soll. Die Nachricht über dieses Ereignis ist allerdings sehr umstritten; die neuere Forschung tendiert eher zu der Annahme, daß es sich bei dem Klaffenbacher Kreuz um einen Grenzstein des Chemnitzer Klosters handelt, und datiert es ins 12. Jahrhundert.

KLEINSAUBERNITZ (Guttau, Lkr. Bautzen)

Wallanlage „Radisch“
Dieses Dorf liegt etwa 15 Kilometer nordöstlich von Bautzen, am Südrand der Warthaer Heide. Von der Ortsmitte führt eine kleine Straße nach *Wartha*. Rechts davon erstreckt sich der Olbasee, in dessen Zentrum sich eine Insel befindet. Dort kann man die Reste einer eisenzeitlichen Wallanlage sehen, die wohl bis ins Mittelalter genutzt wurde, der sogenannte „Radisch“. Sie steht seit 1937 unter Denkmalsschutz.
Die Sage berichtet von einer mit Geld gefüllten Pfanne, die hier vergraben liegen soll. Zu bestimmten Zeiten soll man das Geld sogar blinken und über dem Wall in der Luft tanzen sehen können. Die Stelle ist so unheimlich, daß besonders die Kinder sich bei Dunkelheit derart fürchten, daß sie die Gegend um die Anlage herum meiden und nur ungern dort vorübergehen.
→ Burgstädt

KLINGENTHAL (Vogtlandkreis)

Weg zur Alberthöhe
Einen besonders unheimlichen Spukort gibt es in Klingenthal in der Nähe des Friedhofs unterhalb der Alberthöhe. Man findet ihn vom Ortszentrum aus hin-

ter dem Tierpark. Jede Nacht um die Mitternachtsstunde sieht man hier der Sage nach auf dem Weg, der vom Friedhof zur Alberthöhe führt, einen gespensterhaften Schatten mit einer Leuchte in der Hand. Es handelt sich dabei um den Geist eines Köhlers, der einst sein Weib allnächtlich mit einer anderen betrog. Als jene ihm eines Tages auf die Schliche kam und ihn zur Rede stellte, verprügelte er sie und ging erneut zu seiner Geliebten. Dort, von seinem Eheweib auf frischer Tat ertappt, jagte er sie unter harten Schlägen und der Drohung, sie in den brennenden Meiler zu werfen, zur Tür hinaus. Die Frau verfluchte daraufhin ihren Mann, ihn selbst solle dieses Schicksal treffen. Am nächsten Tag, als er wie gewohnt den Meiler erklomm, brach dieser unter ihm zusammen, und der Frevler versank im feurigen Schlund.

KÖNIGSBRÜCK (Lkr. Kamenz)

Keulenberg
Die 1248 erstmals genannte Stadt entstand an der Stelle, an der die Hohe Straße, eine wichtige alte Handelsstraße von *Leipzig* nach *Bautzen* und *Görlitz*, die Pulsnitz überschritt. Da dieser Fluß gleichzeitig die Grenze zwischen der Markgrafschaft Meißen und der Oberlausitz bildete, wurden hier von den böhmischen Königen eine Burg und eine Zollstelle angelegt.
Einige Kilometer südöstlich von Königsbrück erhebt sich mit einer Höhe von 404 Metern der Keulenberg inmitten eines ausgedehnten Waldgebietes. Hier soll es sonderbare Gespenster geben, die man „virunculos montanos“, auch Bergmännlein oder Zwerge nennt. Sie sollen vielen Wanderern Gutes getan haben, indem sie ihnen zum Beispiel große Schätze von Gold und Silber schenkten. Doch noch keinem ist es gelungen, ihre unterirdischen Höhlen zu erforschen, ja nicht einmal das Graben am Berg wird erlaubt.
Einst soll ein Bauer beim Pflügen an einer harten Wurzel hängengeblieben sein. Als er diese dann herauszog, glaubte er, es sei ein großes Stück Eisen. Er trug es zum Schmied, um sich daraus neues Werkzeug schmieden zu lassen, doch hatte dieser große Probleme bei der Bearbeitung. Dabei fiel ihm auf, daß es einen anderen Glanz als Eisen hatte; so zeigte er es schließlich einem Goldschmied, der sofort begriff, um welch edles Metall es sich handelte. Für wenig Geld kaufte er es dem Bauern ab und soll später selbst hunderte von Talern daran verdient haben.
→ Oberlichtenau

Zwerge verhelfen zu Reichtum, 1888

KÖNIGSTEIN (Lkr. Sächsische Schweiz)

Das „Pagenbett“ auf der Festung Königstein
Eine der imposantesten Gegenden der Sächsischen Schweiz ist jene Stelle, an der die Elbe in einer regelrechten S-Kurve durch das Gebirge fließt und so in Jahrmillionen die beiden gewaltigen Tafelberge des Liliensteins und des Königsteins gebildet hat. Unterhalb des Königsteins mit seiner bekannten Festung liegt der gleichnamige im 13. Jahrhundert entstandene Ort, der sich idyllisch an den Berg schmiegt und mit seinen alten Gassen um die Kirche herum ein wahres Touristen-Eldorado darstellt.
Der Ort gehörte ursprünglich zu Böhmen und gelangte im 15. Jahrhundert an die Wettiner. Diese bauten Königstein zur stärksten Festung des Landes aus, was

Schloß Königstein an der Elbe. Kupferstich von Mathäus Merian, 1650

durchaus verständlich ist angesichts der strategisch enorm günstigen Lage im ohnehin schwer zugänglichen Elbsandsteingebirge. Besonders im 16. Jahrhundert, in der Zeit Herzog Georgs und Kurfürst Augusts, wurden umfangreiche bauliche Veränderungen vorgenommen. Bedeutende Baumeister wie H. Irmisch, P. Puchner, v. Klengel oder Pöppelmann waren mit Erweiterungsbauten beauftragt worden. Eine Reihe bedeutender Männer wie der Kanzler Krell (1591 bis 1601), J. F. Böttger (1706–1707), M. Bakunin (1849 bis 1850) oder A. Bebel (1874) waren als Staatsgefangene auf dem Königstein. Während des 2. Weltkrieges waren hier Kriegsgefangene untergebracht, aber auch große Teile der Dresdner Kunstsammlungen sichergestellt. Heute beherbergt die Burg ein Museum.
Auf der äußeren Festungsmauer, hinter der sogenannten Friedrichsburg, einem Teil der Festung, gibt es eine schmale Stelle, die das „Pagenbett" genannt wird. Diesen Namen verdankt sie folgendem Vorfall: Am 12. August 1675 weilte Kurfürst Johann Georg II. auf der Burg. Sein Leibpage, Carl Heinrich von Grunau, soll nachts so betrunken gewesen sein, daß er versehentlich in der Dunkelheit zu einer Schießscharte hinausgeklettert war und sich auf dem vorspringenden Sims der Mauer zum Schlafen niedergelegt hatte. Am folgenden Morgen, als er noch fest schlief, warf man Seile zu ihm hinunter, damit er nicht in die Tiefe stürze, und weckte ihn dann mit Trompetengeschmetter. Dieser Grunau muß übrigens ein Glückspilz gewesen sein, denn er wurde über hundert Jahre alt, obwohl er noch ein anderes lebensgefährliches Erlebnis hatte:

sein scheu gewordenes Pferd soll später einmal mit ihm von der Elbebrücke in Dresden über das Geländer in die Elbe gesprungen sein, ohne daß er ernstlich zu Schaden kam.

Pfaffenstein / Steinerne Jungfrau
Südlich von Königstein erhebt sich ein weiterer Felsen, der Pfaffenstein, dessen höchste Erhebung 427 Meter hoch ist. Früher wurde er auch der Jungfernstein genannt. Auf seiner Südwestseite kann man ein Felsengebilde sehen, das wegen seiner menschenähnlichen Form „Steinerne Jungfrau" heißt und über dessen Ursprung man sich folgendes erzählt: Eine Mutter aus dem nahen Pfaffendorf hatte einst ihre Tochter am Sonntag in die Kirche geschickt – das Mädchen ging aber stattdessen auf den Pfaffenstein in die Heidelbeeren. Als die Mutter ihr folgte und sie hier am Felsen antraf, soll sie im Zorn ihre Tochter verwünscht und gesagt haben, sie möge auf der Stelle zu Stein werden, was auch sogleich geschah. Die versteinerte Jungfrau soll auf diese Weise allen ungehorsamen Kindern als Mahnung dienen. Ein geläufigerer Name der Steinernen Jungfrau ist die Bezeichnung Barbarine, angeblich der Taufname des Mädchens.
Hier handelt es sich um eine ätiologische Erzählung, die eine auffallende Felsformation erklären soll, außerdem um eine Warnsage mit stark pädagogischen Zügen.

KÖNIGSWARTHA (Lkr. Bautzen)

Hahnenberg
Wie der Ortsname vermuten läßt, geht Königswartha auf eine von deutschen Siedlern angelegte „Warte", eine Befestigungsanlage, zurück. Aus dem Jahre 1350 gibt es eine Urkunde, in dem der Ort als Städtlein bezeichnet wird.
Verläßt man Königswartha auf der Neudorfer Straße in Richtung *Milkel*, dann gelangt man hinter *Johnsdorf* in ein größeres Waldgebiet. Kurz vor *Neuoppitz* führt ein Weg in den Wald, auf dem man nach etwa einem Kilometer den Hahnenberg erreicht.
Über diesen Berg berichtet die Sage eine sonderbare Begebenheit, die einem Schmied einst zugestoßen sein soll. Als er auf dem Weg zum Haus seiner Eltern, die er lang nicht gesehen hatte, am Hahnenberg vorüberkam, erblickte er ein großes, gewölbtes, offenstehendes Tor. Er dachte zuerst, es handle sich vielleicht um ein Bergwerk – wurde aber plötzlich von einem

grauen Männchen mit langem verwilderten Bart angesprochen. Es bat ihn um Hilfe und führte ihn in den Berg hinein. Dort erblickte er in einer großen Halle ein ganzes Regiment Fußvolk sowie Reiterei. Die Reiter saßen auf schwarzen Pferden und schliefen auf dem Gesicht liegend. Das graue Männlein bat ihn um einen kleinen Dienst, den es ihm gut entlohnen wollte. Es brachte ihm Handwerkszeug und Hufeisen, mit denen er die Pferde der geisterhaften Armee neu beschlagen sollte. Allerdings warnte ihn das Männchen davor, die Soldaten auch nur zu berühren: bei der ersten Berührung müsse er sieben Stunden lang hier bleiben, bei der zweiten nach sieben Stunden sterben, nach der dritten würde er augenblicklich dahinscheiden. Der Schmied machte sich ans Werk, und nur ein einziges Mal berührte er versehentlich einen der Reiter, der daraufhin kurz die Augen öffnete und fragte, ob die Zeit des Wartens nun endlich vorbei sei, bevor er wieder einschlief. Der Schmied erhielt seinen Lohn und wurde ins Freie geleitet. Dort bemerkte er erstaunt, daß die Bäumchen, die bei seiner Ankunft noch recht klein waren, zu stattlichen Bäumen herangewachsen waren. Er zählte die jährlichen Triebe und stellte fest, daß er wohl sieben Jahre im Berg gewesen war. Bei seiner Rückkehr zum Haus seiner Eltern erfuhr er, daß diese vier Jahre zuvor aus Gram über sein Verschwinden verstorben waren.

Das Motiv der schlafenden Krieger im Berg erinnert an die bekannte Barbarossasage. Auch Kaiser Rotbart wartet wie andere in der Volksüberlieferung besonders populäre Herrscher mit seinem Heer im Kyffhäuser auf den Tag, an dem das Land in Not ist und seiner Hilfe bedarf. Allerdings verrät uns die Sage vom Hahnenberg nicht, worauf dieses schlafende Heer wartet. Das Motiv der wartenden Krieger ist hier vermischt mit dem Wirken der Unterirdischen, der Zwerge oder Erdmännchen. In ihrer Welt gilt eine andere Zeit, wie wir am weiteren Verlauf der vorliegenden Sage sehen können: sieben Stunden in ihrem Reich entsprechen sieben Jahren in der Welt der Menschen. Das Motiv von der „Eile der Zeit“ kommt sowohl in Sagen als auch in Legenden häufig vor.

KOTTMARSDORF (Lkr. Löbau-Zittau)

Kottmar

Im östlichen Teil des Lausitzer Berglandes liegt zwischen Kottmarsdorf, Eibau und Obercunnersdorf der Kottmarwald, dessen höchste Erhebung der Kottmar

ist, ein Berg mit einer Höhe von 583 Metern. Unterhalb dieses Berges entspringt die Spree.
Wie uns die Sage glaubhaft machen will, gibt es in einem Felsen auf dem Kottmar ein geheimes Gewölbe, zu dem eine Tür führt, die sich zu bestimmten Zeiten öffnet. Im 10. Jahrhundert soll in dieser Gegend ein Graf ein Schloß besessen haben. Seine wunderschöne Tochter hatte sich im Gegensatz zu ihren heidnischen Eltern von durchziehenden Pilgern zum Christentum bekehren lassen und versicherte, sie werde sich niemals vermählen, sondern nach dem Ableben der Eltern nach Rom pilgern und sich dort taufen lassen. Ein böhmischer Herr, der ein Zauberer war und ebenso wie viele andere Freier abgewiesen worden war, sann auf Rache. In einem günstigen Augenblick entführte er das Mädchen in einem von zwei Greifen gezogenen Wagen und entschwand mit ihr durch die Lüfte. Die armen Eltern weinten und jammerten manches Jahr um ihre Tochter, bis eines Tages der Pilger, der sie einst zum Christentum bekehrt hatte, im Schloß erschien und ihnen mitteilte, daß sie sich nicht von dem böhmischen Zauberer habe überreden lassen, die Seine zu werden und schon vor einem Jahr selig verschieden sei. Falls sie ihre Tochter noch einmal zu sehen wünschten, sollten sie am nächsten Vollmondabend auf den Kottmar gehen. Als sie dies taten, erblickten sie die bewußte Tür im Felsen, welche offenstand und den Weg in das dahinterliegende Gewölbe freigab. Dort lag in einem Kristallsarg ihre Tochter. Die Eltern kamen von nun an jeden Tag hierher, und es öffnete sich auch jedes Mal die Tür im Fels. Später verfügten sie, auch selbst in diesem Gewölbe bestattet zu werden. Als Zeichen, daß ihre Körper wirklich dort liegen, kann man gelegentlich drei blaue Flämmchen an jener Stelle des Felsens hüpfen sehen.
In dieser Sage zeigt das Motiv des Kristallsarges deutliche Bezüge zum bekannten Grimmschen Märchen vom Schneewittchen. Die Konfrontation des Christentums mit der Naturreligion der slawischen Bevölkerung, die um die Zeit der deutschen Ostsiedlung stattfand, wird hier, wie in vielen ähnlichen Sagen, dargestellt. Aus der Sicht der christlichen Erzähler ist die eigene Religion selbstverständlich die moralisch überlegene gegenüber dem als „dämonisch“ empfundenen Heidentum.

Kreischa (Weißeritzkreis)

Wilischberg

Wenige Kilometer südlich von *Dresden* liegt Kreischa. In einem ausgedehnten Waldgebiet südwestlich davon erhebt sich der 476 Meter hohe Wilisch. Über diesen erzählt man sich eine sonderbare Sage: Alle hundert Jahre soll sich dort in der Nähe eines alten Schachtloches eine weibliche Gestalt zeigen. Ende des vorigen Jahrhunderts soll dieses Gespenst einem jungen Gutsbesitzer aus dem nahe gelegenen Hermsdorf auf dem Nachhauseweg erschienen sein und ihn flehentlich gebeten haben, es von dem auf ihm lastenden Bann zu erlösen. Die Geistergestalt erzählte ihm, sie sei in eine Schlange verwandelt und an einer goldenen Kette in ihrem Schloß gefesselt; sie könne nur erlöst werden, wenn sie von einem Mann, bevor die Mitternachtsstunde ausgeschlagen habe, dreimal geküßt werde. Als der junge Mann einwilligte, ihr zu helfen, führte sie ihn zu ihrem Schloß. Hinter der Pforte erblickte er tatsächlich die Schlange, und als eine Turmuhr zu schlagen begann, neigte sie sich tiefer und tiefer. Doch den jungen Mann grauste es so sehr, daß er die Schlange nicht küssen konnte. So muß sie weitere hundert Jahre warten, bis sich abermals eine Chance zur Erlösung bietet.
Dies ist die Sage vom Schlangenkuß: der Erlösungsakt hat eine deutliche erotisch-sexuelle Komponente.
→ Pesterwitz

Kriebstein (Lkr. Mittweida)

Burg Kriebstein

Über der Zschopau auf einem ansehnlichen Felsen erhebt sich die Burg Kriebstein, eine der schönsten Anlagen dieser Art auf sächsischem Boden. Über den Gründer und die Bauzeit ist leider nichts bekannt. Erst 1382 erscheint in den Annalen ein Name: Dietrich von Beerwalde wurde mit der Herrschaft Kriebstein belehnt und baute auf Geheiß seines Lehnsherrn ein neues Schloß, das 1407 fertiggestellt war. Die Besitzer wechselten häufig. Der folgenreichste Besitzerwechsel ereignete sich während der Zeit des sächsischen Bruderkrieges: Als Kunz von Kauffungen, der während dieses Krieges von Kurfürst Friedrich mit diesen Besitzungen beschenkt worden war, diese danach wieder entschädigungslos an die vorherigen Besitzer zurückgeben mußte, führte das zum berühmten sächsischen Prinzenraub. Heute wird die Burg als Museum

genutzt und ist Sitz der „Deutschen Burgenvereinigung e.V./Landesgruppe Sachsen".
Eine Sage berichtet von einem interessanten Vorfall aus dem Jahre 1415: Dem Erbauer des neuen Schlosses, Dietrich von Beerwalde, neidete ein anderer Edelmann aus dem Geschlecht derer von Staupitz die Burg, überfiel diese in besagtem Jahre und behielt sie widerrechtlich als sein Eigentum. Daraufhin belagerte Markgraf Friedrich der Streitbare das Schloß, um es seinem eigentlichen Besitzer zurückzugeben. Als er der Ehefrau des Besetzers freies Geleit zusicherte und ihr gestattete, alles mit sich zu führen, was ihr am liebsten sei und sie tragen könne, da ließ diese all ihr Geschmeide im Stich und trug stattdessen ihren Gatten aus der Burg. Davon war selbst der Markgraf so bewegt, daß er Gnade gewährte und dem Edelmann das Leben schenkte.
Bei dieser Geschichte handelt es sich um eine regionale Version der bekannten Wandersage von den „treuen Weibern", die sich seit dem 16. Jahrhundert im deutschsprachigen Raum verbreitet hat und dabei jeweils auf andere Burgen übertragen wurde. Zuerst erscheint sie im Jahre 1140 in den Paderborner Annalen und findet sich in den „Deutschen Sagen der Brüder Grimm" unter dem Titel „Die Weiber zu Weinsperg".
→ Hartenstein

Weibertreu-Dichtung zur Jahrhundertwende

LANGENHENNERSDORF (Lkr. Sächsische Schweiz)

Zwergenhöhle

Südwestlich von Königstein, am Rand der Breiten Heide liegt Langenhennersdorf. Ein Anziehungspunkt für Touristen ist immer wieder der dortige Wasserfall, der auch in der Sage erwähnt wird. Hier gibt es eine Höhle, die 31 Meter tief in den Berg führt und leicht begehbar ist. Sie wurde schon 1826 von dem Höhlenforscher Merkel beschrieben. Der Sage nach ist sie der Wohnplatz eines Zwergenvolkes, die man hier „Querkse" nennt. Ein böses Schicksal führte dazu, daß sie bis auf einige wenige, welche noch immer im Spitzberg bei Cotta verborgene Schätze bewachen müssen, die Gegend verließen. Einem Mädchen hatte einer der Querkse aus Liebe die Zwergenwohnung am Wasserfall gezeigt – doch die Schwatzhafte hatte alles in der Beichte verraten. Daraufhin hörte man an einem düsteren Novembermorgen, als dichter Nebel die Gegend verhüllte, das Trippeln von unzähligen kleinen Füßen, welche den Kirchweg hinunter in Richtung Pirna zogen, wo sie sich von einem Fährmann übersetzen ließen. Das Mädchen verstarb kurze Zeit später an gebrochenem Herzen und niemand weiß seither, ob die Zwerge eines Tages, wie sie versprochen haben, wiederkehren werden und damit auch der Bergbau im nahen Ort *Berggießhübel* wieder aufleben wird.

→ Cotta

LAUENSTEIN (Bärenstein, Weißeritzkreis)

Burg Lauenstein

Im Osterzgebirge, wenige Kilometer nordöstlich von Altenberg, liegt der Ort Lauenstein. Vermutlich gegen Ende des 12. Jahrhunderts wurde die Burg von den Markgrafen von Meißen errichtet, die damit die Beherrschung der osterzgebirgischen Paßstraßen absichern wollten. Das Städtchen unterhalb der Burg wurde erstmals 1340 erwähnt. Seit 1487 betrieb man in Lauenstein im Anschluß an das benachbarte *Altenberg* Zinnbergbau, der eine große wirtschaftliche Bedeutung für den Ort erlangte. Die Burg wird heute als Museum genutzt.

Die Sage berichtet von den Untaten eines ehemaligen Burghauptmannes namens Gecko, der nach Herzenslust geplündert und geraubt haben soll. Einmal soll er die Frau und die Tochter des Burggrafen Otto von Dohna in seine Gewalt bekommen haben; erst als der Burggraf die Veste eroberte, gelang ihm deren Be-

freiung. Allerdings soll die Gattin des Grafen beim Wiedersehen verstorben sein.
Später hat Gecko seinen gerechten Lohn erhalten: Als sein eigener kleiner Sohn am Rand des Burggrabens spielte, glitt er aus und stürzte hinab. Gecko, der dies gewahrte und zu Hilfe eilte, stürzte selbst in die Tiefe, blieb aber an einem Pfahl hängen, den er sich durch den Leib bohrte. Während er daran elend zugrunde ging, blieb sein Sohn unversehrt.

LAUTERBACH (Oelsnitz, Vogtlandkreis)

Marterstein
Etwa 1 km südlich der Ortsmitte von Lauterbach, dort wo sich die Straße nach *Triebel* und *Ebmath* gabelt, ist ein Ort, den man das Hohe Kreuz nennt. Hier findet man noch ein altes Steinkreuz, das im Volksmund auch der Marterstein heißt. Dieses Kreuz steht erst seit 1817 hier und wurde als Ersatz für ein anderes, verlorengegangenes Kreuz aufgestellt, das vermutlich den Grenzpunkt der Bischofssprengel Bamberg und Naumburg bezeichnete. Die Sage allerdings weiß noch anderes, Sonderbares zu berichten: In der Karfreitagsnacht und am Andreasabend soll man hier einen Leichenzug von Rittern sehen können. Sie tra-

Die dämonischen Katzen. Holzschnitt, 1578

gen kleine Blendlaternen an ihren Helmen und umwandeln, von ihren Frauen begleitet, das Kreuz. Eine andere Überlieferung spricht von Scharen grauer Katzen, die um Mitternacht am Kreuz einen unheimlichen Lärm vollführen; sie gelten als die tierischen Erscheinungsformen von Soldaten, die während des Dreißigjährigen Krieges unter der Führung des berüchtigten dänischen Generals Holck hier ihr Unwesen trieben und zur Strafe ruhelos umgehen müssen.

Leipzig

Thomaskirche

Im Gebiet der Mündung von Pleiße und Parthe in die Weiße Elster gab es mindestens seit dem Jahre 900 eine slawische, genauer gesagt sorbische Siedlung. Schon im 10. Jahrhundert entstand hier eine deutsche Burg, die sogenannte „Alte Burg“, die sich etwa im Gebiet der heutigen Löhrstraße befand. Thietmar von Merseburg erwähnte im Jahre 1050 erstmals den

Spätgotische dreischiffige Thomaskirche (1482–96), die auf ein 1212 gegründetes Augustiner-Chorherren-Stift zurückgeht

Burgwardsmittelpunkt „urbs Libzi“ der zum Osterland gehörenden Landschaft Chutici. Hier kreuzten sich zwei wichtige Handelsstraßen des Reiches: die von Westen nach Osten verlaufende „Hohe Straße“ und die von Norden nach Süden führende „Reichsstraße“. In staufischer Zeit gelang es den Markgrafen von Meißen, das Osterland und damit auch den sich entwickelnden Marktort Lipz immer mehr dem Einfluß des Merseburger Bischofs zu entziehen und in ihre Landesherrschaft einzubauen. Konrad von Wettin (bis 1156) befestigte den Platz mit einem Palisadenwall, sein Sohn Otto priviligierte den Ort nach Halle-Magdeburgischem Recht.

Ende des 12. und Anfang des 13. Jahrhunderts entstanden die ersten Sakralbauten des Ortes: das Augustiner-Chorherrenstift (Thomasstift) an der Stelle der heutigen Thomaskirche, die in ein Dominikanerkloster umgewandelte Zwingburg am Grimmaischen Tor, die Katharinenkapelle und das Franziskanerkloster in der Alten Burg, welches eine Kirche, die Heiliggeistkirche, erhielt.

Die schon seit 1165 genannten Oster- und Michaelismärkte entwickelten sich zu den ersten Handels- und Warenmessen, die dann im 15. Jahrhundert vom Kaiser bestätigt wurden. Besonders im Zusammenhang mit dem Silberbergbau im Erzgebirge wuchs die wirtschaftliche Bedeutung Leipzigs als Handelsplatz. Die großen Stadtkirchen wurden gebaut bzw. im Stil der Renaissance umgebaut – so auch die Thomaskirche, die als Erweiterung des aus der Zeit des Augustiner-Chorherrenstiftes stammenden gotischen Chores, zwischen 1482 und 1496 ihr spätgotisches Hallenlanghaus mit seinem Netzgewölbe erhielt. Sie ist damit eine der frühesten sächsischen Hallenkirchen. 1537 erbaute Hans Pfretschner das Oktogon, 1570 entstand die Renaissanceempore. Erst 1872–89 erhielt die Kirche ihre endgültige äußere Gestalt bei der Erneuerung durch Constantin Lipsius.

In der Thomaskirche wirkten viele bedeutende Persönlichkeiten. Luther predigte hier im Jahre 1539 und führte damit die Reformation in Leipzig ein. Weltbekannt wurde die Thomaskirche im Zusammenhang mit Johann Sebastian Bach, der hier von 1723 bis 1756 als Kantor wirkte und dessen Grab sich in dieser Kirche befindet.

Vom Thomaskirchhof, der sich einst neben der Kirche befand, dort, wo heute das Bach-Denkmal steht, berichtet die Sage, seltsame Vorzeichen hätten kurz vor dem gewaltsamen Ende des Kurfürsten Moritz in der

Schlacht bei Sievershausen (1553) dessen Tod angekündigt: vier Tage lang hörte man ein beständiges Bellen und Rasen der Hunde, so daß die Leute nachts nicht schlafen konnten. Auch hat man an den folgenden Morgen etliche dieser Tiere tot aufgefunden. Auf dem Thomasfriedhof wurden zwei besonders große und wilde Hunde beobachtet, die sich mit unglaublicher Heftigkeit attackierten, bis beide an diesem Ort tot liegenblieben.
Hunde gelten im Volksglauben als geistersichtig und haben enge Beziehungen zu Tod und Teufel. Der Thomasfriedhof bestand nur bis 1536; man schloß ihn, weil er mitten in der Stadt lag und die Seuchengefahr zu groß war. Dafür wurde der Johannisfriedhof angelegt, der sich vor dem Grimmaischen Tor befand, also außerhalb der damaligen Stadt.
→ Moritzburg

Pfarrwohnung von St. Thomas
In der zur Thomaskirche gehörenden Pfarrwohnung soll der Sage nach eine Weiße Frau, die Ehefrau des Pastors Gundermann, umgehen. Als man ihren Mann im Zusammenhang mit den Verfolgungen der calvinistisch gesinnten Anhänger des Kanzlers Krell am 15. November 1591 verhaftete und auf die Pleißenburg bringen wollte, sah die hochschwangere Frau, wie der Pöbel ihren Mann auf der Straße mißhandelte. Infolgedessen wurde sie schwermütig und beging am 24. Januar 1592 Selbstmord durch Erhängen. Seitdem erscheint sie immer dann, wenn der gerade amtierende Pfarrer ans Sterben kommt, und kündigt sein nahes Ende an.
Die Weiße Frau erscheint vor allem in Familien des hohen Adels, mit deren Geschick sie eng verbunden ist. In der vorliegenden Variante wird eine deutliche Verbürgerlichung erkennbar. Die Pfarrwohnung muß sich in den alten Priesterhäusern befunden haben. Diese wurden jedoch schon um die Jahrhundertwende abgerissen. Sie standen an der Stelle, an der sich heute die Häuser Burgstraße 1–5 befinden.
→ Meerane

Nikolaikirche
Die Nikolaikirche geriet besonders in der Zeit der politischen Wende in der DDR als Ausgangspunkt der Montagsdemonstrationen in den Blickpunkt der Weltöffentlichkeit. Die Kirche, die auf einen spätromanischen Gründungsbau aus dem 12. Jahrhundert zurückgeht, erhielt im 14. und 15. Jahrhundert ihre heutige

Die Nikolaikirche, deren spätgotisches dreischiffiges Langhaus 1523–25 entstand. Stahlstich, 1861

Gestalt. Sie steht im Zusammenhang mit folgendem überlieferten Geschehnis: Im Mai des Jahres 1307 besiegten in der Schlacht von Luckau der Markgraf Friedrich und sein Bruder Dietzmann mit Hilfe des Herzogs Heinrich von Braunschweig den das Erbrecht auf die sächsischen Marken beanspruchenden Albrecht von Oesterreich. Die Stadt und das Kloster Pegau hatten Albrecht unterstützt und wurden deshalb geplündert und gebrandschatzt. Markgraf Dietzmann weilte anläßlich des Weihnachtsfestes im gleichen Jahr in Leipzig. Zur Büßung eines Fehltrittes wurde ihm auferlegt, an drei Messen teilzunehmen. So ritt der furchtlose Mann allen Warnungen zum Trotz nur in Begleitung seines Knappen durch die Stadt. Schon hatte er die Haintorkapelle und die Pauliner Kirche hinter sich gelassen und war eben auf dem Weg zur Thomaskirche, als er einen vermummten Ritter hinter sich gewahrte. Er gab seinem Pferd die Sporen, wobei sich ein Hufeisen löste und bis zur Nikolaikirche flog. In der menschengefüllten Thomaskirche erreichte ihn

dann ein Meuchelmörder, der ihn während des Gebetes mit einem Dolch erstach. Zwar gelang es später auch auf der Folter nicht, den Namen des Mörders oder den seiner Auftraggeber zu erfahren, doch vermutete man, daß er selbst der Abt von Pegau war, dessen Kloster die Truppen des Markgrafen eingeäschert hatten. An dieses Geschehen soll das verlorene Hufeisen erinnern, das man an der östlichen Außenmauer der Nikolaikirche befestigte, wo es auch heute noch zu sehen ist.
Zwar ist die Ermordung des Markgrafen Dietzmann auch durch andere Zeitzeugen bestätigt, doch hat man wahrscheinlich diesen Vorfall mit dem schon vorher vorhandenen Hufeisen in Zusammenhang gebracht. Aufgrund seiner enormen Größe paßt es an keinen Pferdehuf. Es ist anzunehmen, daß es sich hier tatsächlich um ein Schutz- und Glückssymbol handelt, das möglicherweise aus der Zeit stammt, als an der Stelle der Nikolaikirche eine Kapelle stand. Denn eine andere Sage berichtet, daß einst in slawischer Zeit, als ein Lindwurm die Gegend unsicher machte, der Ritter Sankt Georg diesen im Kampf besiegte. Als Lohn bat er sich nur ein neues Hufeisen für sein Pferd aus – das alte nagelte man zum Andenken an die Tat des Ritters an eine alte Linde. Als dann später die Stadt gegründet und die Nikolaikirche gebaut wurde, brachte man dieses Hufeisen dort an.

Auerbachs Keller
Nur wenige Schritte vom Alten Rathaus entfernt ist der Eingang zur Mädlerpassage, dem im Jahr 1912 gebauten fünfgeschossigen Messehaus, das einen Eindruck vom früheren Flair der Messestadt Leipzigs vermittelt. Kurz hinter dem Eingang stehen zwei Figurengruppen, die den berühmten Doktor Faust und Mephisto sowie zwei fröhliche Zecher zeigen. Hinter ihnen führt die Treppe hinunter in die seit über 450 Jahren bedeutendste gastronomische Attraktion der Messestadt: Auerbachs Keller. Heinrich Auerbach (1482 bis 1530), der eigentlich Stromer hieß und aus Auerbach in der bayrischen Oberpfalz stammte, Professor der Medizin und Senator in Leipzig war, erwarb 1519 das damalige Gebäude in der Grimmaischen Straße. In den folgenden Jahrhunderten entwickelte sich Auerbachs Hof zu einem Zentrum des Messegeschehens. In den unteren Etagen lagen die Verkaufsräume, Messegewölbe und Ställe, während sich darüber Warenlager, Kontore und Wohnräume befanden. Die in den Kellergewölben eröffnete Weinschenke ist seit 1525

Auerbachs Keller in Leipzig, Kupferstich, 1848

als Auerbachs Keller in der Stadtchronik bezeugt. Sie wurde schnell zum Treffpunkt für Kaufleute sowie Studenten und Dozenten der nahen Universität. Als Goethe 1765 sein Studium in Leipzig begann, war Auerbachs Keller fester Bestandteil des Studentenlebens. In der „Historia von Dr. Johann Fausten, dem weitbeschreiten Zauberer und Schwarzkünstler“ aus dem 16. Jahrhundert gibt es die bekannte Stelle, in der Faust auf einem gefüllten Faß aus einer Schenke hinausreitet, das zuvor die Weißkittel, wie man damals die Knechte nannte, vergebens versucht hatten hinauszuziehen. Der Urenkel Heinrich Stromers beschloß im Jahre 1625, diese Szene in seinem Weinkeller anzusiedeln, ließ zwei Tafelbilder malen, die um einhundert Jahre rückdatiert wurden, und stellte auch das Faß hier auf. Der historische Faust soll zwar 1525 zur Messezeit in Leipzig gewesen sein und sich hier als Scharlatan und Wunderheiler betätigt haben, doch ist es wenig wahrscheinlich, daß er den gerade eröffneten und noch unbedeutenden Weinausschank kannte. Noch einmal einhundert Jahre sollte es dauern, bis sogar in der Ausgabe des Volksbuches, die in diesem Jahr erschien, die Szene ausdrücklich „in Auerbachs Keller“ spielte. Auf dem Stoff des Volksbuches basierte Goethes gleichnamige Dichtung, die Auerbachs Keller dann weltberühmt machte.

Der historische Faust, ein Alchimist und Magier, hieß eigentlich Georg Faust. Er wurde um 1480 vermutlich im württembergischen Knittlingen geboren, ist 1506 in Gelnhausen, 1507 in Kreuznach, 1513 in Erfurt, 1520 in Bamberg, 1528 in Ingolstadt, 1532 in Nürnberg, dann in der Kölner Gegend, schließlich wieder in Nürnberg und Würzburg nachweisbar und kam um 1540 in Staufen im Breisgau ums Leben. Faust, im Volksbuch noch der verschrobene Alchimist und Gaukler, der mit dem Teufel einen Pakt schließt, wird bei Goethe zum Archetyp des Erkenntnissuchers, dem die Begrenztheit des theologischen ebenso wie die des naturwissenschaftlichen Weltbildes bewußt wird und der wissen will, „was die Welt im Innersten zusammenhält“.

Im Goethezimmer kann man heute noch zwei Tafelbilder aus dem Jahre 1625 sehen, die das Saufgelage bzw. den Faßritt zeigen. Auch das riesige Faß wird heute noch in Auerbachs Keller gezeigt. Ein kunstvoll gestalteter Deckenleuchter veranschaulicht ebenfalls die Schlüsselszene. Darüberhinaus enthalten die insgesamt sieben Gasträume eine Reihe von Gemälden verschiedener Künstler mit Szenen aus Goethes „Faust“.

Heiligenbrücke

Fährt man vom Leipziger Zentrum aus die Käthe-Kollwitz-Straße entlang in südwestliche Richtung und biegt etwa 200 Meter vor der Überquerung der Weißen Elster rechts in die Moschelesstraße ein, dann findet man nach wenigen Metern die Heiligenbrücke.

Die Sage erklärt den Namen folgendermaßen: Ein Leipziger Kaufmannsehepaar des 14. Jahrhunderts bekam nach langer Kinderlosigkeit Zwillinge – Maria und Katharina. Da die Eltern in ihren Gebeten versprochen hatten, ein Kind dem Klosterleben zu weihen, fiel die schwere Wahl des Vaters auf Maria. Katharina wurde zu Verwandten nach Altenburg geschickt.

Heute erinnert noch die Nonnengasse an die ehemalige Lage dieses Klosters. Maria, die sehr unter den Zwängen des Klosterlebens litt, verliebte sich eines Tages in einen jungen Mann, den sie oft vom Klostergarten aus gesehen hatte. Bald war der Entschluß zur

Flucht gefaßt, und ihr Geliebter brachte sie beim Turmwärter des nahen Kuhturmes unter. Die Äbtissin des Klosters setzte mit Hilfe des Propstes des Thomasklosters alles in Bewegung, um die Entflohene zu finden und zu bestrafen. Ein Zufall wollte es, daß zur gleichen Zeit auch Katharina aus Altenburg geflohen war, um nicht einen Mann heiraten zu müssen, den ihre Verwandten für sie bestimmt hatten. Die Ähnlichkeit der beiden Schwestern führte dazu, daß man Katharina ergriff. Das Urteil, vom Zorn der Äbtissin diktiert, lautete: Todesstrafe. Wenige Tage später ertränkten die Klosterknechte das gefesselte und mit einem Stein beschwerte Mädchen in der Elster an jener Brükke. Als Maria in ihrem Versteck davon erfuhr, war es schon zu spät: Sie eilte von nun an jeden Tag an diese Stelle und betete für ihre Schwester, die sich für sie geopfert hatte, bis sie einst selbst aus Entkräftung dort starb. Von da an sprach man von den beiden wie von Heiligen und nannte die Brücke Heiligenbrücke.

Pleißeufer

Am Ufer der Pleiße, die Leipzig von Süden her durchfließt, bis sie sich mit der Weißen Elster vereinigt, soll es nicht geheuer sein. Es heißt, dort gehe ein schwarzer Hund um, dessen Heulen man oft in der Nacht hören könne.

Über dieses Gespenst weiß eine Sage Genaueres zu berichten: Einst soll in einem Kloster in Meißen ein Mönch gelebt haben, den man den Schwarzen Bruno nannte, denn er beherrschte die „schwarze Kunst“, d. h. die Kunst der Zauberei, und betrog damit die Klosterherren, wenn er sich nicht bei den jungen Nonnen in den Frauenklöstern herumtrieb. Endlich wurde er vom Erzbischof aus dem Kloster verwiesen und mußte die Gegend verlassen. Er kam nach Leipzig, führte auch hier weiter ein ruchloses Leben, bis er eines Tages von einem großen Zauberer in eine Kristallflasche verbannt wurde, die tief in der Erde vergraben wurde. Als dort später ein Haus gebaut wurde, kam die Flasche wieder zum Vorschein. Der Finder versuchte vergeblich sie loszuwerden, nachdem er den schwarzen Mönch darin erkannt hatte, aber sie kehrte immer wieder zu ihm zurück, so oft er sie auch verschenkte. Endlich vergrub er sie wieder im Keller seines Hauses und verkaufte dieses. Der neue Eigentümer schickte seine Tochter einmal in den Keller, um Wein zu holen. Da fand sie etwas Glänzendes, hob es auf und sah, daß ein lustiges Ding darin auf und ab hüpfte. Voll Entsetzen erkannten die Eltern den bösen Klostergeist, entrissen

die Flasche ihrer Tochter, beschwerten sie mit Eisen und warfen sie in die Pleiße. Seitdem soll dieser Unhold in Gestalt des schwarzen Hundes am Ufer dieses Flusses spuken.
Eine alte Leipziger Chronik berichtet vom Fund einer Flasche, als man im Jahre 1546 die Katharinenkapelle abriß. Man vermutete, daß ein Mönch darin den Teufel gebannt hätte und vermauerte sie wieder im Fundament der Halleschen Bastei, die man aus den Abrißsteinen baute. Dieser Fund könnte eventuell der Auslöser zu der oben geschilderten Geschichte sein, die stark an das bekannte Märchen vom Flaschengeist erinnert.
Tatsächlich sind solche „glückbringenden Hausgeister", in Flaschen verpackt, früher auf Jahrmärkten häufig vertrieben worden – es dürfte sich also um einen ganz realen Fund handeln: etwa eine in die Flasche eingeschlossene menschenähnliche Wurzel, Alraune oder Zaunrübe, die Amulettcharakter hatten.
Das Motiv vom Flaschengeist stammt aus dem orientalischen Märchenschatz und ist auch in der europäischen Dichtung oft behandelt worden. Die bekannteste deutsche Märchenversion ist das Grimmsche Märchen vom „Geist im Glase".
Typisch: es ist ein Mönch, also ein Angehöriger des Gelehrtenstandes, der in den Verdacht der Zauberei gerät. Zur Strafe muß er als ruheloser Toter in Tiergestalt umgehen.

Leisnig (Lkr. Döbeln)

Stadtkirche

Eindrucksvoll ragt die Burg Mildenstein über der Freiberger Mulde empor, auf einer schmalen Felsenzunge gelegen. Schon im Jahre 1046 wird ein Burgward Mildenstein genannt. Mitten in einem slawischen Siedlungsgebiet sicherte die Burg damit einen deutschen Herrschaftsbezirk. Zuerst wahrscheinlich als Palisadenburg ausgeführt, entstand 1081 eine Steinburg auf Befehl Kaiser Heinrichs IV. und gelangte bald schon in den Besitz des Grafen Wiprecht von Groitzsch. Kaiser Friedrich der I. (Barbarossa) nahm 1147 die Burg in Besitz und baute sie zur Reichsburg aus. Damit wurde sie zu einem wichtigen Herrschaftszentrum im Pleißenland. Im Jahre 1329 wurden die Markgrafen von Meißen durch König Ludwig den Bayern mit Leisnig belehnt und es wurde spätestens mit dem Erwerb der Burg 1365 Teil des wettinischen Territoriums. Der Ort Leisnig wird 1158 erstmals als castrum

bezeichnet, wurde aber zwischen 1278 und 1286 von Altleisnig an die heutige Stelle verlegt.
Die Sage berichtet von einer wundertätigen Reliquie, dem sogenannten blutschwitzenden Arm des heiligen Laurentius, die Wiprecht von Groitzsch aus Rom mitgebracht und der Kirche St. Matthäus geschenkt hatte. Es handelte sich dabei um einen hölzernen, mit Leinwand und Gips überzogenen, fleischfarben bemalten Arm. Eine Vertiefung an der Innenseite sowie eine Mulde im Handteller sollen mit Fleisch des Heiligen gefüllt gewesen sein. Bald schon entwickelte sich eine reges Wallfahrtswesen. Am Tag dieses Heiligen, dem 10. August, wenn die Kirche fast überfüllt war von der Schar der Pilger, hob der Priester den Arm in die Höhe, und schon bald sahen die Gläubigen, wie dicke Blutstropfen niederrieselten. Alljährlich wiederholte sich dieses Wunder.
Dieser Arm wird heute im Magazin des Heimatmuseums aufbewahrt. Die beiden beschriebenen Vertiefungen gaben Anlaß zu der Vermutung, daß der Priester das Wunder des Blutschwitzens selbst bewirkte, indem er frisches bluttriefendes Fleisch in diese Öffnungen füllte und darauf drückte.
Über das Leben des heiligen Laurentius von Rom ist wenig bekannt: Er lebte im 3. Jahrhundert und soll im Jahre 258 zusammen mit Papst Sixtus II. und weiteren drei Diakonen den Märtyrertod erlitten haben. Er wurde zum Nationalheiligen Spaniens. Die Legende läßt ihn dem Kaiser, der von ihm die Herausgabe der Kirchenschätze forderte, eine Schar Armer, Blinder und Kranker präsentieren mit der Bemerkung, dies wäre der unvergängliche Schatz der Kirche.

Ehemalige Baderei und Kornhaus
Zwei Gebäude in Leisnig werden im Zusammenhang mit einer merkwürdigen Begebenheit genannt: das alte Kornhaus und die ehemalige Baderei. Das Kornhaus steht an der Ecke Peter-Apian-Platz/Turner-Straße. Es wurde im Jahr 1553 als städtisches Magazin gebaut, in dem Getreide gelagert wurde. Das bemerkenswert große Gebäude prägt mit seinen gotischen Grundformen wesentlich das Bild der historischen Altstadt von Leisnig. Heute beherbergt es die Turnhalle eines Sportvereins.
Nicht weit davon entfernt, neben dem Neumarkt, befinden sich der Baderberg und die Badergasse. Hier stand bis 1996 das Gebäude der Baderei, das einem Neubau weichen mußte. Einer Initiative des Leisniger Geschichts- und Heimatvereines gelang es, Funda-

mentsteine an der Nordwestecke des Hauses sichtbar zu erhalten. Das Gewerbe des Baders (Betreiber von Badestuben) war wenig angesehen, u. a. wegen der Nähe zur Prostitution. Daß die folgende sagenhafte Begebenheit gerade in der Nähe der Baderei ihren Anfang nahm, scheint Zufall zu sein.

Der Überlieferung nach soll sich am 26. Juni des Jahres 1685 abends zwischen 9 und 10 Uhr an der Baderei ein gespenstischer Leichenzug gezeigt haben. Viele Bürger der Stadt waren Zeugen dieses unheimlichen Vorfalles. Sie meldeten ihn später dem Stadtrat und dem Superintendenten und legten sogar einen Eid auf ihre Aussagen ab. Ihrem Bericht nach erschien an der Baderei ein mit weißer Leinwand bekleideter Mann, dem in einem gewissen Abstand sechs weitere folgten, die auf einer Bahre einen schwarzen Sarg trugen. Sie blieben kurz stehen und setzten den Sarg nieder, wohl um zu verschnaufen. Dann setzten sie ihren Weg fort zum damaligen Kornhaus, wo sie wiederum stehen blieben und ihre Last erneut absetzten. Zwei der Träger holten bei dem vorausgehenden Mann ein weißes Tuch ab, schwenkten es und breiteten es schließlich über den Sarg. Erst an dieser Stelle bemerkten die Beobachter, daß noch weitere Gestalten der ersten Gruppe folgten. Es sollen Leute gewesen sein, die aussahen wie die klapperdürren Totengerippe auf alten Bildern, aber mit langen Haaren am Kopf – oder waren es dünne Trauerschleier? Zwei zuschauende Brüder faßten schließlich Mut und stürmten hinterher; aber der eine stürzte, der andere kam nicht von der Stelle. Schließ-

Der Leichenzug der Toten, 1519

lich soll der Leichenzug in Richtung des Obertores weiter gegangen und dahinter, nachdem die ganze Erscheinung eine Dreiviertelstunde zu sehen gewesen war, verschwunden sein.

Leuben (Limbach, Lkr. Torgau-Oschatz)

Wasserschloß

Das Dorf Leuben ist heute ein Ortsteil von *Oschatz*. Es liegt etwa 3 Kilometer südlich der eigentlichen Stadt. Inmitten eines kleinen Parks befindet sich ein Barockschloß, das im Jahre 1770 gebaut wurde und auf einer älteren Anlage basiert. Es ist von einem Wassergraben umgeben. Derzeit wird es saniert und soll bald als Kultureinrichtung für Konzerte genutzt werden.
Hier hat sich Mitte des 18. Jahrhunderts etwas Eigenartiges zugetragen: Als der damalige Pächter des Gutes seiner Gewohnheit gemäß morgens das Haus verließ und durch die Baumallee ging bis zu dem Bach, der das Schloß vom Dorf trennt, da erblickte er nicht weit vom Steg eine junge Frau, in welcher er seine in Mühlberg verheiratete Tochter erkannte. Er freute sich sehr und rief ihr zu: „Wo kommst du her, liebe Tochter?“ Sie lächelte ihn an, gab aber keine Antwort. Als er über den schmalen, regennassen Steg ging, um ihr die Hand zu reichen und sie zu führen, verschwand sie vor seinen Augen. Weil er nun glaubte, seine Tochter sei vielleicht krank, reiste er am nächsten Tag nach Mühlberg, fand sie dort aber wohlauf. Nachdem er ihr die Geschichte erzählt hatte, antwortete sie ihm, daß sie am Tag zuvor um die besagte Zeit sehr intensiv an ihn gedacht und sich nach Hause gesehnt habe.
Hier haben wir es mit dem bekannten Doppelgänger-Phänomen zu tun: Der Glaube an Doppelgänger basiert auf der Vorstellung, die Seele könne unter bestimmten Umständen den Körper verlassen und an einem zweiten Ort erscheinen (Bilokation). Im vorliegenden Fall ist die starke Emotion beim intensiven Denken an die Heimat der Auslöser. In vielen Sagen erscheint der Doppelgänger als Vorzeichen des Todes – daher die Sorge des Vaters.

Ehemalige Kapelle

In der Nähe des Schlosses steht ein altes Gebäude, das einst eine dem heiligen Antonius geweihte Kapelle war. Als man diese nach der Reformation säkularisierte und wegen ihrer dicken Mauern als Milchgewölbe nutzte sowie das Dachgeschoß als Fruchtboden, soll einer Sage nach lange Zeit nachts ein unheimliches

Gepolter und Gehämmer zu hören gewesen sein, so als ob dort Maurer und Zimmerleute arbeiteten.
In dieser Kapelle soll einst auch eine hölzerne Figur des heiligen Antonius gestanden haben, die man herausgenommen hatte und in einem danebenstehenden Gebäude aufbewahrte. Als eines Tages die Schloßherren abwesend waren, machte sich das Gesinde einen Spaß, indem es die Figur mit in die Schenke nahm. Dort steckten sie dem Heiligen eine Tabakspfeife in den Mund, tanzten ausgelassen um ihn herum und gaben ihm ab und zu eins auf die Nase. Nur einer von ihnen, der Schäfer, verhielt sich anders: er brachte die Figur, nachdem sich alle genug amüsiert hatten, wieder zurück. Als die ausgelassene Horde nachts nach Hause zurückkehrte und sich zum Schlafen niederlegte, wurde der Anstifter des Ganzen plötzlich von einem unsichtbaren Gespenst derart mit Ohrfeigen traktiert, daß sein Gesicht anschwoll und am anderen Morgen einem menschlichen Wesen kaum noch ähnlich sah. Später soll man die Heiligenfigur irgendwo im Garten vergraben haben, damit nie wieder solcher Unfug damit getrieben werden könne.
Diese Warnsage beschreibt auf drastische Art und Weise, was passieren kann, wenn Dienstboten unbeaufsichtigt bleiben. Der dämonisierte Heilige rächt sich für das unehrerbietige Verhalten; er übt damit Kontroll- und Straffunktion aus.

LICHTENBERG (Lkr. Freiberg)

Burgberg

Der etwa 10 km südlich von *Freiberg* gelegene Ort Lichtenberg besitzt an seinem südöstlichen Ende eine kleine Talsperre. An deren Nordufer erhebt sich ein markanter Berg, dessen Gipfel die Reste einer mittelalterlichen Höhenburg trägt. Von dieser Burg sind nur noch etwa 10 Meter breite und bis zu 7 Meter tiefe Gräben sowie 3 bis 4 Meter breite Wälle erhalten. Die älteste Erwähnung des „Borgbergs“ stammt aus dem Jahre 1464.
Die Sage weiß zu berichten, daß unter dem einstigen Schloß ein weite Felshöhle existiert, in der ein großer Schatz in einer Braupfanne versteckt liegt. Von Lichtenberg aus wollen Einwohner mehrfach kurz vor Mitternacht auf dem Berg ein seltsames Licht gesehen haben. Es heißt, wenn man diesem Licht folge und einen weißhaarigen Jungen mitbringe, dann sei man fähig, den Schatz zu heben. Allerdings hätten dies schon viele versucht, doch seien sie schließlich nur von diesem

Schatzgräber bei der Arbeit. Holzschnitt, 1532

Licht oder einem mysteriösen Hahn in die Irre geführt worden. Man vermutet, daß es sich bei dem Hahn um einen ehemaligen verzauberten Burgherrn handelt, der erst erlöst ist, wenn der Schatz gehoben wurde.
Sehr wichtig bei der Schatzsuche ist auch der Umstand, daß man die Höhle schweigend betreten und auch wieder verlassen muß. So erging es einem, der endlich die Höhle gefunden und seine Taschen schon vollgestopft hatte, ziemlich übel, als er beim Hinausgehen einen Freudenlaut ausstieß. Die Pforte schloß sich hinter ihm und das Gold und die Edelsteine in seinen Händen verschwanden wie ein Traum.
→ Burgstädt

LICHTENHAIN (Kirnitzschtal, Lkr. Sächsische Schweiz)

Kuhstall
Folgt man von *Bad Schandau* aus der Straße in Richtung *Hinterhermsdorf* durch das wildromantische Kirnitzschtal, kommt man nach etwa 10 Kilometern zum bekannten Ausflugsziel „Lichtenhainer Wasserfall“. Einer sagenhaften Überlieferung zufolge soll der Ort Lichtenhain seinen Namen daher haben, daß sich hier in slawischer Zeit ein heiliger Hain befand, an dem den alten Göttern geopfert wurde. Darüber gibt es aber bisher keine wissenschaftlich gesicherten Erkenntnisse.
Wenige Meter weiter findet man einen Parkplatz, von dem aus ein gut beschilderter Weg in Richtung Süden führt, hinein in das Herz des Nationalparks Sächsische Schweiz. Nach einer Wanderung von ca. 20 Minuten gelangt man zu einem der schönsten Plätze in diesem Gebiet, zum sogenannten „Kuhstall“, einer torartigen

Der Kuhstall unterhalb der Felsenburg Wildenstein (15. Jahrh., Ruine): ein höhlenartiges Felsentor von 11 m Höhe und 24 m Tiefe. Stahlstich, 1861

Felsöffnung, hinter der man einen grandiosen Ausblick auf die Felsmassive im Süden hat. Es bietet sich von hier aus ein Panorama, das den Eindruck vermittelt, so könnte es in einer fernen Urzeit ausgesehen haben. Das Felsgebilde soll dem Umstand seinen Namen verdanken, daß Bauern früher in Kriegszeiten ihr Vieh in dieser Höhle versteckten.

LICHTENSTEIN (Lkr. Chemnitzer Land)

Wie Lichtenstein zu seinem Namen gekommen ist, weiß nur die Sage zu erklären: Einst soll hier ein dichter, finsterer Wald gestanden haben, weshalb die ersten Häuser, die man baute, den Namen „Finsterstein" erhielten. Später, als durch die Erbauung weiterer Häuser und die damit einhergehende Rodung der Wald immer lichter wurde, wurde der Ort in „Lichtenstein" umbenannt.

Schloß
Die Herren von Schönburg gründeten im 12. Jahrhundert über dem Rödlitzbach an einer von drei Seiten geschützten Stelle ihre Burg. Sie diente dem Schutz der von Zwickau nach Chemnitz führenden Straße. Ob es sich bei dem 1212 erstmals urkundlich erwähnten Ort „Lictinsten" um das sächsische Lichtenstein handelt, ist nicht ganz sicher. Bis zum Jahre 1740 blieben Burg und Herrschaft in der Hand derer von Schönburg und gingen danach an Kursachsen über. Der Nachfolgerbau der Burg, das heutige Schloß, beherbergt ein Altenpflegeheim.

Unter der Schloßbrücke befand sich einst die Folterkammer. Sie ist zwar seit dem 18. Jahrhundert mit Schutt gefüllt, doch auch heute kann man dort der Sage nach in gewissen Nächten das Stöhnen der „peinlich Befragten" hören. Im Jahre 1593 wurde hier die alte Lilienweisin, die Mutter eines gewissen Matthes Lilienweis, als angebliche Hexe der Tortur unterzogen. Man beschuldigte sie des Wahrsagens und der Zauberei, mit deren Hilfe sie den Tod zweier Menschen verursacht haben soll. Im Jahre 1694 folterte man in diesem grauenerregenden Verlies die „Wirtsliesel" aus Mülsen St. Micheln, weil sie als Witwe ein totes Kind geboren hatte. Dem sogenannten „Zauberer von Bernsdorf" wurden hier ebenfalls Daumenschrauben und Beinstöcke angelegt, um ihn zum Geständnis zu zwingen.

„Zauberer von Bernsdorf" nannte man Hans Schulze, der nach dem Dreißigjährigen Krieg im Bernsdorfer Unterdorf lebte. Er stammte eigentlich aus Kirchberg

Folterung durch Beinschraube und Aufzeichnung des Geständnisses. Holzschnitt, 1541

bei Lugau. Aufgrund seiner Streitsucht war er im Ort nicht sehr beliebt. Als er einmal ein silbernes Kreuz in einem schwarzen Blechkästlein zum Kauf anbot mit der Bemerkung, es „mache fest“, d. h. seinen Träger unverwundbar, sprach es sich sehr schnell herum, daß er ein Zauberer sei, der einen „Spiritus“ besitze. Am 10. Oktober 1656 wurde Hans Schulze in die Folterkammer des Lichtensteiner Schlosses gebracht und der Tortur unterzogen. Als dabei kaum Blut floß, stand die Meinung des erfahrenen Glauchauer Scharfrichters fest: „So wäre dafür zu halten, daß er möchte fest seyn“. Hans Schulze kam mit einer milden Strafe davon: Wegen Mißbrauchs des göttlichen Namens wurde er sechs Jahre aus dem Schönburgischen Herrschaftbereich verbannt.
Zwar sind die Anfänge der Hexenverfolgungen im späten Mittelalter zu suchen, doch erst mit dem Erscheinen des sogenannten „Hexenhammers“ (Malleus maleficarum) des Dominikaners Heinrich Institoris, das zum Handbuch der Inquisition wurde, sowie der im Jahre 1484 von Innozenz VIII. erlassenen Bulle „Summis desiderantes“ begannen die Hexenprozesse erschreckende Ausmaße anzunehmen. Bekanntlich waren besonders Frauen die Opfer dieser Prozesse. Man beschuldigte sie, Umgang mit dem Teufel zu pflegen, Schadenzauber zu betreiben oder gar die Verursacher von Pestepidemien zu sein. Die im Hexenhammer vorgeschriebenen Foltermethoden der sogenannten Tortur fanden teilweise bis ins 17. Jahrhundert hinein ebenso Anwendung, wie die darin beschriebene Prozeßordnung.
→ Görlitz, Ochsenbastei

Reiterhölzel
Südlich des Stadtzentrums in Richtung *Heinrichsort* biegt eine schmale Straße zur Alberthöhe, einem beliebten Ausflugsziel, ab. Diese Straße führt am sogenannten Reiterhölzel vorbei, einem kleinen Wäldchen, in dem es von jeher nicht ganz geheuer ist. Die Leute sagen, es sei dort „nicht richtig“. Nicht nur zur Mitternachtsstunde, sondern sogar am Tage hat man an diesem schauerlichen Ort einen Reiter ohne Kopf gesehen, der die ahnungslosen Wanderer nicht nur erschreckte, sondern dem es eine Lust zu bereiten schien, sie solang zu hetzen, bis sie tot zusammenbrachen.
→ Bad Brambach

LÖBAU (Lkr. Löbau-Zittau)

Löbauer Berg

Auf der Flur eines sorbischen Dorfes, heute *Altlöbau* genannt, wurde um 1220 die Stadt Löbau gegründet. Bereits im Jahr 1221 erscheint Löbau urkundlich als oppidum und wird 1268 als civitas bezeichnet. Seine Lage an einer alten Straße von Bautzen nach Zittau und Böhmen begünstigte den Handel; besonders im 14. Jahrhundert wuchs der Verkehr in beiden Richtungen beträchtlich an und sicherte der Stadt eine besondere wirtschaftliche Position.

Auf dem nordöstlichen Gipfel des Löbauer Berges, der Schafberg genannt wird, liegt eine Gipfelburg der sogenannten „Lausitzer Kultur". Sie stammt noch aus der Bronzezeit, wie reichliche Keramikfunde bezeugten, d. h. aus einer Zeit vor der slawischen und deutschen Besiedlung. Die Anlage hat die Form eines unregelmäßigen Fünfecks und war einst von einer mit Hölzern gesicherten Steinmauer umgeben, von der nach einem Brand des Holzes nur noch die verschlackten Mauerteile übriggeblieben sind.

Vom Gipfel des Löbauer Berges führt in Richtung Norden der Weg an einem Felsen vorbei, der im Volksmund „der Geldkeller" genannt wird. Der Sage nach ist in ihm eine Höhle verborgen, in der gewaltige Schätze liegen. Das Tor ins Innere soll sich nur an bestimmten hohen Festtagen öffnen, weshalb es bis jetzt nur sehr wenigen vergönnt war, einzutreten und sich an den Kostbarkeiten zu bereichern. Einmal soll es zwei Kindern gelungen sein, als sie in der Nähe des Felsens Holz sammelten. Sie fanden die Höhle geöffnet und beugten sich hinein. Da fiel dem einen der Hut vom Kopf und verschwand im Inneren. Er kletterte hinterher und gelangte in eine große Höhle, wo er an einer schwarzgedeckten Tafel bleiche, ernste Männer sitzen sah, die mächtige Haufen Geld zählten. Freundlich winkten sie den zitternden Knaben heran und übergaben ihm seinen Hut, bis an den Rand mit Gold gefüllt. Es wird auch erzählt, diese Männer seien verstorbene Bürgermeister der Stadt Löbau, die im Felsen einen Schatz hüten, mit dem sie die Stadt, wenn sie einmal in Not gerät, unterstützen werden.

LOMMATZSCH (Lkr. Meißen-Radebeul)

Kirche

Bereits seit der Jungsteinzeit ist das Gebiet um Lommatzsch ein Siedlungszentrum. Später wird es unter

dem Namen Daleminzien genannt, bei Thietmar auch pagus Glomaci, abgeleitet vom slawischen Gaunamen Glomaci. In der Nähe des Ortes Lommatsch befand sich ein bedeutendes Kultzentrum der Slawen, ein als heilig verehrter See, der vermutlich mit dem Paltzschener See identisch ist. Der erste urkundliche Hinweis auf die Stadt stammt aus dem Jahre 1190 und nennt einen Pfarrer Thiemo von Lommatzsch.
Die Lommatzscher Kirche soll im Jahre 958 von Kaiser Otto gestiftet worden sein, „auf daß sie eine Mutterkirche des Meißnerlandes werde". Papst Innocenz VI. verlieh am 1. März 1359 der Kirche und dem darin befindlichen wundertätigen Marienbild, das 1759 von den Preußen zerstört wurde, einen Ablaßbrief, in dem einige „Miracula" (Wunder) genannt werden, die sich im Zusammenhang mit der Marienfigur und dem Heiligen Kreuz ereignet haben sollen:
Eine Weberin, die während ihrer Arbeit plötzlich rissige Hände bekam, lief eiligst zur Kirche und wurde durch die Fürsprache der heiligen Maria wieder gesund. Ein Junge aus Prositz, der so sehr an Magenblähungen litt, daß er immer mehr an Kraft verlor und wahrscheinlich bald gestorben wäre, wurde durch das Marienbild ebenfalls geheilt. Ebenso erging es einem Jungen aus Pröda, der seit seiner Geburt lahm war und keinen Schritt zu gehen vermochte. Auch er wurde geheilt. Ein von Bösewichtern entführtes bildschönes Mädchen aus Mühlberg flehte die heilige Jungfrau an, ihr die Reinheit zu erhalten und wurde auf wunderbare Weise gerettet.

M

Marienberg (Mittlerer Erzgebirgskreis)

Marienkirche

Aufgrund vielversprechender Silbererzfunde, die man hier seit Anfang des 16. Jahrhunderts machte, kam es rasch zu einer Besiedlung durch Bergleute aus Annaberg und Böhmen. Um 1521 wurde durch Herzog Heinrich den Frommen die Stadt gegründet, der unter maßgeblicher Beteiligung des Freiberger Bergsachverständigen Ulrich Rülein von Calw den großen Marktplatz anlegen ließ. Marktrecht und Niedergerichtsbarkeit erhielt der Ort 1523 und gelangte durch den Silberbergbau zu großer Blüte.
Die Kirche St. Marien wurde von 1558 bis 1564 als letzte der sächsischen Hallenkirchen erbaut. Nachdem sie 1610 ausbrannte, mußte man sie völlig erneuern und sie erhielt ihre heutige Gestalt.

Marienberg mit der Stadtkirche St. Marien (1558 bis 1564). Kupferstich, 1714

Die Sage berichtet von einem düsteren Tag in der Geschichte der Kirche und ihrer Gemeinde: Am 29. September des Jahres 1578, als der Pfarrer zu predigen begann, erhob sich ein „Getümmel" in der Kirche und es begann unerträglich nach Feuer und Schwefel zu stinken. Die Anwesenden erschraken darüber so sehr, daß sie in Aufruhr gerieten, der Pfarrer den Gottesdienst abbrechen mußte und alle aus der Kirche liefen. Die Zeichen waren unmißverständlich: Das alles hatte der Höllenfürst bewirkt, um die Andacht zu stören.

Schlettenberg

Der 652 Meter hohe Schlettenberg, an dessen Fuß sich die Stadt Marienberg befindet, sei ein „gefeiter" Berg, wie uns die Sage überliefert. Abends lassen sich auf ihm allerlei Lichter sehen. Aber er birgt noch ein Geheimnis ganz anderer Art: An einem gewissen Tage, wahrscheinlich am Johannistag, wächst auf ihm eine schöne Blume. Wer sie findet und abpflückt, vor dem tut sich der Berg auf. Er gelangt in einen großen Saal, in welchem er ein goldenes Jüngelchen in einer goldenen Braupfanne liegen sieht, die beide von einem großen Hund bewacht werden. Zeigt er diesem die Blume, so kann er das Kind und die Pfanne mit sich nehmen. Doch ist höchste Eile vonnöten, denn er kann erst dann beides sein eigen nennen, wenn er über den Hammergraben gelangt ist, denn dort endet die Macht des Hundes, der versuchen wird, Junge und Pfanne wieder in den Berg zurückzubringen.
Der Johannistag ist der Tag der Sommersonnenwende (24. Juni). Im Volksglauben und Brauchtum besitzt er eine große Bedeutung, denn er gilt als besonders geeignet für die Ausführung magischer Praktiken aller

Art. Die wunderbare Blume, die den Zugang zu verborgenen Schätzen öffnet, ist ein bekanntes Sagenmotiv.
→ Bernsbach

Markersdorf (Claußnitz, Lkr. Mittweida)

Schäferstein
Wandert man von der Ortsmitte zum Amselgrund, der sich nördlich befindet, so gelangt man an den Holzbach. Etwa 100 Meter weiter, östlich des Feldweges, findet man einen seltsamen Kreuzstein. Es ist ein unförmiger Block, der an einen Rainstein erinnert. Auf seiner Oberseite trägt er ein eingeritztes Kreuz. Man nennt ihn den Schäferstein, da die Sage folgendes überliefert: Ein aufgebrachter und empörter Bauer soll hier einst einen Schäfer aus der schönburgischen Herrschaft Wechselburg mit einer Deichselkette erschlagen haben. Ursache für diese Tat war der Umstand, daß besagter Schäfer seine Herde widerrechtlich nach Walpurgis auf dem Acker des Bauern weiden ließ. Der Schäfer soll unter diesem Kreuzstein begraben wor-

Hirt mit Schafherde. Holzschnitt, 1493

den sein, und von seinem Mörder sagt man, daß er „friedlos in der Fremde umhergeirrt und fern der Heimat im Elend verstorben“ sei.
→ Pfaffengrün

Markneukirchen (Vogtlandkreis)

Klappermühle

Der um 1200 entstandene Ort Markneukirchen entwickelte sich seit dem 17. Jahrhundert zum Zentrum des deutschen Musikinstrumentenbaues. Vor allem Einwanderer aus dem benachbarten Böhmen brachten zuerst die Kunst des Geigenbaues mit, gründeten eine Innung, der sich sehr schnell andere Innungen zugesellten. Seit Ende des 19. Jahrhunderts wurde der Export von Musikinstrumenten in alle Welt der wichtigste Wirtschaftszweig des Ortes und machte ihn weit über die Landesgrenzen hinaus berühmt.
Betritt man den Ort von *Adorf* kommend, so stößt man auf die sogenannte Klappermühle. Sie befindet sich in Privatbesitz, ist aber derzeit nicht bewohnt. Sie könnte die sagenhafte Mühle sein, in der sich folgendes zutrug: Hier zeigten sich oft die sogenannten Holzweibchen und halfen in der Landwirtschaft kräftig mit, indem sie Wasser und Stroh herbeitrugen oder bei der Fütterung halfen. Die Mägde freuten sich gewöhnlich über diese große Hilfe, doch eines Tages geschah das Unglück. Eine Magd fluchte und wetterte so ungehörig, daß den Holzweibchen Hören und Sehen verging und sie seither nie mehr wiederkehrten.
Aufgrund ihrer einsamen Lage galten Mühlen als unheimliche Plätze und können daher als klassische Spukorte bezeichnet werden. Ebenso empfand man das Müllerhandwerk als „unehrlich“, das heißt als nicht zunftfähig. Der Müller erscheint daher in vielen Überlieferungen als zauberkundig und pflegt Umgang mit den Geistern.
Die Holzweibchen sind kleine Walddämonen in Menschengestalt. Hier fungieren sie als hilfreiche Hausgeister, die zugleich die Einhaltung von Normen überwachen: Fluchen und Schimpfen vertreibt sie.
→ Schöneck

Meerane (Chemnitzer Land)

Ehemaliger Pfarrgarten

Unter dem Namen Mer wird Meerane erstmals 1174 erwähnt. König Vladislav II. von Böhmen soll sich hier niedergelassen haben, nachdem er bei Kaiser

Friedrich Barbarossa in Ungnade gefallen war. Es muß also ursprünglich auch eine Burg, die eines Königs würdig war, gegeben haben, von der aber nichts mehr erhalten ist. Sie lag wahrscheinlich auf dem Bergsporn zwischen Dietrichbach und Seiferitzer Bach vor ihrem Zusammenfluß zum Meerchen. Nach 1300 erscheinen als Besitzer die Herren von Schönburg, nach 1500 wurde die Herrschaft Meerane mit Glauchau vereinigt, und vermutlich verschwand in diesem Zusammenhang die Burg. Die in ihrer Nähe gebaute Martinskirche ist bis heute erhalten geblieben.

Gegenüber der Martinskirche betritt man durch einen Torbogen die Schulgasse, die nur wenige Meter lang ist. Auf der linken Seite lag einst das Grundstück des Pfarrgartens, auf dem heute Wohnhäuser stehen. Hier soll eine Weiße Frau umgehen. Durch eine tragische Geschichte ist sie dazu verdammt, an diesem Ort zu spuken. Ein Herzog, der einst hier lebte, nahm sich eine junge Frau, nachdem seine vorige kinderlos gestorben war. Sie schenkte ihm bald schon zwei Kinder. Doch als der Junge acht, das Mädchen zwei Jahre alt waren, starb der Herzog. Die junge Frau fand einen Liebhaber, der einmal den seltsamen Satz äußerte: „Wenn nur vier Augen nicht wären!“ Sie deutete die Worte so, daß ihr neuer Liebhaber sie nicht heiraten wolle wegen ihrer beiden Kinder und sandte daraufhin einen gedungenen Mörder aus, der diese erstach. Die Leichen wurden in die Burg gebracht, und man verbreitete das Gerücht, die Kinder wären plötzlich an einer Krankheit verstorben. Als sie ihrem Liebhaber

Eine alte Flugschrift zeigt die Weiße Frau

schrieb, daß alle Hindernisse für eine Hochzeit beseitigt seien, antwortete dieser, er habe nur prüfen wollen, ob ihre Sinnlichkeit ihre Mutterliebe übersteige und könne sie, eine Kindsmörderin, nunmehr nicht mehr ehelichen.
Die innerlich Zerbrochene begriff ihre entsetzliche Schuld und begab sich auf einen Bußweg nach Rom, indem sie die ganze Wegstrecke auf den Knien rutschend zurücklegte. Sie starb vor Erschöpfung an der Pforte eines Klosters in Rom und geht seither ruhelos als Weiße Frau in Meerane um.
Diese Wandersage, die unter anderem auch von verschiedenen Burgen in Franken erzählt wird, ist nicht nur in der Gestalt der Sage verbreitet, sondern auch in Liedform: eine verbrecherische Frau veranlaßt die Ermordung ihrer eigenen Kinder, um einen Freier zu gewinnen.
Die Gestalt der Weißen Frau geht auf den Seelenglauben zurück. Weiß ist die Farbe der abgeschiedenen Seelen. Sie ist eine typische Geistererscheinung der adligen Oberschicht. Frauen, die eines unnatürlichen Todes gestorben sind, erscheinen in sogenannten genealogischen Sagen als Ahnfrauen und warnen vor Unglück oder sagen den Tod eines Familienmitgliedes voraus.
→ Bad Brambach

MEISSEN

Dom
Schon in der Jungbronzezeit war der Meißner Burgberg nachweislich besiedelt. Eine spätere slawische Besiedlung gab es hier nicht. Erst König Heinrich I., der einen Feldzug in das Land der Sorben unternahm,

Dom und Domplatz zu Meißen. Gezeichnet und lithographiert von R. Bürger 1845

gründete als äußersten östlichen Vorposten des Reiches im Jahre 929 die Burg, die zuerst nur in Holz ausgeführt war, wie Grabungsbefunde erwiesen haben. Diese hölzerne Wehranlage bot keinen allzugroßen Schutz in diesem wenig gesicherten Gebiet, und so fiel sie im Jahre 984 den Böhmen und 1002 den Polen in die Hände. Ab dem 11. Jahrhundert erfolgte zuerst der Bau eines steinernen Kampfturmes und im Anschluß der Umbau der Burg in Stein. Um das Jahr 1000 wurde der Burgberg zum Sitz dreier Gewalten: des Markgrafen (wahrscheinlich schon ab 968), des Bischofs und schließlich des Burggrafen (seit 1068 nachweisbar). Ebenfalls um das Jahr 1000 hat es zu Füßen der Burg eine offene Siedlung mit einem Jahrmarkt gegeben, neben der aber erst im Zuge der deutschen Ostsiedlung und der staufischen Reichspolitik Ende des 12. Jahrhunderts die Stadt entstand. Als vier topographisch getrennte Teile entwickelten sich der Burgberg, die Jahrmarktsiedlung, die Marktstadt sowie die sogenannte Afra-Freiheit, ein Gebiet rund um das Augustiner-Chorherrenstift St. Afra. Ab dem 14. Jahrhundert wurden diese Teile mit einer gemeinsamen Stadtmauer umgeben und bildeten so das mittelalterliche Meißen.

Mit dem Bau eines Domes wurde um 1030 begonnen; der heutige Dom entstand seit 1260. Nachdem die Wettiner im Jahre 1423 die Kurwürde erhalten hatten, ließen sie vor dem Hauptportal ihre Begräbnisstätte erbauen. Mehrfach wurden die beiden Türme erhöht

„Hier ist Benno gegangen“ – eine Meißener Redensart, die blühende Gefilde umschreibt. Hier der heilige Benno mit den Schlüsseln der Stadt Meißen. Holzschnitt aus dem „Leben S. Bennonis“, 1604

bzw. erneuert; ihren letzten Abschluß erhielten sie sogar erst im Jahre 1908 im Stil des Historismus.
Im ältesten Domzugang, dem achteckigen Bau, findet man eine reiche Innenarchitektur. Besonders wertvoll sind die Plastiken aus der Werkstatt des sogenannten Naumburger Meisters, die einen Diakon, Maria und Johannes den Täufer darstellen. In der Georgskapelle steht ein Altartriptychon von Lukas Cranach d.Ä. aus dem Jahre 1534. Bei Renovierungsarbeiten um 1910 fand man 164 Grabplatten, die heute wieder im Südschiff zu sehen sind. Vor dem Lettner von 1270 ist der Kreuzaltar, ebenfalls aus der Cranach-Werkstatt, aufgestellt. Kunstgeschichtlich besonders wertvoll sind die aus der Werkstatt des Naumburger Meisters stammenden Stifter- und Patronatsfiguren im Hohen Chor: Kaiser Otto I. und die Kaiserin Adelheid, Johannes der Evangelist und der Bischof Donatus.
In der Nähe des Lettners befand sich einst das Grab des heiligen Benno, des berühmten Meißner Bischofs. Er wurde 1010 in Hildesheim geboren und 1066 zum Bischof von Meißen ernannt. Benno, der sich nicht am Sachsenkrieg beteiligte und im sogenannten Investiturstreit auf der Seite des Papstes blieb, wurde im Jahre 1085 von Kaiser Heinrich IV. abgesetzt, konnte aber schon 1088 sein Amt wieder übernehmen. Er starb 1106 und wurde 1523 heiliggesprochen.
Eine Fülle von Legenden rankt sich um diesen Heiligen, die allesamt von seinen Wundertaten berichten. Im Zusammenhang mit dem Dom wird erzählt, daß Benno, als er von Kaiser Heinrich IV. seines Amtes enthoben wurde, den Kirchenschlüssel an zwei Chorherren übergab mit dem Befehl, diesen in die Elbe zu werfen. Als er später zurückkehrte, speiste der Heilige in einer Herberge. Dabei fand er im Bauch eines für ihn zubereiteten Fisches eben diesen Schlüssel. Bald schon strömten die Leute wieder in die Kirche, um ihren Hirten zu sehen und das Wunder zu bestaunen. Die Geschichte vom Schlüssel oder Ring im Fischbauch ist ein verbreitetes Sagen- und Legendenmotiv. Hier soll das Wunderzeichen die gottgewollte Wiedereinsetzung ins Bischofsamt unterstreichen.
Leider liegen die Gebeine des Heiligen nicht mehr im Meißner Dom. Luther verfaßte 1524 aus Anlaß der feierlichen Erhebung der Gebeine seine Schrift: „Wider den neuen Abgott und alten Teufel, der zu Meißen soll erhoben werden". Als Herzog Heinrich dann im Jahre 1539 die Verehrung derselben aufhob, brachte man sie wegen Gefahr der Verunehrung vorsorglich zuerst nach Stolpen und kurz darauf nach Wurzen. Im

Jahre 1576 übergab sie Bischof Johann von Haugwitz an Herzog Albrecht V. von Bayern. Seitdem befinden sie sich in einem Silberreliquiar in der Frauenkirche in München.
Eine recht unscheinbare Sehenswürdigkeit stellt die sogenannte „Fegefeuernische" im Meißner Dom dar. Sie befindet sich an der rechten Seite des Hohen Chores. Die etwa 75 Zentimeter hohe Öffnung wurde bei einer Domrestaurierung Anfang dieses Jahrhunderts mit einer eisernen Gittertür versehen. Von dieser Nische wurde früher behauptet, man könne hier das Geräusch des Fegefeuers hören.
Das Fegefeuer ist nach theologischer Auffassung der Ort, an dem die Seelen Verstorbener für die zu Lebzeiten noch nicht abgebüßten Sünden schreckliche Strafen leiden müssen. Das Fegefeuer endet mit dem Jüngsten Tag, danach gibt es nur noch Himmel und Hölle. In Volksglauben, Brauchtum, bildender Kunst spielen das Fegefeuer – ebenso wie die Hölle als Ort größter Hitze gedacht – und die dort brennenden Seelen eine große Rolle.

St. Bennos Brunnen
Bischof Benno, der den päpstlichen Auftrag hatte, im Gebiet der heidnischen Slawen und Wenden zu missionieren, vollbrachte in diesem Zusammenhang eines seiner vielen Wunder. Als, wie die Legende erzählt, auf seine Aufforderung hin so viele Menschen nach Meißen gekommen waren, daß die Stadt sie kaum noch fassen konnte, versammelte er alles Volk in einem schönen sonnigen Grund etwa tausend Schritte von der Stadt entfernt. Während er predigte, schien die Sonne sehr heiß, und die Leute litten unbeschreiblichen Durst. Da ließ Gott auf Bennos Bitte hin einen Quell aus der Erde springen, dessen kühles Wasser alle erquickte. Seit dieser Zeit heißt die Quelle „St. Bennos Brunnen"; das Tal nannte man „Das Heilige Tal" oder „Den Heiligen Grund".
Dieser Brunnen ist noch heute erhalten. Er befindet sich im auch heute noch so genannten „Heiligen Grund", einem Kerbtal nördlich des Meißner Stadtteiles Niederfähre, auf der rechten Elbeseite. Auf einem öffentlichen Fahr- und Wanderweg in Richtung *Proschwitz*, mit einer schönen Aussicht auf das Elbtal und den Burgberg, gelangt man zu „St. Bennos Brunnen". Dieser ist ungekennzeichnet und besteht aus einem verschlossenen Brunnenschacht inmitten der sumpfigen Talsohle. Ein anderer Brunnen in der Meißner Altstadt, der manchmal in älterer Literatur „St.

Bennos Brunnen“ genannt wird, stammt zwar ebenfalls noch aus dem Mittelalter, heißt aber tatsächlich „Walthersbrunnen“.

Grabstein des Wolfgang von Schleinitz zu Ragewitz in St. Afra

Die Kirche des ehemaligen Augustinerchorherrenstiftes St. Afra stellt, zusammen mit dem gesamten Klosterbereich, eine der historisch interessantesten Sehenswürdigkeiten Meißens dar. Im Jahre 1205 wurde hier ein „Stift Regulierter Augustinerchorherren“ angelegt und in der Folgezeit die Kirche gebaut. Nach der Auflösung des Klosters infolge der Reformation gründete im Jahre 1543 Herzog Moritz die sogenannte Fürstenschule, die der Ausbildung des Beamtennachwuchses diente.

Die heutige Pfarrkirche ist eine flachgedeckte Basilika mit vielen Kunstschätzen: darunter das Portal mit dem großen sächsischen Wappen, die hölzerne Kanzel von 1657, der frühbarocke Altar von V. Otte sowie ein Serpentinit-Taufstein von 1647. Die Afra-Kirche war Grablege der Familie von Schleinitz und beherbergt im südlichen Kirchenschiff neben dem Eingang den Grabstein des am 4. Oktober 1523 verstorbenen Wolfgang von Schleinitz. Auf diesem sieht man ein von Würmern und Schlangen umwundenes Totengerippe – ein für die Grabmalkunst der Zeit typisches „Memento mori-Motiv“.

Dieser Wolfgang soll ein sehr schöner Mann gewesen sein, weshalb er der „Schöne von Schleinitz“ genannt wurde. Um nicht stolz zu werden und zur täglichen Erinnerung, daß auch sein Leib nach dem Tode Schlangen und Würmern zur Speise dienen werde, hatte er sich der Sage nach schon zu Lebzeiten einen Spiegel mit einem von diesen Tieren umwundenen Gerippe anfertigen lassen; auch verfügte er, man möge seinen Leichnam nach einigen Wochen wieder ausgraben und ihn so, wie er dann aussehe, in Stein hauen. Auf diese makabere Weise soll der Grabstein entstanden sein.

MITTWEIDA (Lkr. Mittweida)

Teufelsstein am Galgenberg

Das große Waldhufendorf *Altmittweida* wurde wohl Mitte des 12. Jahrhunderts gegründet. Nördlich davon entstand die erst 1286 als oppidum bezeichnete heutige Stadt Mittweida. Nordwestlich des Ortes liegt der sogenannte Galgenberg, die ehemalige Richtstätte des

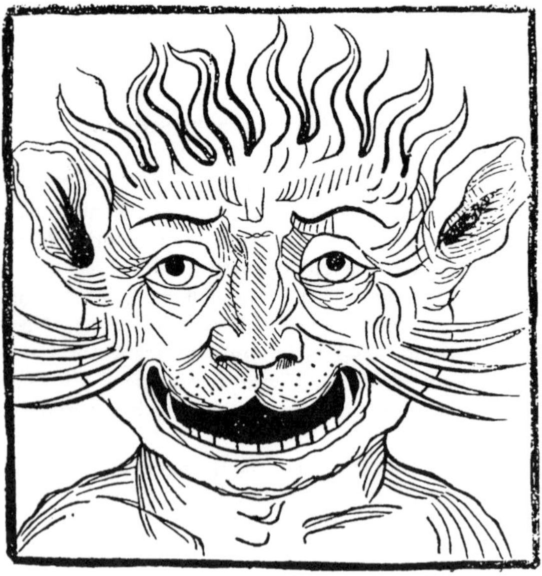

Das Antlitz des Teufels

Ortes, auf dem sich viele kleine Felsbrocken finden. Einer davon heißt der Teufelsstein.
Vor langer Zeit soll einst der Teufel hier gesessen und wehmütig die Pilger beobachtet haben, die nach dem nahen Seelitz ihre Wallfahrt unternahmen. Er wurde davon so sehr gerührt, daß er beschloß sich zu bessern und zur Buße eine Kirche zu errichten. Er unterrichtete die höllischen Heerscharen davon, doch diese wollten von einer Besserung nichts wissen, versprachen aber sein Werk nicht zu stören, falls er es von Sonnenaufgang bis zum Sonnenuntergang fertigstellen könnte. Der Teufel machte sich sogleich an die Arbeit und erbaute einen prachtvollen Dom auf jenem Hügel. Als die Sonne hinter die Berge gesunken war, merkte er aber, daß zur Vollendung noch ein goldenes Kreuz fehlte. Die höllischen Bewohner erinnerten ihn an sein Wort, worauf er wutentbrannt auf die Erde stampfte, so daß die Kirche zusammenstürzte und die Teile noch heute den Berg bedecken.
Bei dieser Teufelsgeschichte – einer typischen Baumeistersage – handelt es sich um eine ätiologische Erzählung, die das Vorhandensein der auf dem Berg verstreuten Felsstücke erklären soll. Dabei wurden auf den Teufel viele Züge übertragen, die man ursprünglich von den kulturhistorisch und mythologisch wesentlich älteren Riesen erzählte.

Moritzburg (Lkr. Meißen-Radebeul)

Schloß Moritzburg

Wenige Kilometer nördlich von *Dresden* liegt das bekannte Jagdschloß Moritzburg, das Herzog Moritz von Sachsen zwischen 1542–46 nach Plänen der Architekten Hans Dehn-Rothfelser und Caspar Voigt von Wierandt erbauen ließ. In den Jahren 1661 bis 1672 wurde unter Kurfürst Johann Georg II. von Sachsen nach Entwürfen des Oberlandbaumeisters Wolf Caspar von Klengel die protestantische Schloßkapelle angebaut. Nachdem August der Starke zum katholischen Glauben konvertiert war und König von Polen wurde, fand im Jahre 1699 der erste katholische Gottesdienst in dieser Kapelle statt. Ein grundlegender Umbau mit einer damit einhergehenden Vergrößerung des Anlage unter der Leitung von Matthäus Daniel Pöppelmann in den Jahren zwischen 1723 und 1736 führte endgültig zum heutigen Aussehen dieses prächtigen Schlosses.

Herzog Moritz (1541–1553) war ein rücksichtsloser, ehrgeiziger Politiker. Er war schon als Zwanzigjähriger an die Regierung gekommen. Sein politisches Wirken zielte auf die Stärkung und Festigung der protestantischen Lehre sowie auf die Ausdehnung der territorialfürstlichen Einflußsphäre der Wettiner. Im Dienste Kaiser Karls V. beteiligte er sich an Feldzügen in Ungarn und Frankreich und gewann dabei das Vertrauen des Kaisers. Im Schmalkaldischen Krieg überfiel er die Ländereien seines ernestinischen Vetters Johann Friedrich, nach dessen Kapitulation die Kurlande mit Wittenberg an den Albertiner fiel und so das Kurfürstentum Sachsen entstand. Eine Auseinandersetzung mit dem Kaiser führte zu einem Feldzug ge-

Schloß Moritzburg vom Südwesten. Federzeichnung von Johann Caspar Ulinger, 1733

gen diesen und Verhandlungen mit dessen Bruder, König Ferdinand, in denen die Forderungen des Kurfürsten Moritz nach Schutz des evangelischen Bekenntnisses und Verzicht auf die habsburgsich-spanische Hauspolitik erfüllt wurden. In einem Feldzug gegen den Markgraf Albrecht Alkibiades von Brandenburg-Kulmbach, der wiederholt durch Raubzüge den Landfrieden gebrochen hatte, fiel der Kurfürst in der Schlacht bei Sievershausen im Alter von 32 Jahren.

Die Sage berichtet von einem merkwürdigen Geschehen, das als Vorzeichen für den baldigen Tod des Kurfürsten gedeutet wurde. Kurz bevor Moritz in der Sievershausener Schlacht tödliche Wunden empfing, will der Verwalter des Moritzburger Anwesens in einer Nacht gegen 12 Uhr den Kurfürsten mit seinem Gefolge gesehen haben. Er habe sich nach dem Öffnen des Tores in den Speisesaal begeben, sich zu Tisch gesetzt und befohlen, Speise und Trank herbeizuschaffen. Als er gegessen und getrunken hatte, soll er mit seiner Gefolgschaft gegen 1 Uhr wieder davongeritten sein.

→ Leipzig, Thomaskirchhof

MUTZSCHEN (Muldentalkreis)

Schloß

Der kleine Ort Mutzschen liegt unweit der Autobahn A 14 von Leipzig nach Dresden, nördlich der Autobahnabfahrt Nr. 23. Eine besondere Attraktion des Ortes ist das Schloß mit seinem wildromantischen Park rund um den Schloßteich.

Das Dorf Mutzschen wurde erstmals 1081 erwähnt, eine Burg (castrum) erst 1308, obwohl ein Rittergeschlecht schon um 1206 nachweislich hier ansässig war. Im 14. Jahrhundert war es Sitz einer Nebenlinie der Leisniger Burggrafen, kam aber bald schon an die Wettiner.

Das Schloß soll der Sage nach ein Schloßgespenst besitzen, das noch immer dort spukt. Im 17. Jahrhundert war es der damaligen Köchin mehrmals erschienen und forderte sie auf, mit ihm in den Keller zugehen, wo es ihr einen großen Schatz zeigen wollte. Sie machte mehrere Versuche herauszufinden, von welcher Art dieser Geist sei. Zum Beispiel forderte sie ihn auf, Gott zu loben, wie es alle guten Geister täten. Doch als sie merkte, daß er stumm blieb, wurde sie mißtrauisch. Da behauptete er, der Schatz sei einst mit unschuldig vergossenem Blut dort hingelegt worden und könne nur so wieder gehoben werden. Nach Ansicht eines Priesters wollte der Unhold die Köchin auf

diese Weise in den Keller locken, um ihr dort den Hals umzudrehen.
Man hat auch versucht, das Gespenst zu bannen. Allerdings gelang es dem Beschwörer nur, den Geist für etwa acht Jahre vom Schloß fernzuhalten – dann stellte er sich wieder ein.
Dramatisch gestaltete sich einmal die Situation, als ein Pfarrer in den Ort kam und das Gespenst sehen wollte. Er wurde zum Schloß hinaufgeschickt, rief dort: „Bist du denn da? Komm her und laß dich sehen!" Aber das Gespenst zeigte sich nicht. Im Dorf sagte er dann, er sähe nun, daß alles Lüge wäre und wurde erneut von den Leuten hinaufgeschickt, doch dieses Mal eine Stunde vor Mitternacht. Er rief wieder und wollte sich schon zum Gehen umwenden, als er einen ungeheuren Geist mit einem Elefantenrüssel erblickte. Darüber erschrak er so, daß er die Treppe herabstürzte und dabei fast zu Tode gekommen wäre.

NESCHWITZ (Lkr. Bautzen)

Schloß

Neschwitz liegt etwa 10 Kilometer nordwestlich von Bautzen. Das Schloß findet man, indem man von der B 96 kommend in *Neudorf* abbiegt, kurz nach dem Ortseingang Neschwitz, linkerhand.
Schon im 13. Jahrhundert erscheint es unter den großen Herrschaften der Oberlausitz. Bis 1572 war das Rittergeschlecht derer von Scheibersdorf fast ohne Unterbrechung im Besitz des Alten Schlosses, einer Wasserburg, die in einem sumpfigen Gebiet stand. 1721 kaufte Herzog Friedrich Ludwig von Württemberg-Teck dieses Schloß, ließ es abtragen und im barocken Stil ein neues Jagdschloß errichten. Vermutlich von J. F. Karcher wurde danach der französische Barockgarten angelegt. Aufgrund der ornithologischen Seltenheiten im Gebiet dieses Parkes und der umgebenden Teichlandschaft wurde 1930 hier eine Vogelschutzwarte eingerichtet. Heute dient das Alte Schloß als Unterkunft einer Tierschutzstation; der Musikssal wird für Konzerte genutzt. Neben dem Alten Schloß gab es auch ein Neues Schloß, das Mitte des 18. Jahrhundert gebaut wurde und einen Park im englischen Stil besaß, aber Ende des Zweiten Weltkriegs zerstört wurde.
Im Alten Schloß zu Neschwitz soll jedes Jahr am 7. Juli um die Mitternachtsstunde eine bleiche abgehärmte Gestalt erscheinen, die voller Blut ist, und die, nach-

dem sie einmal um das Schloß herumgegangen ist, mit einem tiefen Seufzer wieder verschwindet. Es soll sich dabei um den Geist des Wolf Ehrenreich von Theler auf Neschwitz handeln, der an diesem Tage im Jahre 1698 seine beiden Vettern Johann Joachim auf Saritsch und Jacob auf Zescha zu einem Gastmahl geladen hatte. Dabei gerieten die beiden Gäste in einen politischen Meinungsstreit und drangen plötzlich mit gezückten Degen aufeinander ein. Der Gastgeber, der die Kontrahenten zu trennen versuchte, erhielt einen Stich, an dessen Folgen er am nächsten Tag verstarb.
Die Sage ist ein Beispiel für die im Volksglauben verbreitete Ansicht, daß Menschen, deren Lebenszeit gewaltsam verkürzt wurde, als ruhelose Tote umgehen müssen.

NEUDÖRFEL (Dittersdorf, Weißeritzkreis)

Trebnitztal – Wüste Mühle

Fährt man von Dresden über *Heidenau* in Richtung Süden, so kommt man kurz vor *Glashütte* an der Gemeinde Neudörfel, die heute zu Dittersdorf gehört, vorüber. Im Grund der Trebnitz stand einst eine alte Mühle, die, nachdem sie lang wüst lag, rasch verfiel. Noch in den zwanziger Jahren waren Mauerreste zu sehen; die Steine wurden aber abgetragen und zum Häuserbau verwendet, so daß heute nur noch einige ältere Bewohner der Gegend die genaue Stelle kennen. Diese befindet sich im oberen Trebnitzgrund etwa 30 Meter neben dem Wanderweg von *Börnchen* nach *Debra*. Reste des Mühlgrabens kennzeichnen die Stelle.
Die Sage berichtet, daß diese Mühle einem gewissen Pessel gehört haben soll. Dieser war ein reicher, aber leider auch habsüchtiger Mann, dem jedes Mittel recht war, um seinen Besitz zu vergrößern. Als er eines Tages in die Liebenauer Kirche zur Kommunion ging, sah er, wie der Lauensteiner Schösser (Schloßverwalter) ein funkelnagelneues Goldstück als Opferpfennig auf den Altar legte. Da gab ihm der Teufel den Gedanken ein, sich dieses Goldstückes zu bemächtigen, und er stahl es in einem günstigen Augenblick. Doch der Geistliche hatte den Frevel bemerkt und gab die Schandtat sofort öffentlich bekannt. Pessel wankte nach Hause, wo ihn Schreck und Reue auf das Krankenbett warfen, von dem er nicht wieder aufstand. Als er einige Tage darauf in einem Sarg zum Begräbnis nach *Liebenau* getragen werden sollte, überraschte ein heftiger Donnerschlag die Träger, die sogleich in die

Mühle im Trebnitzgrund flüchteten. Nachdem sich das Gewitter verzogen hatte, fanden sie allerdings den Sarg nicht mehr und waren überzeugt, daß der Teufel diesen samt Inhalt geholt hatte. Seit dieser Zeit sah man jeden Tag zur Mitternacht den Geist des alten Pessel in der Nähe der Mühle herumirren. Er suchte seine Leichenträger, die er mit schaurigem Geheul bat, ihn doch endlich zur Ruhe zu betten.
Dies ist eine Frevelsage: der Schuldige kann nach dem Tod keine Ruhe finden. Typisch sind dabei auch die ungewöhnlichen Ereignisse beim Leichenbegängnis. Mühlen gelten traditionell als Spukorte; der Müller hat im Volksglauben eine ambivalente Stellung: u. a. wird er verdächtigt, Mehl zu stehlen und mit dem Teufel im Bund zu stehen, mit dessen Hilfe er sich auf Kosten anderer bereichert.

NEUKIRCH (Lkr. Bautzen)

Valtenberg

Neukirch ist eine Gemeinde in der Nähe von *Bischofswerda*, etwa 6 Kilometer östlich davon an der B 98 gelegen. Neukirch befindet sich am nordwestlichen Rand des Lausitzer Berglandes, das hier, im sogenannten Hohwald, besonders reizvoll ist. Die höchste Erhebung des Hohwaldes ist mit 587 Metern der sagenumwobene Valtenberg. Man gelangt zu ihm allerdings nur auf Schusters Rappen, indem man sich vom Bahnhof Neukirch aus südlich hält. Nach etwa einer halben Stunde hat man den Gipfel erreicht.
Es wird berichtet, daß der Valtenberg ein Ort sei, an dem man seltene Wunderpflanzen finden könne. So soll es Glückskindern möglich sein, am Johannistage hier die wunderbare Alraunwurzel zu finden. Man muß sie an diesem Tag in der Mitternachtsstunde ausgraben und nach Hause tragen. Die Wurzel wird dabei laut aufschreien und so lange kläglich wimmern, bis man daumengroße Puppen aus ihr geschnitten und diese mit Wein und Öl gesalbt hat.
Die Alraune oder Mandragora ist eine der berühmtesten Zauberpflanzen. Es handelt sich dabei um ein im Mittelmeerraum heimisches, sehr giftiges Nachtschattengewächs, das schon in der Antike zur Herstellung von Schlaf-, Schmerz- und Heilmitteln, aber auch zur Bereitung von Liebestränken benutzt wurde. Ihre rübenartigen Wurzeln erinnern entfernt an die Gestalt eines Menschen. Im Gebiet nördlich der Alpen gedeiht diese Pflanze allerdings nicht. Hier ersetzte man sie wohl meist durch zurechtgeschnittene Zaunrüben.

Wie man einen Alraun ausgräbt. Holzschnitt, 1560

Die Püppchen, die daraus gefertigt wurden, hießen früher im Volksmund „Alraunmännchen“, „Querxe“, „Heinzel-“ oder „Galgenmännchen“. Letztere Bezeichnung kam auch daher, daß man glaubte, besonders wirksame Alraunwurzeln würden unter dem Galgen aus dem Samen eines Gehängten wachsen. Während man sich selbst die Ohren verstopfte, um der tödlichen Wirkung des Schreies zu entgehen, ließ man die Wurzel von einem Hund herausziehen, der dabei sein Leben ließ. Die Alraune wurde prächtig bekleidet, in einem weichen Bettchen an einem sicheren Ort schlafen gelegt und hin und wieder mit besonderen Leckereien gespeist. Der Besitz eines solchen Fetischs sollte dem Eigentümer Liebe, Reichtum und Glück verschaffen, ihn vor Krankheit und anderem Übel schützen.

Ebenso soll auf dem Valtenberg in der Johannisnacht ein Farnkraut wachsen, das im Gegensatz zu anderen Pflanzen dieser Art eine sichtbare Blüte trägt. Es soll in ein und derselben Nacht aus der Erde sprießen, blühen und Früchte tragen. Der „Samenstaub“ (d. h. die Sporenkapseln) dieser Pflanze besitzt die wunderbare

Eigenschaft, den Menschen, der ihn bei sich führt, unsichtbar zu machen!
Eine andere sagenhafte Überlieferung gibt Auskunft über die geheimnisvollen Bewohner des Valtenberges: Als einst zwei Neustädter Bürger an einem Abend zum Valtenberg kamen, glaubten sie in der tiefen Stille, die ringsum herrschte, plötzlich Kugeln rollen, Kegel fallen und schallendes Gelächter zu hören. Neugierig gingen sie auf den Lärm zu und fanden Zwerge, die sich mit Kegelschieben belustigten. Der Aufforderung mitzuspielen, konnten sie nicht widerstehen. Die grauen Männchen waren nicht nur sehr lustig, sondern sie hatten auch ein gutes Bier, das die Runde machte und so folgte Spiel auf Spiel. Zum Abschied schenkten die Zwerge jedem Gast eine Kugel – die jedoch auf dem Nachhauseweg so schwer wurden, daß einer von ihnen die seine kurzerhand in einen Bach warf. Bei ihrer Rückkehr erzählten sie von ihrem Erlebnis und zeigten zum Beweis die übriggebliebene Kugel, wobei sie entdeckten, daß sie sich in Gold verwandelt hatte! Die Suche nach der weggeworfenen Kugel blieb erfolglos.
→ Hainewalde

Angstberg
Etwa einen Kilometer südlich des Valtenberges erhebt sich im Gebiet des Hohwaldes der 516 Meter hohe Angstberg. An ihn knüpft sich die Sage vom wilden Jäger „Pan Dietrich“, der slawisierten Namensform des Ostgotenkönigs Dietrich von Bern. Mit seinem Gefolge soll er hier zu mitternächtlicher Stunde der Jagd nachgehen. Auf einem gespenstigen, fahlen Roß will man ihn gesehen haben, umgeben von einer Meute bellender Hunde und gefolgt vom grinsenden Sensenmann. Er saust durch die Lüfte, und von seinem fürchterlichen Getöse erbebt der Angstberg. Wehe dem Wanderer, der in später Stunde den Bannkreis des Geisterspuks überschreitet. Ihn verfolgt das wilde Heer so lange, bis er todesmatt zusammenbricht.
Ähnliches erzählt man sich auch über den oben genannten Valtenberg. Früher sagten die Leute: „Pan Dietrich heult im Kirchwalde, es wird ander Wetter!“
→ Cunewalde

Haarthteich
Biegt man in Neukirch von der Bahnhofstraße aus in die Haarthstraße ab, dann kommt man nach etwa 150 Metern zu einem kleinen Teich, der das letzte Relikt eines einstmals größeren Gewässers darstellt, des

sogenannten Haarthteiches. Es wird berichtet, daß hier auf den Wiesen, die diesen Teich umgeben, eine Weiße Frau umgehen soll. Um Mitternacht zur Zeit des Vollmondes, wenn über den Wiesen dichte weiße Nebel aufsteigen und bläuliche Irrwische in zahlloser Menge am Boden hüpfen, erscheint sie in ein weißes Leinengewand gehüllt. Auf dem Anger neben dem Teich bleicht sie Wäsche im Mondenschein und begießt sie eifrig mit Wasser. Oft und sorgsam zählt sie die Stücke. Als einst ein Mädchen vom Tanz aus der Hübelschenke zurückkehrend hier vorüberkam, hörte sie die weiße Frau sprechen: „Hier fehlt ein Stück, hier fehlt ein Stück!“ Das Mädchen ergriff aus Spaß einen Stein, warf ihn an ein Wäschestück und rief: „Hier fehlt auch ein Stück!“ Dann wollte sie fliehen – doch ihre Füße erlahmten, ein eiskalter Finger berührte sie im Nacken. Als sie sich umdrehte, begegnete sie dem vorwurfsvollen Blick der geheimnisvollen Unbekannten, die ihr zuflüsterte: „Was störst du die Bleicherin im Mondenschein? Sieh, sieben Jahre muß ich nun wieder spinnen, weil du mir jenes Stück verdorben hast! Zur Strafe dafür blicke dorthin und bessere dich!“ Da sah das Mädchen, wie sich die Erde öffnete und erblickte ihren verstorbenen Vater, der warnend den Finger hob. Seit jener Nacht wagte sie nie mehr, zu später Stunde am Haarthteich vorüberzugehen.
Die Sage vermutet, daß sich hinter der Gestalt dieser Weißen Frau eine von zwei Schwestern verbirgt, die im sogenannten Vorwerk Bolbritz, das sich einen knappen Kilometer südwestlich des Teiches befand, einst ein sehr einsames und freudloses Dasein geführt haben sollen. Die Totensage kennt die Vorstellung vom nicht oder falsch erfüllten Lebensplan, die die Betreffenden nicht zur Ruhe kommen läßt, vor allem in Verbindung mit „alten Jungfern“, die allerlei sinnlose Qualaufgaben erfüllen müssen.
→ Bad Brambach, Schloß

NEUMARK (Reichenbach-Neumark, Vogtlandkreis)

Kirche
Als Waldhufendorf um das Jahr 1200 herum angelegt, entwickelte sich Neumark rasch zu einem Marktflekken mit einer gewissen regionalen Bedeutung. Die Kirche von Neumark zählt zu den ältesten in der Region. Besonders der Raum um den Altar herum trägt spätromanische Züge und ist kunsthistorisch bedeutend.
Über vier geschnitzte Heiligenfiguren, die sich an den Wänden im Altarraum der Kirche befinden, erzählt

man sich heute fälschlicherweise eine Sage, die ursprünglich das reiche Schnitzwerk an der herrschaftlichen Kapelle betraf: Ein Diener der Herren von Römer, die das hiesige Rittergut besaßen, soll nach einer nicht näher bezeichneten Untat zu einer längeren Zuchthausstrafe verurteilt worden sein. Er erbat sich die Gnade, vor Strafantritt ein Schnitzwerk für die Kirche ausführen zu dürfen. Dies wurde ihm gestattet, doch heißt es weiter, er habe die Strafe niemals verbüßt, da er nie mit der Schnitzerei fertig wurde und man ihm gegenüber Wort halten mußte.
Leider wurde die Schnitzarbeit an der herrschaftlichen Kapelle, auf die sich ursprünglich diese Sage bezog, um 1870 durch Julius Römer entfernt und im Schloß Mylau angebracht. Restbestände davon sollen nach 1945 von Umsiedlern, die vorübergehend im Schloß untergebracht waren, verfeuert worden sein.

NEUSTADT (Lkr. Sächsische Schweiz)

Stadtkirche
Um 1300 wurde im Zusammenhang mit dem aufkommendenden Goldbergbau Neustadt als planmäßige gitterförmige Anlage zwischen den Waldhufendörfern *Polenz* und *Langburkersdorf* gegründet. Ursprünglich gehörte die Stadt zum böhmischen Königreich, kam aber 1451 zum Herrschaftsgebiet der Wettiner.
Im Zusammenhang mit der Neustädter Kirche berichtet eine Sage, daß noch im vergangenen Jahrhundert in derselben ein Gespenst umging. Dabei soll es sich um den ruhelosen Geist eines Ritters handeln, der im Grabgewölbe unter dem Altarplatz begraben liegt. Lange Zeit wurde diese Erscheinung im Kirchenraum gesehen, doch nachdem im Jahre 1820 der Altar erneuert worden war, zog der Geist auf den Glockenboden um. Hier und auf den Emporen wurde er vor allem von Schulkindern während des Glockenläutens oder der Christmette gesehen.
Die heutige Kirche stammt im wesentlichen aus dem Jahre 1883/84, nur der Chorraum des Vorgängerbaues wurde übernommen. Dort befindet sich tatsächlich eine Gruft unter dem Altarplatz, denn die Kirche diente als Grabstätte für die Rittergutsbesitzer der benachbarten Dörfer Polenz und Langburkersdorf – wie zwei erhalten geblieben Epitaphien belegen. Welche Familie in der genannten Gruft bestattet wurde, ist aber nicht mehr nachweisbar.

NIEDERAU (Lkr. Meißen-Radebeul)

Verwünschtes Schloß

In der Nähe von *Meißen*, auf der anderen Elbeseite gelegen, findet man das Dorf Niederau. Nordöstlich des Ortsausganges, in Richtung der sogenannten „Buschmühle“, erblickt man auf einer kleinen Anhöhe schanzenartige Gräben, welche die Reste einer mittelalterlichen Wehranlage darstellen. Die Sage bezeichnet sie als das „verwünschte Schloß“ und versichert, daß dies ein unheimlicher Ort ist, an dem ein hohläugiges Gespenst umgeht.

In diesem Schloß soll einst ein Ritter von Karras gehaust haben, der außerdem Schlösser in Gröbern und Coswig besaß, und der wie ein zweiter Wilder Jäger zusammen mit seinen Genossen die Gegend auf der Jagd durchstreifte und dabei seine Untertanen wie ein Wüterich behandelte. Nicht nur, daß er achtlos durch die Saaten und Pflanzungen ritt, er raubte auch die schönsten Mädchen aus der Umgegend und entführte sie auf sein Schloß, wo er sie nach angetaner Gewalt im Kerker umkommen ließ. Das konnten sich seine Nachbarn eines Tages nicht länger ansehen und zogen gegen ihn in den Kampf, aus dem er mit einigen seiner Mannen zurück auf sein Schloß floh; dies versank kurz darauf unter Blitz und Donner in der Erde. Seither will man des öfteren den Geist des Raubritters, manchmal zu Fuß und manchmal zu Pferde, an dieser Stelle wehklagend gesehen haben. Auch die Geister seiner Opfer sollen hier, als Irrlichter über den Boden schwebend, spuken.

Diese Sage trägt sozialkritische Züge: das Jagen war ein Vorrecht adliger Herren, die bei diesem Vergnügen auf die Belange der Bauern oft wenig Rücksicht nahmen.

→ Coswig

NOSSEN (Lkr. Meißen-Radebeul)

Der Rodigt

Im Südosten des heutigen Ortes erstreckt sich ein schmales Waldgebiet entlang der Freiberger Mulde. Auf einem Bergsporn findet man hier einen alten Ringwall, der die Form eines abgerundeten Rechtecks mit den Maßen 150 × 60 Meter aufweist. Die Höhe des Walls erreicht an einigen Stellen immerhin noch 3 Meter. Es ist nicht gesichert, ob es sich bei diesem frühmittelalterlichen Denkmal, dem sogenannten „Rodigt“, um den Vorläufer des in der Nähe liegenden

Schlosses handelt oder um eine alte slawische Fluchtburg.
Auf jeden Fall versichert uns eine Sage, daß sich in diesem Wall eine Stelle befindet, die beim Darauftreten hohl klingt. Sie soll auf alte verschüttete Gewölbe der ehemaligen Burg hindeuten. Dort soll sich irgendwo ein bedeutender Schatz befinden, der nur in der Mitternachtsstunde des Christabends gehoben werden kann. Viele Menschen, die dort in später Stunde vorüber kamen, haben blaue Flämmchen beobachten können, die über den Boden hüpften. Die blauen Flämmchen sind sogenannte „Schatzfeuer“, die einen Schatz anzeigen.
→ Burgstädt

Kloster Zelle (Alt-Zelle)
Kaiser Friedrich I. bestätigte im Jahre 1162 eine Stiftung von 800 Hufen Land an der Freiberger Mulde durch den Markgrafen Otto von Meißen an ein Benediktinerkloster, das bald aber wieder einging. Schon 1175 waren die Arbeiten an einem monumentalen Klosterbau durch den Zisterzienserorden in vollem Gange. „Cella Sanctae Mariae“ war von Anfang an bis ins 14. Jahrhundert hinein Grablege der Stifterfamilie. Unter anderem fanden hier Markgraf Otto, Friedrich der Ernste und Friedrich der Strenge mit ihren Gemahlinnen die letzte Ruhestätte. Einer der berühmtesten Äbte der Anfangszeit des Klosters war Ludeger, dessen erhalten gebliebene Predigtsammlungen von seiner überragenden Gelehrsamkeit Zeugnis ablegen. Das Kloster entwickelte sich aufgrund der klugen Wirtschaftsführung und durch umfangreiche Stiftungen zu einem der reichsten des mitteldeutschen Ostens. An der Wende vom 15. zum 16. Jahrhundert erlebte das Kloster noch einmal einen großen Aufschwung. Unter dem Abt Martin von Lochau, der als Humanist den freien Künsten sehr zugetan war, vermehrte sich der Buchbestand der Bibliothek derart, daß ein Teil des Konventssaales zum Bibliothekssaal umgebaut werden mußte. Im Zuge der Reformation wurde das Kloster 1540 säkularisiert und verlor nach der Gründung des Amtes Nossen vollkommen an Bedeutung. Mitte des 16. Jahrhunderts wurden die Gebäude des Klosters abgerissen, nachdem auch die Fürstengräber erbrochen worden waren. Heute findet man noch einen imposanten Ruinenkomplex vor, der aber durchaus noch einen Eindruck von der ehemaligen Größe und Bedeutung der Anlage zuläßt. Man findet sie im Ortsteil *Zella*, westlich vom Stadtzentrum Nossen.

Hier in den Ruinen des alten Klosters Zelle soll der Sage nach ein gespenstiger Mönch umgehen. Man erzählt, daß im Klostergarten zur Mitternachtsstunde ein Zisterziensermönch mit langem weißem Bart prominieren soll, der schon oft von Leuten, die zu so später Nachtzeit dort vorüberkamen, gesehen wurde. Er soll aber meistens, mit sinnend auf die Hände gestütztem Haupt, zwischen den Ruinen sitzen und sobald man sich ihm zu nahen versucht, in einer weißen Rauchwolke verschwinden. Kein Mensch weiß, wer dieser Mönch gewesen ist und welches Schicksal ihn ruhelos an diesen Ort gebannt hat.

Schloß

Eine urkundliche Erwähnung der „Ritter von Nuzzin" gestattet eine gesicherte Datierung der ersten Wehranlage auf dem Boden des heutigen Nossener Schlosses auf das Jahr 1185. Vermutlich aber gab es die Burg schon im 10. Jahrhundert. Im Jahre 1315 ging diese durch Verkauf an den Meißener Bischof Wittig II. über, der umfangreiche Umbauten einleitete. 1436 kam das Schloß an das Kloster Alt-Zella und wurde kurz darauf zum Abtssitz umgebaut. Nach der Reformation und der Auflösung des Klosters ging das Schloß in den Besitz des Landes Sachsen über. Verwüstungen im Dreißigjährigen Krieg und anschließende Umbauten im Stil der Renaissance veränderten noch einmal das Aussehen der Anlage. Seit 1775 wurde das Schloß nicht mehr als kurfürstliche Unterkunft genutzt, sondern diente fast ausschließlich für Amtszwecke, zeitweise sogar als Gefängnis. Heute befindet sich hier, neben den als Wohnungen genutzten Räumen und dem Heimatmuseum, eine umfangreiche Bibliothek des Heimatvereins.
Auf dem Fußweg, der an der Südseite des Schloßberges von der Unterstadt zur Oberstadt führt, trieb der Sage nach einst ein Spukgeist sein Unwesen. Man nannte ihn den „Schamprich". Er pflegte sich des Nachts den Leuten, die diesen Weg heraufkamen, „aufzuhucken", d. h. auf den Rücken zu springen, und ließ sich den ganzen Weg nach oben tragen bis zum Stumpf einer alten Eiche, wobei die Last immer schwerer wurde. Auch andere Streiche werden ihm zugeschrieben. So soll einst der Nachtwächter der Stadt, als er am nördlichen Schloßgraben entlangging und von der äußersten Bergecke aus die Stunde ausrufen wollte, von unsichtbarer Hand eine Ohrfeige erhalten haben, wobei ihm die Pelzmütze den Berg hinabrollte. Seit dem Bau der Dresdner Straße, bei dem ein

Teil des Weges am Schloßberg beseitigt werden mußte, soll der Spuk allerdings aufgehört haben.
Der sogenannte „Aufhocker" ist ein dämonischer Druckgeist, der in vielen Gegenden bekannt ist und in der Sage erscheint. Er springt, wie in diesem Fall, seinem Opfer auf den Rücken und quält es, indem er ihm den Atem nimmt oder es so lange unter gleichzeitiger Zunahme seines Gewichtes hetzt, bis es tot zusammenbricht. Die einzige Möglichkeit, einen Aufhocker loszuwerden, ist das Erreichen eines bestimmten Ortes – das eigene Haus, die Kirche oder, wie hier, den alten Baumstumpf. Damit erscheint dieses Gespenst als eine Projektion der eigenen Angst: es ist notwendig zu wissen, daß es an einem bestimmten Ort „aufhockt". Die eigenen psychischen Ängste können dann das Erlebnis auslösen, ebenso wie das Wissen um die Stelle der Erlösung das Druckerlebnis beendet.

NOSSWITZ (Rochlitz, Lkr. Mittweida)

Steinkreuz
Am Südhang des Rochlitzer Berges verläuft mitten im Wald die alte Grenze zwischen dem ehemals kurfürstlichen und dem schönburgischen Forst. Sie ist mit Grenzsteinen aus dem Jahre 1629 markiert. Unweit dieser Grenzsteine, etwa 20 Meter nördlich davon, steht ein etwas verwittertes Steinkreuz, auf dessen einer Seite ein Messer eingeritzt wurde. Dieses Kreuz soll der Sage nach die Stelle einer tödlich verlaufenen Auseinandersetzung zweier Forstmänner bezeichnen. Der eine soll ein kurfürstlich-sächsischer, der andere ein schönburgischer Förster aus dem Ort Zschillen gewesen sein und die Liebe zu dem gleichen Mädchen der Grund ihrer Auseinandersetzung.
Eine andere Version dagegen ist etwas weniger romantisch: Die beiden sollen in Streit geraten sein, weil ein vom sächsischen Forstmann geschossenes Wildschwein auf schönburgisches Revier gelaufen war.
→ Bad Brambach

OBERLICHTENAU (Lkr. Kamenz)

Keulenberg
Zwischen *Pulsnitz* und *Königsbrück* liegt die Gemeinde Oberlichtenau. Als Waldhufendorf angelegt, gehörte einst seine östliche Hälfte zur Oberlausitz, seine westliche zur Markgrafschaft Meißen. Der Graf von Holtzendorf ließ hier um 1730 ein Schloß erbauen, das 1744 in den Besitz des Grafen von Brühl überging,

dem Minister und Vertrauten von August II. und August III., und das deshalb 1758 und 1760 von den Preußen geplündert wurde.
Westlich von Oberlichtenau erheben sich der Vogelberg und der Keulenberg. Vor allem letzterer ist ein sagenumwobener Berg, denn dort sollen Bergmännlein wohnen.
Die Sage erzählt von einem Bauern, der einst einen Wagen voll Holz zum Markt brachte. Nachdem er alles verkauft hatte, zog es ihn ins Wirtshaus, wo er den größten Teil des Geldes vertrank. Auf dem Rückweg mußte er am Keulenberg vorbei, verirrte sich aufgrund seiner Trunkenheit, hatte aber das Glück, daß ihm ein Bergmännchen erschien und den rechten Weg wies. Der Bauer konnte aber nicht umhin, eine Klage anzustimmen: sein Weib werde ihn einen versoffenen Hund schelten, weil er zwar alles Holz verkauft, aber fast alles Geld durchgebracht hatte. Da empfahl ihm der Zwerg, doch den Wagen wieder voll Holz zu laden und seinem Weib zu erzählen, daß er nichts habe verkaufen können. Das tat er, und das Bergmännlein half ihm sogar beim Aufladen. Auf dem Heimweg begann die Holzlast immer schwerer zu werden, so daß der Bauer wutentbrannt ein Stück nach dem anderen, ja schließlich sogar die komplette Ladung herunterwarf. Zu Hause angekommen, lag nur noch ein kleiner Span auf seinem Wagen, doch bei näherem Hinsehen stellte sich heraus, daß er aus purem Gold bestand. Das abgeworfene Holz aber hat der Bauer trotz allen Suchens nicht wiederfinden können.
Wertloses verwandelt sich in Gold – ein zentrales Motiv in Zwergensagen.
→ Königsbrück

OBERWIESENTHAL (Lkr. Annaberg)

Fichtelberg
Die Gegend um den 1214 Meter hohen Fichtelberg, der höchsten Erhebung des sächsischen Erzgebirges, ist den Leuten seit jeher unheimlich. Im Zusammenhang mit dem Hexenwesen taucht er in der Sage als Ort auf, zu dem die Hexen an Walpurgis zum Hexensabbat fliegen, vergleichbar mit dem wesentlich bekannteren Brocken im Harz. Er ist aber auch der Schauplatz vieler Spuksagen. So erblickte einst ein gewisser Abraham Munsch, ein frommer Bürger aus dem damals noch so genannten Wiesenthal, einen schönen Brunnen, auf dessen Grund es wie Goldflammen leuchtete. Er ergötzte sich eine Weile an dem son-

derbaren Anblick, gewahrte aber plötzlich auf der einen Seite ein schönes buntes Vögelchen und auf der anderen einen sitzenden Mönch mit einem offenen Buch, was ihn so sehr erschreckte, daß er davon lief. Seit dieser Begebenheit wurde der Brunnen allerdings nie wieder gesehen.
Eine andere Erscheinung, die am Fichtelberg ebenso wie im gesamten Erzgebirge von den Leuten wahrgenommen wird, ist das sogenannte „Wütende Heer“ oder der „Wilde Jäger“. Man berichtet von einem lauten Jägergeschrei und den Rufen „Hu, hu, hu!“, die durch die Luft schallen. Der wilde Jäger nimmt die verschiedensten Gestalten an. So erschien er zum Beispiel einem nächtlichen Reiter als Bergmann und foppte diesen, indem er ihn in die Irre gehen ließ. Oft bleibt er aber unsichtbar und man hört ihn nur neben sich im Korn, in der Wiese oder im Gebüsch einhergehen wie ein großes Tier.
→ Oelsnitz, Das Röhrholz

Jungferngrund
Am Fuße des Fichtelberges gibt es ein Tal, welches man den Jungferngrund nennt. Dort sollen sich bei Vollmond zwei Jungfern sehen lassen. Die eine spielt auf der Laute, die andere windet einen Kranz. Außer, daß es sich bei beiden um Schwestern handelt, weiß niemand zu sagen, wer sie sind und welches Schicksal sie hierher gebannt hat.
Der Jungferngrund diente den Bewohnern der Gegend schon immer zur Wetterprognose: Ist der Himmel über dem Grund hell, obwohl sonst alles wolkenverhangen ist, so wird bald besseres Wetter; ist der Grund hingegen voller Nebel, so heißt es „Die Jungfern waschen ihre Wäsche“ und es gibt Regen.
Die meteorologischen Phänomene, die man im Gebirge beobachten kann, haben sicher zur Vorstellung der wäschewaschenden Jungfrauen geführt. Besonders im Gebiet um den Fichtelberg, der aufgrund seiner Höhe einen entscheidenden Einfluß auf das Wettergeschehen dieser Region hat, gibt es die Erscheinung der Morgennebel in ausgeprägter Weise. Gerade in solch tief gelegenen Tälern wie dem Jungferngrund sind sie ein häufiges Phänomen.

OEDERAN (Lkr. Freiberg)

Kirche
Im Ortszentrum am Altmarkt steht die Stadtkirche von Oederan. Sie stammt vermutlich aus der Zeit um 1225,

ist aber erst ab 1250 zuverlässig nachgewiesen. Besonders der Altarplatz zeugt von diesem hohen Alter.
Im Jahre 1447 oder 1448, während des sogenannten „sächsischen Bruderkrieges", soll sich folgende Geschichte zugetragen haben: Von den meist böhmischen Kriegern des Herzogs Wilhelm wurde die Kirche völlig ausgeraubt. Der Brandschatzung entging sie nur durch das kühne Auftreten eines adligen Fräuleins, Hertha von der Planitz, die vor den kommandierenden Feldhauptmann trat, das Marienbild vom Altar in den Händen hielt und die Worte sprach: „Diese Heilige wohnt in dieser Kirche und wird dich bei ihrem Sohn verklagen! Ich trage sie zurück in ihr Heiligtum und werde mich selbst mit ihr verbrennen lassen!" Das beeindruckte den Hauptmann derart, daß er die Kirche nur plündern ließ, das Marienbild und das mutige Fräulein aber verschonte.
Diese Geschichte ist in der Chronik der Stadt Oederan von Gottlob Daniel Staberoh (1847) nachzulesen. Dort wird die Plünderung als Rache für den ein Jahr zuvor in Memmendorf Wilhelms Kriegern angetanen Schimpf bezeichnet. Dem Chronisten nach soll die beherzte Hertha von der Planitz auf dem benachbarten Gut Bornschütz, das später Börnichen genannt wurde und heute ein Stadtteil Oederans ist, gelebt haben. Das kostbare Marienbild, ein Andenken aus Kaiser Heinrich des Voglers Zeiten, stand lange Zeit in einer Nische über der inneren Tür der Sakristei, soll aber leider Anfang des vergangenen Jahrhunderts bei einer Kirchenreparatur verlorengegangen sein.
Der „sächsische Bruderkrieg" war eine Folge der Teilung des wettinischen Herrschaftsgebietes durch die beiden Brüder Friedrich II. und Wilhelm III., die im Jahre 1445 in Altenburg beschlossen wurde. Friedrich erhielt dabei die Markgrafschaft Meißen und Wilhelm Thüringen, wobei das Osterland geteilt wurde. Herzog Wilhelm fühlte sich dabei benachteiligt und es kam zu einem verheerenden Krieg, der erst 1451 in Pforta beigelegt wurde. Ein Nachspiel dazu bildete der „sächsische Prinzenraub".
→ Hartenstein, Prinzenhöhle

OEHNA (Bautzen, Lkr. Bautzen)

Oehnaer Berge
Auf der Straße von Bautzen nach Oehna, das heute auf der anderen Seite der Vorsperre der Bautzener Talsperre liegt, befand sich einst die sogenannte Pulvermühle. Sie entstand im Jahre 1670 und wurde 1874

Teil der Sächsischen Pulverfabrik zu Bautzen, in der Sprengpulver und Zündschnüre hergestellt wurden. Am Ende des Zweiten Weltkrieges bei der Sprengung der Autobahnbrücke stark zerstört, wurde sie nicht wieder aufgebaut und versank in den siebziger Jahren in den Fluten der Bautzener Talsperre.
Hinter dem ehemaligen Standort dieser Mühle, auf den Oehnaer Bergen und den sich anschließenden Feldern, soll sich die „Weiße Frau" zeigen. Die Sage erzählt, daß vor hundert Jahren ein Mann aus Seidau jeden Freitag nach Oehna ging, um Buttermilch zu holen. Als er dabei einmal an der Pulvermühle vorüberkam, sah er diese Weiße Frau zwischen zwei Steinen sitzen und ihm winken. Er beachtete sie nicht und setzte seinen Weg fort. Beim nächsten Mal sah er sie wieder sitzen und ihm zuwinken. Er dachte, daß sie ihn verführen wollte und rief ihr deshalb zu: „Ich habe selber eine Frau!" In Oehna erzählte er dann den Vorfall, wurde aber darüber aufgeklärt, daß es eine Weiße Frau wäre und er vielleicht zu ihrer Erlösung bestimmt sei. Am darauffolgenden Freitag sah er sie wieder und ging auf sie zu. Sie stand auf und bat ihn mitzukommen, denn nur er könne sie erlösen. Sonst müßte sie nocheinmal hundert Jahre warten, bis einer in einem ähnlich günstigen Zeichen geboren werde. Als der Mann aber sah, daß sie mit einer seltsam spitzen Zunge sprach und ein eigenartiges Feuer in ihren Augen glänzte, bekam er es mit der Angst zu tun und lief auf und davon. Deshalb geht sie noch heute dort um.
→ Bad Brambach, Schloß

OELSNITZ (Vogtlandkreis)

Das Röhrholz

Die Vögte von Straßberg errichteten um 1200 nördlich eines slawischen Dorfes, das als vicus Olseniz um diese Zeit herum genannt wird, die Burg Voigtsberg, die zum Mittelpunkt eines größeren Herrschaftsgebietes wurde. 1327 ging diese an die Vögte von Plauen über, 1356 fiel sie an die Wettiner. Zu Beginn des 16. Jahrhunderts wurde die Wehranlage zum Schloß umgebaut und später als Amtssitz genutzt. Die Stadt selbst wurde 1357 erstmals urkundlich genannt und war einst mit einer Doppelmauer umgeben.
Im Röhrholz, einem kleinen Wäldchen einen Kilometer südöstlich vom Ort, unweit des Ortsteils *Görnitz*, hält sich der Überlieferung nach der Wilde Jäger auf, denn oft kann man dort sein schauriges „Hoho" vernehmen. Zwei Bürger der Stadt hatten sich einst hier

Holz geholt. Mit großem Schrecken bemerkten sie im Walde, daß ein großer schwarzer Hund neben ihnen ging, der feurige Augen hatte. Auch in der Gestalt eines starken Mannes mit hoher Mütze, der eine Flinte im Arm trägt und von einem Rudel Hunden begleitet wird, wurde er gesehen.
Der „Wilde Jäger" ist eine Figur, der wir in der Sage oft begegnen. Die Vorstellung von einem durch die Luft jagenden Totenheer oder nächtlichen Geisterkämpfen ist religionshistorisch sehr alt und hat die unterschiedlichsten Deutungen erfahren. Neben der Form des Jägers, der als dämonische Gestalt mit seinem wilden Gefolge in bestimmten Nächten, meist den Rauhnächten zwischen Weihnachten und Dreikönig, durch bestimmte Gegenden fährt, gibt es auch diejenige, in der eine historische Persönlichkeit aufgrund ihres sündhaften Lebenswandels nach dem Tode dazu verdammt ist, auf ewig durch die Lüfte zu ziehen. Um solch einen „Jäger" scheint es sich hier zu handeln, obwohl nicht mehr nachvollziehbar ist, welche historische Person sich in diesem Falle dahinter verbirgt.
→ Cunewalde; → Oberwiesenthal

OLBERNHAU (Mittlerer Erzgebirgskreis)

Alter Friedhof

Der Alte Friedhof in Olbernhau, den man auch Pestfriedhof nannte, befand sich an der Töpfergasse. Er wurde etwa Ende des 16. Jahrhunderts angelegt, als mit dem Bau der Kirche von 1590 der an der Blumenauer Straße gelegene Friedhof nicht mehr ausreichte. In der zweiten Hälfte des vorigen Jahrhunderts wurde er aufgegeben. Trotz vieler Bemühungen, ihn zu erhalten, errichtete man dort ab Anfang der 50er Jahre dieses Jahrhunderts eine Kleingartenanlage. Erhalten blieb aber das Totengräberhaus und ein Teil der historischen Einfriedungsmauern, die heute unter Denkmalschutz stehen.
Eine schauerliche Geschichte soll sich einst auf diesem Friedhof zugetragen haben. Hier wurde im Jahre 1719 eine Frau begraben, die hochschwanger gestorben war. Als einige Tage später ein Student auf den Friedhof kam und die Inschriften der Grabsteine las, sah er plötzlich an einem Grab eine weinende Frau stehen. Er fragte sie nach derUrsache ihres Kummers und erhielt zur Antwort: „Ach, daß Gott erbarme, ein Kind und keine Windeln!" Der Student warf ihr aus Mitleid sein Halstuch hin, worauf sie augenblicklich verschwunden war. Dem Studenten wurde es unheimlich

und er begann zu ahnen, daß er ein Gespenst gesehen hatte. Er meldete den Vorfall sogleich dem Ortsgeistlichen, worauf dieser das Grab öffnen ließ. Dabei kam die grausame Wahrheit ans Tageslicht, daß die Frau noch im Grab das Kind geboren hatte. Es lag tot zu ihren Füßen und war in das Tuch des Studenten eingewickelt, das jener an seinen gestickten Initialen wiedererkannte.
Diese Geschichte gehört in den Bereich der Totensage. Die tote Wöchnerin, die als Geist wiederkehrt, um für ihr Neugeborenes zu sorgen, indem sie ein Tuch als Wickelband ins Grab holt, zeugt von der intensiv gedachten Beziehung zwischen Mutter und Kind, die auch nach dem Tod nicht abreißt. Vor allem in Zeiten der Pest sollen Fälle von Entbindungen bei scheintot begrabenen Schwangeren vorgekommen sein. Es wird erzählt, daß man manchmal das Schreien des Kindes hörte und es daher retten konnte. Real nachgewiesen ist auch das Phänomen der Sarggeburt: Aus medizinischer Sicht ist es möglich, daß der Fötus postmortal durch den Gasdruck bei der Fäulnisbildung aus dem Mutterleib herausgepreßt wurde.

OPPACH (Lkr. Löbau-Zittau)

Worbisberg

Im westlichen Teil des Lausitzer Berglandes liegt das Dorf Oppach. Nordwestlich davon erhebt sich der Worbisberg, in dessen Umgebung es nicht geheuer ist. Dort soll ein ehemaliger Fuhrmann als ruheloser Geist umgehen. Dieser Fuhrmann lebte einst in der Nähe von Oppach und soll durch den Fleiß wohlwollender

Fuhrmann. Holzschnitt, 1544

Gnome, die sich in seinem Haus aufhielten, sehr reich geworden sein. Man nannte ihn den „Grünen Peter" nach der Farbe des Anzuges, den er zu tragen pflegte. Als er einmal im Übermut seine Kobolde verhöhnte und einen sogar mit dem Fuß trat, verließen sie ihn, und der Grüne Peter verarmte. Er griff immer öfter zur Flasche, um sein Unglück zu vergessen. Eines Tages, an einem Gründonnerstag, als er mit seinem Gespann von Bautzen zurückkam, überraschte ihn auf der Landstraße ein heftiges Unwetter, bei dessen Getöse sich die Pferde aufbäumten. Als Peter fluchte, der Donner möge ihn samt seinen Tieren erschlagen, öffnete sich der Himmel, und ein Blitz fuhr nieder, der ihn und die Rosse tötete. Der Fluch hat im mythischen Weltbild ebenso wie der Wunsch magische Kraft und zwingt die angerufene Macht herbei. Seit dieser Zeit kann man den Grünen Peter, besonders am Gründonnerstag, auf dem Worbisberg umgehen sehen, wo er mit Peitschenknallen die Leute erschreckt oder ohne Kopf mit seinem Gespann durch die Nacht jagt.

OSCHATZ (Lkr. Torgau-Oschatz)

Marienkirche
Ein dreifacher Wall, der sich im Süden von Oschatz über einer Biegung der Döllnitz befindet und in dem bei Grabungen Funde aus mittel- und spätslawischer Zeit ans Tageslicht kamen, zeugt von einer frühen Besiedlung dieses Gebietes. Funde eines jungbronzezeitlichen Gräberfeldes führen sogar noch weiter in die Vergangenheit.
Um 1100 finden wir Altoschatz im Besitz der Naumburger Bischöfe, deren Einflußbereich in der Folgezeit

Oschatz

von den Meißner Markgrafen immer mehr zurückgedrängt wurde. Schon die erste Stadtmauer Ende des 12. Jahrhunderts geht auf einen Wettiner zurück.
Neben der Stadtkirche St. Ägidien am Neumarkt entstand schon im Jahre 1228 das Franziskanerkloster mit seiner Klosterkirche. Diese Marienkirche steht nicht weit von der erstgenannten in der Brüderstraße. Sie zeigt sich heute in der Gestalt des späten 14. und frühen 15. Jahrhunderts.
Der Teufel selbst soll einer Sage nach einst in diesem Kloster erschienen sein: Als ein Mönch sich in den Beichtstuhl begeben hatte, um dort die Beichte abzunehmen, schlich sich der Teufel ein und bekannte so viele Sünden, die er selbst begangen oder vollbringen geholfen hatte, daß der Mönch es für unmöglich erklärte, wie ein Mensch dies alles getan haben könnte. Da verriet ihm der Teufel, wer er war, und der Mönch fragte ihn, weshalb er denn überhaupt gebeichtet hätte – er wisse doch, daß er keine Gnade bei Gott finden könne. Der Satan antwortete ihm, daß alle, die vor ihm in die Beichte gegangen wären, schwarz und häßlich ausgesehen hätten – nach erfolgter Absolution aber seien sie schön und weiß gewesen. Deshalb sei er hergekommen, weil er ebenfalls so werden wollte. Der Mönch aber verweigerte ihm diesen Dienst, der Teufel fuhr daraufhin in die Höhe und nahm die Decke des Beichtstuhles mit sich.

Friedhof
Im Osten der Stadt, an der Dresdener Straße, befindet sich der Anfang des 16. Jahrhunderts angelegte Friedhof. Auch über diesen gibt es eine schauerliche Sage: Als im Jahre 1552 in Oschatz die Pest wütete, wurden zwei Wächter angestellt, die drei Nächte lang auf dem Friedhof wachen und horchen mußten, ob es wahr wäre, daß die Toten schmatzten. Man glaubte nämlich, wenn so etwas zu hören sei, würden die Toten noch einige ihrer Freunde und Bekannten nachholen. Um dies zu verhindern, grub man sie lieber vorsorglich aus, riß ihnen Kleider und Laken, an denen sie kauten, aus dem Mund und stach ihnen mit dem Grabscheit den Kopf ab. Noch lange Zeit soll es im Königreich Sachsen üblich gewesen sein, daß die sogenannten Leichenweiber sorgfältig alles vom Mund des Verstorbenen entfernten, ehe er eingesargt wurde, damit er nichts von seiner Kleidung erreichen konnte.
Es handelt sich hier um sogenannte „Nachzehrer“. Man versteht darunter im Grab weiterlebende Tote, die durch Kauen und Saugen an den eigenen Gliedern

oder dem Leichentuch in Fernwirkung andere ins Grab nachziehen – eine Vorstellung, die gerade in Zeiten ansteckender Krankheiten und Epidemien durchaus verständlich scheint. Nachzehrer und ihre Vernichtung waren bis ins 18. Jahrhundert auch Gegenstand wissenschaftlicher Bemühungen und Thema akademischer Abhandlungen.

OSTRITZ (Lkr. Löbau-Zittau)

Kloster Marienthal
Zwischen *Zittau* und *Görlitz* liegt der kleine Ort Ostritz, der schon im Jahre 1241 als oppidum (Städtchen) bezeichnet wurde, aber im Schatten der beiden mächtigeren Städte an der Handelsstraße von Böhmen zur Ostsee keine größere Bedeutung entfalten konnte. Südlich von Ostritz im Tal der Neiße findet man das seit seiner Gründung durchgängig besiedelte Zisterzienserinnen-Kloster Marienthal, heute eine Barockanlage, die aber auf eine ältere, von der Gattin König Wenzels II., Kunigunde, 1234 gestiftete Anlage zurückgeht. Die Kirche, die Abtei und die Propstei stammen aus der zweiten Hälfte des 17. Jahrhunderts, die Klausur um den Kreuzhof und zwei Ehrenhöfe entstanden Mitte des 18. Jahrhunderts. Die einschiffige Klosterkirche besitzt eine reiche Innenausstattung. Ihre Ausmalung von 1859 in reinem Nazarener-Malstil (Schall und Hamacher, Breslau) wird ergänzt durch neoromanische Täfelung und Holzaltäre (1897 bis 1921 Elsner, München). Erwähnung verdient die im Original erhaltene barocke Kreuz- und Michaeliskapelle, 1756 geweiht, mit einem bedeutenden Kuppelfresko, das dem in Dresden tätigen Giovanni Battista Casanova de Seingalt zugeschrieben wird. Die für Besucher unzugänglich in der Klausur gelegene Klosterbibliothek von 1752 beherbergt eine Sammlung sehr wertvoller Handschriften, deren älteste bis ins 13. Jahrhundert zurückreichen.

Im Bibliothekssaal gibt es ein Deckenfresko aus dem Jahr 1752, das vermutlich ebenfalls aus der Hand Casanovas stammt und das eine wunderbare Begebenheit aus der Geschichte des Klosters zeigt: Als am 11. Mai 1427 die Hussiten das Kloster überfielen, plünderten und brandschatzten, hatten sich alle Nonnen nach Görlitz in Sicherheit gebracht. Nur die damalige Äbtissin, Agnes von Gersdorf (1426–1432), war im Kloster geblieben. Während des Überfalles flüchtete sie, um der Schändung und dem Tod zu entgehen, über die Neiße in den nahen Wald. Als sie aber von einem Soldaten verfolgt wurde und merkte, daß sie ihm nicht entkommen konnte, kehrte sie plötzlich um und schritt in majestätischer Haltung voller Gottvertrauen, das aus ihren Augen und ihrem ganzen Wesen sprach, auf ihren Verfolger zu. Dieser fiel, von der sie umstrahlenden Glorie geblendet, vor ihr nieder und erblindete, so daß die Äbtissin unangefochten nach Görlitz gelangen konnte.

Markussäule

Gegenüber dem Portal des Klosterhofes, an der Straße nach Ostritz, steht eine alte, etwa 2,5 Meter hohe Sandsteinsäule, die sogenannte Markussäule, an deren Sockel unleserliche Schriftzüge zu erkennen sind. Über den Ursprung dieser Säule berichtet eine Sage folgendes: Als einst ein sehr schlimmes Gewitter drei Tage lang über dem Kloster tobte, ohne sich zu zerteilen, begannen die Nonnen zu ahnen, daß sich unter ihnen eine befinden müsse, welcher der Himmel zürnte. Nach einigen Nachforschungen fanden sie eine Nonne, die erst kurze Zeit im Kloster war und die bei ihrer Einführung gesagt hatte, ehe sie ins Kloster gehe, solle sie doch lieber der Blitz erschlagen. Man führte sie aus dem Kloster, und sie kniete an der oben bezeichneten Stelle nieder, um zu beten – wurde aber sogleich von einem Blitzstrahl getötet.
Tatsächlich handelt es sich bei dieser Säule, die vermutlich aus dem 17. Jahrhundert stammt, um eine dem Evangelisten Markus gewidmete Bildsäule. Am Markus-Tag (25. April) wurden hier früher Bittprozessionen abgehalten. Diese Prozessionen, in denen man um gutes Wetter und gute Ernte bat, sollen auf die alte römische Tradition der sogenannten Robigalia zurückgehen, eines Flurumganges zum Schutz vor dem Dämon Robigo, der im Volksglauben den Getreiderost verursachte.
→ Oppach

OYBIN (Lkr. Löbau-Zittau)

Berg Oybin

Mitten im Zittauer Gebirge liegt der Ort Oybin in einem wildromantischen Talkessel, am Fuß des gleichnamigen Sandsteinfelsens. Der Luftkurort kann mit Recht als einer der schönsten Plätze Sachsens bezeichnet werden. Ein Rundweg am Rand des Talkessels führt den Wanderer an den interessantesten Felsgebilden vorbei, die als Launen der Natur in Jahrmillionen von Wind und Wetter geschaffen wurden. Es

wird schnell verständlich, daß Oybin ein beliebtes Ziel für Künstler und Wissenschaftler war und ist. Namen wie Caspar David Friedrich, Carl Gustav Carus und Ludwig Richter seien stellvertretend genannt für die vielen, die sich hier inspirieren ließen.
Der Berg Oybin, der auch dem Ort seinen Namen gab, war schon in der Bronzezeit, zwischen dem 9. und 7. Jahrhundert v. Chr., besiedelt, wie umfangreiche Keramikfunde bestätigten. Die Burg, deren Ruine heute noch besichtigt werden kann, wurde zwischen 1311 und 1316 von Heinrich von Leipa erbaut, der unter dem deutschen König Heinrich VII. reichsunmittelbarer Herr des Zittauer Landes war. Durch König Johann im Tausch erworben, ging die Burg in böhmischen Besitz über und wurde unter Karl IV. durch den Bau eines Kaiserhauses erweitert. Die enge Verbindung mit Prag kommt auch im Bau des Cölestinerklosters auf dem Oybin zum Ausdruck, das zwischen 1366 und 1384 errichtet wurde. Leider ist der Baumeister dieser gotischen Anlage nicht bekannt. Man schließt aber aus der Ähnlichkeit des Grundrisses mit dem der Apollinariskirche in Prag, daß es sich um den

Bergschloß Oybin, ab 1316 erbaut

Baumeister Peter Parler aus Schwäbisch Gmünd handeln könnte. Die Reformation bereitete auch diesem Kloster ein Ende. Ein Unwetter, bei dem der Blitz auf dem Berg einschlug, verwandelte Burg und Kloster in Ruinen. Das Dorf Oybin entstand erst, nachdem das Kloster aufgehört hatte zu existieren.
Eine Sage weiß zu berichten, daß im Berg Oybin, irgendwo unter den Ruinen der Burg und des Klosters, große Schätze liegen. Da einige Besitzer der Burg vom Rauben gelebt und auch die Mönche des Klosters große Schätze angehäuft haben sollen, die sie in der Erde vergruben, und da es zu einem so plötzlichen Ende des Klosters und der Burg gekommen war, glaubt man in dieser Gegend, die genannten Reichtümer befänden sich noch immer dort. Nur wer mächtige Bannformeln beherrscht, so behauptet die Sage weiter, kann an die Schätze gelangen, denn sie werden von mächtigen bösen Geistern bewacht, die sich durch grauenvolles Heulen, Stöhnen und Winseln bemerkbar machen; Waffengeklirr und Geschrei sollen aus der Ruine des Burgturmes erklingen. In Vollmondnächten erscheinen riesige Gestalten in schwarzen Harnischen mit blutroten Helmbüschen, auch Männer in Mönchskutten und Frauen in altmodischen Kleidern. Auch will man leuchtende Flämmchen gesehen haben, die den Schatzsucher in die Irre führen: sie stürzen ihn in steile Abgründe oder tragen ihn auf geheimnisvolle Weise in weit entfernte Gegenden. Noch keinem ist es gelungen, die Schätze zu finden. Diejenigen, die danach gruben, kamen verarmt zurück oder wurden Zeit ihres Lebens von Krankheiten heimgesucht.
Über die Ruine der Klosterkirche auf dem Oybin berichtet eine andere sagenhafte Überlieferung: In der elften Nachtstunde des Allerheiligentages soll sich dort ein sonderbares Schauspiel darbieten, denn es versammeln sich die „Heimchen", eine Art Erdmännchen, in großen Scharen. Sie ordnen sich Paar um Paar und führen einen Priester in ihrer Mitte. Mit leuchtenden Kerzen in den Händen ziehen sie in die Ruine und verschwinden in ihre unterirdischen Höhlen. Dann ertönt ein feierlich ernster Orgelklang, man vernimmt liebliche Gesänge und hört den Priester das Hochamt halten.

Ameisenberg und Einsiedler

Um nach Oybin zu gelangen, muß man von Zittau aus die Hauptstraße benutzen und gelangt so von Norden her über *Olbersdorf* und das *Oybiner Niederdorf* in den Talkessel. Dabei kommt man etwa einen Kilo-

meter vor dem Berg Oybin, rechterhand, an einem größeren Felsmassiv vorbei, dem 581 Meter hohen Ameisenberg. Ein anderer Felsen, ihm gegenüber, heißt der Einsiedler.
Der Sage nach wohnte hier in grauer Vorzeit auf dem Ameisenberg ein rohes und wildes Volk, das von Raub und Mord lebte und sich allen möglichen Lüsten und Begierden hingab. Auf dem gegenüberliegenden Felsen befand sich die Klause eines Einsiedlers, der hier ein weltabgewandtes Dasein führte, weswegen er von den Heiden verspottet wurde. Als sie einst an einem Pfingstsonntag ganz besonders arg lärmten und Tollheiten trieben, verlor der Einsiedler die Geduld und verwünschte sie in Ameisen, die nun für immer auf dem Berg leben mußten. Von diesem Ereignis sollen Ameisenberg und Einsiedler ihre Namen haben.

Hochwald
Südlich vom Ort erhebt sich der 749 Meter hohe Hochwald, einer der höchsten Berge des Zittauer Gebirges. Von ihm aus hat man die schönste Aussicht auf Oybin und auf die Bergwelt Böhmens. Man erreicht seinen Gipfel auf gut beschilderten Wanderwegen.
Zu bestimmten Zeiten, besonders am Vorabend von Weihnachten, Ostern, des Johannis- und Michaelisfestes, soll sich dort ein Bergmännlein zeigen. Es hat lange weiße Bart- und Kopfhaare, trägt einen schwarzen, rotverbrämten Talar mit gelbem Gürtel und auf dem Haupt eine spitze trichterförmige Mütze von smaragdgrüner Farbe. In der linken Hand hält es ein Rauchfaß und in der rechten einen bunten Stab. Dieses Männchen soll der Sage nach Menschen, die ihm begegnen, nicht bloß Gold und Edelsteine zeigen, sondern auch wohltuende Heilkräuter.
→ Schneeberg

P

PALTZSCHEN (Lommatzsch, Lkr. Meißen-Radebeul)

Ehemaliger Wundersee
Schon um das Jahr 805 erscheint der slawische Stamm der Daleminzier, nach dem das Gebiet ursprünglich benannt wurde, als Gegner der Franken. Der sog. Bairische Geograph beschreibt immerhin 14 Burgen der Daleminzier, deren Reste man in einigen Burgwällen wiedererkannt haben will. Nachdem im Jahre 929 Heinrich I. „Gana“, die Hauptburg belagert hatte, endete ihre politische Unabhängigkeit. Wo sich diese Burg einst befunden hat, ist bis heute noch nicht geklärt worden. Man vermutet sie in der Nähe *Meißens*,

aber auch eine alte Wallanlage unweit von Lommatzsch, im Ortsteil *Zöthain*, könnte ein Anwärter sein.
Eine alte Sage berichtet von einem Wundersee in der Nähe von Lommatzsch, der früher *Glomuczi* (wahrscheinlich von glumoki = tief) oder *Glomaci* genannt wurde. Hier soll sich ein wichtiges politisch-religiöses Zentrum der Daleminzier befunden haben.
Am Paltzschener Wundersee habe man sich alljährlich versammelt, um politische Beschlüsse zu fassen und die alten Gottheiten zu verehren. Dabei sagte der See als eine Art Orakelstätte Ereignisse des kommenden Jahres vorher: standen dem Land Frieden und ein fruchtbares Jahr bevor, schwammen auf seiner Oberfläche Weizen, Hafer und Eicheln. Zeigten sich stattdessen Blut und Asche, so stand ein Krieg bevor. Noch lange Zeit nach Einführung des Christentums sollen die Bewohner der Gegend dem See mehr Glauben geschenkt haben als einem christlichen Gebet in der Kirche.
Als der See noch zu sehen war, zeigten sich der Sage nach auch noch in späterer Zeit seltsame Phänomene. Obwohl er weder Abfluß noch Zufluß hatte, wurde er bei Regen eher kleiner als größer, während er bei Trokkenheit besonders viel Wasser führte und mitunter die umliegenden Felder überschwemmte.
Der See ist heute verschwunden. Paltzschener Bauern haben ihn im vorigen Jahrhundert zugeschüttet. Die Fläche ist auch heute noch Ackerland. Die Straße von *Scheerau* zum Bahnhof *Prausitz* markiert in etwa sein westliches Ufer, der Bahndamm der Eisenbahnlinie *Riesa – Nossen* dagegen sein östliches. Bis 1984 war noch der Seegraben vorhanden, der das Wasser aus den Dränagerohren in den Keppritzbach leitete. Auch diese Spuren sind beseitigt und das Wasser des Sees fließt nun unterirdisch ab.

Panschwitz-Kuckau
(Lkr. Kamenz)

Kloster Marienstern
Knapp 7 Kilometer südöstlich von Kamenz liegt die Gemeinde Panschwitz-Kuckau. Im Jahre 1248 wurde hier das Kloster Marienstern von den Grafen von Kamenz gegründet. Ein wesentlicher Umbau der Klosterkirche erfolgte in den Jahren 1720/21 durch Zacharias Hoffmann in barockem Stil, ebenso wurden in der Folgezeit die Klostergebäude verändert. Der Wechsel zwischen Backsteinarchitektur und Natur-

steinen sowie den hellen Putzflächen macht den besonderen architektonischen Reiz der Kirche aus. Zu den Kostbarkeiten der Innenausstattung gehören vor allem der marmorne Hochaltar, den Franz Lautermann aus Prag 1751 schuf, die vergoldeten Holzfiguren von Ignaz Platzer, der Schmerzensmann und die Schmerzensmutter von 1718/20 sowie zwei spätgotische Altäre aus den Jahren 1500 und 1520. Kreuzgang, Kreuzgewölbe und Kapitelsaal stammen noch unverändert aus der Zeit der Klostergründung im 13. Jahrhundert.

Von der Gründung des Klosters erzählt eine Legende, die in ähnlicher Form auch von anderen Klöstern bekannt ist, folgendes: Einst jagte Bernhard von Kamenz in den dunklen Wäldern, die sich früher zwischen den Dörfern Panschwitz und *Kuckau* erstreckten. Als er einen gewaltigen Eber mit seinem Jagdspieß verwundete, flüchtete sich dieser in das Dickicht und der Ritter verfolgte ihn. Dabei verirrte er sich und fand sich plötzlich in einer unbekannten sumpfigen Gegend wieder. Es wurde Abend und ein heftiger Regen setzte ein, der ihn zwang, die Nacht in diesem Morast zu verbringen. Als endlich das Morgenrot durch die Wipfel der Bäume drang, gelobte er der heiligen Jungfrau, hier ein Kloster zu bauen, wenn sie ihn vom Hungertod in dieser Einöde retten würde. Da erschien es ihm plötzlich, als schwebe die Jungfrau hoch über dem Morgenstern im himmlischen Licht über ihm. Sie geleitete ihn und sein Roß auf festen Grund und so kam es, daß er nach seiner wunderbaren Rettung das Sumpfgebiet trockenlegen und das versprochene Kloster errichten ließ.

PENIG (Lkr. Mittweida)

Drachenfels

Folgt man östlich von Penig dem Lauf der Zwickauer Mulde stromaufwärts, dann gelangt man an einen kleinen Wald. Auf der rechten Seite, in Höhe der Kläranlage, erhebt sich der Drachenfels, der die Reste einer mittelalterlichen Höhenburg trägt. Das etwa birnenförmige Areal bedeckt eine Fläche von 20 Metern Breite und 50 Metern Länge. Die Fundamente eines Rundturmes von 8 Metern Durchmesser und ein 20 Meter breiter Abschnittsgraben sind die einzigen Zeugen der Vergangenheit.

Die Gründung der Lehnsherrschaft mit der Veste Drachenfels geht wahrscheinlich auf Wiprecht von Groitzsch II. zurück und wird in die Jahre zwischen

1080 und 1105 datiert. Schon im Jahre 1185 wurde die Burg von Dedo von Groitzsch, dem Gründer des Augustiner Chorherrenstiftes in Zschillen (Wechselburg), durch Feuer zerstört.
Über diese Burg berichtet die Sage eine tragische Geschichte: Hier und auf der nahe gelegenen Burg Zinnberg sollen einst zwei Brüder gelebt haben, Raubritter, die man auch die Schachtritter nannte, weil ihre beiden Burgen durch einen unterirdischen Gang verbunden waren, der dem gegenseitigen Beistand diente. Der eine von beiden, der Ritter auf dem Drachenfels, war mit Elsbeth, der Tochter eines Ritters Haimburg zu Waldenburg, verlobt. Durch das Gerücht aufmerksam geworden, ihr Verlobter betreibe Räuberei, entdeckte sie tatsächlich eines Tages Blutspuren in einem Saal der Burg. Als sie dann auch noch den Siegelring ihres Verlobten fand, den dieser im Kampf mit seinem Opfer verloren hatte, sowie einen blutigen Dolch, verließ sie die Burg und brachte die Beweisstücke ihrem Vater nach Waldenburg. Dieser lud mehrere Ritter sowie den Schachtritter zu einem Mahl und überführte letzteren des Mordes, indem er in einem geeigneten Augenblick den Siegelring und den Dolch vorzeigte. Der Raubritter wurde ergriffen und ins Verlies geworfen, die Burgen Zinnberg und Drachenfels gebrochen und geschleift. Elsbeth soll aber bald darauf aus Verzweiflung ihrem Leben ein Ende bereitet haben.
Es handelt sich hier offenbar um eine Sage, die von Generation zu Generation weitererzählt wurde. Die Personen lassen sich historisch nicht belegen. Die Burg Zinnberg, die in der Sage irrtümlich „Burg Zinnwald“ genannt wird, erhielt ihren alten Namen „Burg Czynnembergk“ aufgrund der Tatsache, daß sie von 1280 bis 1301 der Zinnberger Linie der Burggrafen von Altenburg als Residenz diente. Mit dem Tod Dietrich III. im Jahre 1301 kam sie an Albrecht IV. und damit an die Rochsburger Linie der Burggrafen zurück. Auch diese Burg ist heute noch in Mauerresten erhalten.

PESTERWITZ (Weißeritzkreis)

Burgwartsberg
Die Gemeinde Pesterwitz liegt zwischen *Dresden* und *Freital*. Eine erste urkundliche Erwähnung stammt aus dem Jahre 1068, als auf dem Burgwartsberg eine frühmittelalterliche Anlage bestand, die als Sitz des Burgwards Bvistrizi bezeichnet wird und von der heute noch ein Wall existiert. Umfangreiche Keramikfunde belegen allerdings erst eine Siedlungstätigkeit ab dem

12. Jahrhundert, wurden aber fast ausschließlich an der Oberfläche gefunden. Vom 14. bis zum 16. Jahrhundert gehörte Pesterwitz dem Domstift Meißen.
Die Sage berichtet von einer Jungfrau, die am Burgwartsberg umgehen soll und auf ihre Erlösung hofft. Einst soll ein Jüngling den Wiesengrund am Burgwartsberg durchwandert haben, als ihm die Jungfrau erschien und ihn bat, sie zu erlösen, indem er sie dreimal küßte. Als Lohn wollte sie ihm ewig dienen, und ein Schatz, der tief im Berg verborgen war, sollte ebenfalls ihm gehören. Der junge Mann war von ihrer Schönheit so geblendet, daß er ihr augenblicklich helfen wollte. Doch sie gab ihm zu verstehen, daß es erst am nächsten Tag geschehen könnte. Gleichzeitig warnte sie ihn vor einer schrecklichen Veränderung, die sich an ihr vollziehen würde, wenn er käme, um sie zu erlösen – doch sollte er sich davon keinesfalls abschrecken lassen. Als der junge Mann am nächsten Tag wiederkam, sah er die schöne Jungfrau schon von weitem. Als er sich ihr aber nähern wollte, bemerkte er, wie seine Beine immer schwerer wurden und das Strauchwerk ihn beim Gehen behinderte. Kaum hatte er die weiße Gestalt erreicht, sah er mit Schrecken, daß sie sich in eine große häßliche Kröte verwandelt hatte. Er taumelte zurück, aber aus den Zweigen ertönte eine leise Stimme, die ihm zurief: „Erlöse mich, erlöse mich!“ Noch einmal nahm er allen Mut zusammen, näherte sich dem Untier, konnte es aber nicht über sich bringen, es zu küssen, als er sah, daß seinem Maul ein stinkender heißer Brodem entstieg – er lief davon und verwirkte so sein Glück. Die Jungfrau muß nun weitere dreihundert Jahre warten, bevor sich eine neue Chance auf Erlösung bietet.
→ Kreischa

PFAFFENGRÜN (Hartmannsgrün, Vogtlandkreis)

Schäferstein
Auf der Straße von Pfaffengrün nach *Limbach* kommt man nach einem knappen Kilometer zu einem schmalen Waldstreifen. Etwa 10 Meter links der Straße erblickt man einen seltsamen Kreuzstein, der mehrere Ritzzeichnungen aufweist, u. a. die eines Rechtecks und eines mit doppelten Linien dargestellten Kreuzes. Die Sage spricht von einer Auseinandersetzung zwischen Pfaffengrüner Bauern und einem Schäfer, der seine Herde auf ihre Weide getrieben hatte. Er soll dabei von ihnen erschlagen worden sein, nachdem sie seinen Hund mit einer Katze fortgelockt hatten. Die

auf der einen Seite des Steines dargestellten Vierecke sollen die in seinen Taschen gefundenen Hefeklöße symbolisieren. Außerdem heißt es, daß es am Schäferstein „nicht richtig zugehe, und daß man, ohne zu wollen, sich dort verlaufen müsse".
→ Markersdorf

Pirna (Lkr. Sächsische Schweiz)

Klosterkirche

Wer das Elbsandsteingebirge besuchen will, muß durch Pirna fahren. Um 1200 anstelle einer älteren Burg angelegt, stammt die erste Erwähnung aus dem Jahre 1233, und schon 1291 wird Pirna als civitas bezeichnet. Im gleichen Jahr (1291) gelangte die Stadt vom Meißner Markgrafen an den Bischof von Meißen, der sie 1294 an den böhmischen König verkaufte. Erst 1404 wurde Pirna für die Mark Meißen zurückerworben.
Aus dem Jahre 1501 ist ein wunderbares Geschehen im Zusammenhang mit der Dominikaner-Klosterkirche überliefert: Am Mittwoch nach Mariä Empfängnis (8. Dezember) hatte ein Hochwasser die Elbe über ihre Ufer treten lassen, so daß ein Großteil der Altstadt überschwemmt wurde. Es soll so schlimm gewesen sein, daß man mit einem Kahn bis zum Rathaus hätte fahren können. Auch die Klosterkirche wurde in Mitleidenschaft gezogen. Das Wasser stieg bis in die Höhe des Weihwasserbeckens am Kirchentor, in dem sich geweihtes Wasser und ein Weihwedel befanden. Und so sehr auch das wilde Elbwasser an das Becken drang, es schwappte nicht hinein, und so blieben auf wunderbare Weise Weihwasser und Wedel unversehrt.
Die Klosterkirche ist heute noch erhalten. Sie stammt aus der Zeit um 1300, wurde zwar im 2. Weltkrieg schwer beschädigt, doch konnte sie bis 1957 soweit instandgesetzt werden, daß seitdem wieder katholische Gottesdienste darin stattfinden. Sie steht unweit des Marktplatzes, in der Nähe des Stadtmuseums, welches sich im ehemaligen Kapitelsaal des Klosters befindet.

Plauen

Malzhaus / ehemalige Burg

Eine alte slawische Siedlung mit dem Namen „Plawe" („Ort der Überschwemmung") gab der Stadt an der Weißen Elster, die einmal für ihre Spitzen weltberühmt werden sollte, ihren Namen. An einer wichtigen Handelsstraße gelegen, die Südwest- mit Nordostdeutschland verband, erlangte Plauen schon früh eine große Bedeutung. Die älteste Plauen betreffende Urkunde stammt aus dem Jahre 1122, während die Burg erst um 1224 Erwähnung fand. Die ersten Besitzer der alten Burg und Herren über den sogenannten Dobna-Gau waren die Grafen von Everstein. Ihre Burg verfiel allerdings völlig, nachdem im 14. Jahrhundert die späteren Besitzer des Gebietes, die Vögte von Plauen, sich ein neues Schloß hatten bauen lassen. Auf den Grundmauern mit seinen ausgedehnten Kellergewölben entstand Anfang des 18. Jahrhunderts ein Brauhaus, das jetzige „Malzhaus". Letzteres beherbergt heute ein vielbesuchtes Kulturzentrum. Man findet es in der Nähe des Topfmarktes, unweit der St. Johanniskirche.

Vom „alten Schloß" erzählt man sich eine fürchterliche Begebenheit, die sich während der Zeit der Hussitenüberfälle zugetragen haben soll: Als sich die Hussiten der Stadt näherten, flohen alle Bürger in das alte Schloß, dessen mächtige Mauern ihnen Schutz bieten sollten. Tatsächlich gelang es den Feinden nicht, die Burg einzunehmen, und deshalb bestachen sie den Türhüter. Sie versprachen ihm einen Hut voll Dukaten, wenn er ihnen die Pforte öffnen würde. Er ging darauf ein, erhielt aber, als die Hussiten eindrangen, statt der Goldstücke den Kopf abgeschlagen. Nur zwei Bürger sollen das daraufhin in der Burg angerichtete Blutbad überlebt haben, ein gewisser Pfund und ein gewisser Loth, deren Nachkommen in der Stadt noch lange nachweisbar waren.

Als Hussiten bezeichnete man die Anhänger des tschechischen Reformators Johannes Hus (1369 bis 1415), der am 6. Juli 1415 beim Konstanzer Konzil als Ketzer verbrannt wurde. Seine Anhänger im Adel gründeten den Hussitischen Herrenbund, dessen Mit-

Plauen

glieder sich verpflichteten, die freie Predigt des Evangeliums auf ihren Gütern zu schützen. Der sich in der Folgezeit zuspitzende Konflikt mit den Vertretern von Staat und Kirche führte zu schweren, auch kriegerischen Auseinandersetzungen. Bei Übergriffen auf die benachbarten deutschen Länder hatten besonders Schlesien, Sachsen, Franken und Österreich unter hussitischen Kriegszügen zu leiden. Bei ihren Plünderungen sollen über 100 Städte und Burgen sowie rund 1500 Dörfer zerstört worden sein.
Tatsächlich hat es in Plauen am 25. Januar 1430 einen Hussiteneinfall gegeben, bei dem Stadt und Schloß eingenommen und zerstört sowie zahlreiche Menschen getötet wurden. Burggraf Heinrich I., Herr von Plauen, der sich zu dieser Zeit in seinen böhmischen Besitzungen aufhielt, stand als Anhänger König Sigismunds sowie als Reichshofrichter an führender Stelle im antihussitischen Kampf und machte damit Plauen zur Zielscheibe in dieser Auseinandersetzung.

Nonnenturm
Überquert man den Plauener Altmarkt in Richtung Lutherkirche, so findet man auf der rechten Seite den sogenannten Nonnenturm. Bei ihm handelt es sich nicht, wie man vermuten könnte, um einen Rest des ehemaligen, 1266 gestifteten Dominikanerklosters, das sich zwar in der Nähe befand, aber während der Reformationszeit aufgelöst wurde und nach dem Stadtbrand von 1844 endgültig aus dem Stadtbild verschwand. Der Nonnenturm war ein Teil der Stadtbefestigung. Sein Name stammt vom sogenannten „Nonnenhaus“, einem Regelhaus der „Schwestern der dritten Regel zur Buße des heiligen Dominikus“, das bis zur Reformation in der Nähe des Turmes stand. Unter der Aufsicht einer Priorin befaßten sich die Schwestern mit Krankenpflege und Almosensammeln.
Die Sage erklärt den Namen mit folgender Geschichte: Eine Nonne soll einst ein Liebesverhältnis zu einem deutschen Ordensritter unterhalten haben. Als dies bekannt wurde, soll sie zur Strafe in den Wänden des Turmes lebendig eingemauert worden sein.

POSTELWITZ (Bad Schandau, Lkr. Sächsische Schweiz)

Falkenstein
Postelwitz ist heute ein Stadtteil von *Bad Schandau* und liegt südwestlich, unterhalb der Schrammsteine, einer der eindrucksvollsten Felsformationen des Elbsandsteingebietes. Von Postelwitz aus kann man über

den sogenannten Zahnsgrund und den Wenzelweg zum Falkenstein gelangen, einem markanten Felsgebilde, das die Umrisse eines sitzenden Falken besitzt. Um diesen Fels rankt sich eine unheimliche Sage. Im vergangenen Jahrhundert gingen mehrere junge Mädchen auf den Falkenstein zum Himbeerensammeln. Als sich eines der Mädchen etwas von den anderen entfernt hatte und sich dem Felsen näherte, „gähnte“, wie sie es später ausdrückte, plötzlich der Stein auf wie eine Tür und eine weibliche Gestalt trat auf sie zu, die Pferdefüße hatte. Damit soll sie dem Mädchen auf den Fuß getreten sein, so daß dieses sich weder rühren noch reden konnte. Die anderen Mädchen riefen sie, aber sie konnte nicht antworten. Erst als ihre Eltern, die man zu Hilfe geholt hatte, sie mit einem Strick auf den Felsen heraufgezogen hatten, war der Bann gebrochen. Später berichtete sie noch, die geisterhafte Gestalt habe einen silbernen Krug in der Hand getragen. Es handelt sich um eine Schatzsage mit diabolischen Zügen: Die Pferdefüße deuten auf den Teufel hin.

PUTZKAU (Schmölln-Putzkau, Lkr. Bautzen)

Flemmings Gruft

Fährt man von *Bischofswerda* aus auf der B 98 in südöstliche Richtung, kommt man nach einigen Kilometern nach Putzkau, welches heute ein Ortsteil von *Schmölln* ist. Die Ortskirche, zu der man links in die Dorfstraße abbiegen muß, wird erstmals 1386 urkundlich erwähnt und verdankt ihre heutige Gestalt im Wesentlichen dem 18. Jahrhundert. Sie ist nach alter Überlieferung ein sagenumwobener Spukort. An dieser Kirche befindet sich eine Gruft, in welcher der ehemalige Gutsherr von Putzkau, der Kabinettminister und Generalfeldmarschall Jakob Heinrich von Flemming, seine letzte Ruhestätte gefunden hat. Er lebte von 1667 bis 1728. Im Jahre 1689 trat er in brandenburgische, danach als Oberst und Generaladjutant des Kurfürsten Johann Georg IV. in sächsische Dienste, begleitete dessen Nachfolger Friedrich August auf seinem Ungarnfeldzug und unterstützte ihn bei seiner Wahl zum polnischen König. Flemming befehligte 1699 das sächsische Heer, mit dessen Einfall in Livland August der Starke den Krieg gegen Karl XII. eröffnete. Er hatte einen großen Einfluß auf den König. Die Sage berichtet von einem sonderbaren Vorfall: Ein Mädchen hatte einst auf der Nordseite des Friedhofes Gras gemäht und in einen Korb gehäuft. Als sie merkte, daß sie die schwere Last nicht tragen konnte, klopfte sie aus Übermut mit dem Rechen auf die Gruftöffnung und rief: „Du da unten, komm heraus und hilf mir den Korb aufhalsen!“ Im selben Augenblick wurden ihre Glieder starr, und sie war an den Platz wie festgebannt. Als in der Nähe stehende Leute ihr klägliches Wimmern vernahmen, riefen sie den Pfarrer herbei. Dieser trug zwar seine Alltagskleidung, dennoch versuchte er durch ein Gebet den Zauber zu lösen. Doch das war vergebens. Er begab sich in sein Haus und kehrte im Talar wieder, mit einer Bibel im Arm. Noch einmal erflehte er von dem Unsichtbaren die Freigabe der todesbleichen Magd. Kaum hatte er das Gebet gesprochen, da ertönten aus der Gruft geisterhafte Laute. Als der Pfarrer hineinblickte, war der geschlossene Sarg geöffnet, die Leiche hatte sich emporgerichtet. Hell blinkten die Uniformknöpfe, und dröhnend schallte die Stimme des Toten: „Mädchen, lasse einen armen müden Sünder ruhen und störe seinen Schlummer fortan nicht mehr!“ Damit war die Spötterin wieder frei und mußte bis ans Ende ihres Lebens an diesen Vorfall denken.

In dieser Warnsage protestiert der herausgeforderte und in seiner Ruhe gestörte Tote gegen die Mißachtung der Totenruhe. In diesem Fall geht es glimpflich ab – in manchen Varianten haben solch spöttische Aufforderungen Krankheit und Tod zur Folge.

RALBITZ-ROSENTHAL (Lkr. Kamenz)

Wallfahrtskirche

Der kleine Ort Ralbitz-Rosenthal liegt etwa 10 Kilometer östlich von *Kamenz*. Hier befindet sich im Ortsteil Rosenthal einer der traditionsreichsten Mariengnadenorte Deutschlands. Besonders für die katholischen Sorben der Oberlausitz wurde Rosenthal ein wichtiger Wallfahrtsort. Das Gnadenbild ist eine Statue der Maria mit Jesuskind aus Lindenholz. Als gesichert gilt, daß schon 1269 eine Gnadenkapelle in Rosenthal stand. Besonders seit dem 16. Jahrhundert kamen die Pilger hierher, um mit dem Wasser der Marienquelle, die sich heute in einer achteckigen Brunnenkapelle befindet, Gesicht und Hände zu benetzen. Viele Gebetserhörungen und Wunder sind im Zusammenhang mit dieser Quelle und dem Gnadenbild bekannt und trugen zur Berühmtheit des Ortes bei. Besonders in den Zeiten der Pest, Ende des 17. Jahrhunderts wurden viele Wallfahrten zur Maria von der Linde unternommen. Ende des 2. Weltkrieges wurde die

Karl der Große. Holzschnitt, 1493

Kirche schwer beschädigt, jedoch konnte das Gnadenbild gerettet werden. Im Jahre 1953 wurde die Kirche in ihrer Gestalt von 1778 wieder aufgebaut.

Eine Legende berichtet von der wundersamen Auffindung des Gnadenbildes. Einst soll Karl der Große mit seinem Heer durch die Lausitz gezogen sein, um die Wenden zu bekehren. Da, wo jetzt Rosenthal liegt, schlug er sein Lager auf. Er hatte sein Heer unter den unmittelbaren Schutz der heiligen Jungfrau gestellt und diese wandelte auch täglich, mit einem weißen Gewand bekleidet, einmal um das Lager, wobei die Krieger vor ihr niederknieten und sie anbeteten. Sie führten aber auch ein hölzernes Heiligenbild der Jungfrau mit, und als sie fortzogen, verbargen sie es in dem Wald, den die Jungfrau durch ihre Gegenwart geheiligt hatte. Einige Jahre später soll ein frommer Ritter in diese Gegend gekommen sein, der die weiße Jungfrau in der Ferne sah. Er ritt zu ihr und sah, als er sich ihr näherte, wie sie in einer Linde verschwand. In einer Höhlung dieses Baumes entdeckte er das hölzerne Abbild der Gottesmutter, das in der Folgezeit viele Wunder tat, nachdem man eine Kirche gebaut hatte und zahlreiche Wallfahrer kamen.

Hier handelt es sich um eine typische Wanderlegende: Das Auffinden von berühmten Gnadenbildern in Baumhöhlen ist ein bekanntes Motiv. In manchen Wallfahrtskirchen werden solche Bäume gezeigt.

Rathen (Lkr. Sächsische Schweiz)

Burgruine Altrathen

Der bekannte Kurort Rathen liegt am Eingang in das Elbsandsteingebirge, auf der rechten Seite der Elbe in einem engen wildromantischen Felsental. Berühmt wurde es durch seine Felsenbühne, auf der alljährlich im Sommer Karl May-Festspiele stattfinden. Über dem Ort erhebt sich zur Elbe hin das Felsmassiv der Bastei, das von der vielbesuchten Basteibrücke aus einen unbeschreiblichen Ausblick in Richtung der Festung Königstein und in die gesamte Sächsische Schweiz bietet. Auf dieser Felsgruppe befinden sich auch die Reste zweier mittelalterlicher Burgen, Altrathen und Neurathen. Die letztgenannte, jüngere Anlage diente wohl als Vorburg für die ältere und war daher stärker befestigt. Burg Altrathen wurde erstmals im Jahre 1261 erwähnt als Stammsitz eines böhmischen Herren. Seit 1361 waren beide Burgen im Besitz der Herren von Michelsberg, auf die Anfang des 15. Jahrhunderts die Berka von der Duba folgten. Nach mehrmaligem Wechsel zwischen diesen und dem Vasallen der Wettiner, Friedrich von der Olsnitz, blieben sie aber noch einige Zeit böhmisches Lehen. Wegen Friedensstörungen wurden beide Burgen vom sächsischen Kurfürsten 1467 belagert, zwei Jahre später eingenommen und durch Brand zerstört. Nur noch wenige Mauerreste zeugen vom einstigen Aussehen der Anlagen.

Eine alte Überlieferung aus der Zeit der Herrschaft derer von Duba berichtet vom Schicksal der Tochter eines gewissen Witigo aus diesem Geschlecht. Diese Tochter, Jutta, sollte auf Wunsch ihrer Eltern mit dem jungen böhmischen König verheiratet werden. Deshalb ließ ihr Vater einen Maler kommen, um von ihr ein Bildnis malen zu lassen, das man dem König zukommen lassen wollte. Allerdings verliebte sich die Tochter in diesen Maler, und beide wollten heiraten. Die Geschichte soll aber dennoch einen glücklichen Ausgang genommen haben, weil es dem Maler gelang, während einer Feuersbrunst in der Kapelle das Burgfräulein unter Gefahr seines eigenen Lebens zu retten. Dafür soll er sie von ihrem Vater zur Gemahlin erhalten haben.

Ehen wurden früher – vor allem in adligen Familien – aus politischen Gründen „arrangiert“, ohne die potentiellen Partner zu fragen. Verlobungen erfolgten oft schon im Kindesalter; man kannte sich kaum bzw. gar nicht und stand bei der Hochzeit einem Fremden gegenüber. Vor diesem Hintergrund ist der glückliche Charakter dieser Liebesbeziehung eher untypisch; erschwerend kommt hinzu, daß der Partner nicht von Stand ist, sondern ein vermutlich nicht mit irdischen Gütern gesegneter Künstler. Der Ausgang der Erzählung ist eher märchenhaft – normalerweise enden solche Beziehungen tragisch.

Honigsteine

Nordöstlich des Ortskerns von Rathen ragt eine weitere Felsengruppe auf, die sogenannten Honigsteine. Diese Felsen sollen ihren Namen angeblich von den Bienenschwärmen haben, die früher in den Ritzen und Höhlungen lebten, so daß die Steine oft mit Honig überzogen waren.
Der Sage nach hatten die Leute der Umgebung dort immer ihren Bedarf an Honig geholt, bis es ihnen eines Tages vom Ritter der nahen Burg Rathen verboten wurde. Als er kurz darauf dennoch zwei alte Leute beim Sammeln antraf, ließ er sie von seinen Hunden hetzen. Daraufhin kamen die Bienen in dichten Schwärmen aus dem Honigstein hervor und stürzten sich auf den hartherzigen Mann, der in seiner Verzweiflung aus dem Fenster seiner Burg sprang. An der

Waldbienenzucht

Stelle, wo er den Tod fand, soll seitdem kein Schnee mehr liegen bleiben.

Rechenberg-Bienenmühle (Lkr. Freiberg)

Burgruine

Etwa 25 Kilometer südöstlich von *Freiberg*, nicht weit von *Frauenstein* entfernt, liegt das Dorf Rechenberg-Bienenmühle. Im Ortsteil Rechenberg kann man auf einem Bergsporn über der Freiberger Mulde die Reste einer mittelalterlichen Höhenburg besichtigen. Außer der ursprünglichen Wallanlage mit ihren Abschnittsgräben, die teilweise durch ein altes Brauereigebäude überbaut wurde, findet man etwa 50 Meter westlich eine weitere Felsklippe, auf der noch die Mauerreste eines quadratischen Gebäudes stehen.

In dieser Burgruine soll es nicht ganz geheuer sein, und gelegentlich sollen sich nachts eigenartige Lichterscheinungen zeigen. Als man das Schulgebäude auf dem Gelände der ehemaligen Vorburg errichtete, stieß man auf alte Gänge. Von diesen berichtet die Sage, daß sie eine mit großen Schätzen angefüllte Braupfanne beherbergen, die nur derjenige bekommen wird, der seine eigene Tochter zum Opfer bringt. Allerdings muß dieselbe weißhaarig sein.

Reichenbach (Vogtlandkreis)

Kirche

Aus einer sorbischen Siedlung, die einst an der Stelle der heutigen Altstadt lag, ist um 1200 der älteste Teil Reichenbachs hervorgegangen. Eine erste Ortsnennung stammt aus dem Jahre 1212 (Richenbach). Ende des 13. Jahrhunderts errichtete hier der Deutsche Orden eine Kommende. Die Stadt verdankte ihre Entwicklung vor allem der günstigen Lage an einer alten Reichsstraße, die, von Südwesten kommend, sich teilte und einmal nach Leipzig und zum anderen über Zwickau und Chemnitz nach Dresden führte.

Unweit des Marktes findet man die Peter- und Paulskirche. Sie wird erstmals 1240 urkundlich erwähnt und erhielt ihre heutige Gestalt im Wesentlichen in den Jahren 1721/22, nachdem sie ein Jahr zuvor bei einem Stadtbrand stark gelitten hatte. Zwischen der Kirche und dem Gymnasium, das früher eine Knabenschule war, soll sich ab und zu der Geist eines Mönchs sehen lassen. Er wird im Volksmund der „Münnich" genannt. Er soll immer dann erscheinen, wenn der Tod eines Geistlichen bevorsteht.

Reinhardtsdorf-Schöna
(Lkr. Sächsische Schweiz)

Kleiner und Großer Zschirnstein, Zirkelstein und Kaiserkrone
Mitten im Elbsandsteingebirge, südlich der Elbe und kurz vor der Grenze zur Tschechischen Republik, liegen die beiden Dörfer Reinhardtsdorf und Schöna. Etwa vier Kilometer südlich von diesen ragen die beiden Felsgruppen des Kleinen und des Großen Zschirnstei-

Rübezahl

nes empor. Besonders die mit 561 Metern höchste Erhebung des Großen Zschirnsteines bietet einen fantastischen Ausblick auf das Panorama der Böhmischen Schweiz, jenseits der Grenze.
Einst soll der bekannte Berggeist Rübezahl aus dem Riesengebirge einen Abstecher in die Sächsische Schweiz unternommen haben. Dabei, so behauptet eine Sage, ist er versehentlich mit dem Kopf gegen den Zschirnstein gerannt, wodurch dieser in die beiden Teile gespalten wurde. Danach fiel er der Länge nach hin, trat mit seinem Fuß den nördlichen Teil des Kleinen Zschirnsteins nieder und verlor beim Aufschlagen kurz hinter Schöna zwei Zähne, einen Augen- und einen Backenzahn, die man noch heute dort sehen kann. Sie bilden die beiden markanten Felsen „Zirkelstein“ und „Kaiserkrone“. Übrigens heißt auch ein Talgrund bei *Bad Schandau*, weil Rübezahl nach diesem Sturz dort rastete und versuchte seine Schmerzen zu stillen, der „Zahngrund“.
Rübezahl war ursprünglich ein Bergwerksgeist und stellt eine regionale Sagengestalt in Schlesien dar, auf die später Züge anderer Dämonen übertragen wurden – vor allem die des Teufels. Die vorliegende Geschichte ist eine ätiologische Erzählung, die auffallende Felsbildungen erklärt. Ähnliches wird auch in den häufigen, meist schwankhaften Teufelerklärungssagen berichtet.
Eine andere Sage warnt jeden Wanderer davor, in der Mittagsstunde am Großen Zschirnstein vorüberzugehen. Da habe nämlich, wie die Dörfler glauben, der Teufel Gewalt über den Berg und verfolge sie ähnlich der Mittagsfrau oder wie Bern-Dietrich, die in der Lausitz umgehen. Die eigentliche Zeit der Dämonen ist die Nacht – doch gibt es als Gegenpol der Mitternacht auch den Mittag als Geisterstunde mit typischen Spukerscheinungen.
→ Diehsa; → Cunewalde

Ringethal (Mittweida, Lkr. Mittweida)

Pfaffenstein

Ringethal liegt etwa einen Kilometer nördlich von *Mittweida* und ist heute ein Ortsteil davon. Folgt man der Falkenhainer Straße in Richtung Norden, dann gelangt man bald schon, indem man noch einmal links abbiegt, in einem Waldstück an der Zschopau zu einer steil aufragenden Felswand, dem Pfaffenstein.
In der Gegend erzählt man sich die folgende Geschichte: Als Luther einst in Ringethal gepredigt hatte,

Das älteste, öffentlich erschienene Bildnis Luthers (Titelbild zu „Ein Sermon, gepredigt zu Leipzig uffm Schloß am tag Petri und Pauli ym xviiii Jahr")

wurde davon das Volk so sehr erregt, daß es dem katholischen Dorfpriester ans Leben wollte. Dieser gelangte bei seiner Flucht zu jenem Felsen und konnte nur durch einen Sprung in die Fluten der Zschopau sein Leben retten. Von diesem Vorfall soll der Name Pfaffenstein herrühren.

Rochlitz (Lkr. Mittweida)

Burg

Etwa 25 Kilometer nördlich von *Chemnitz* liegt die Kleinstadt Rochlitz, die mit ihrer Burganlage und dem historischen Stadtkern eine bedeutende Sehenswürdigkeit des „Sächsischen Burgenlandes" darstellt, das sich entlang der Zwickauer Mulde bis in die Leipziger Region erstreckt.

Auf einem Berg über dem Fluß erheben sich das Rochlitzer Schloß und die Petrikirche. Schon im 9. oder spätestens 10. Jahrhundert gab es hier eine slawische Befestigung, wie reichliche Keramikfunde deutlich machten. Die früheste Erwähnung als „Rochilinze" stammt aus dem Jahre 995. Unter König Heinrich I. kam das Gebiet in die Herrschaftsgewalt des Reiches;

gegen Ende des 10. Jahrhunderts fiel es an den Markgrafen Ekkehard von Meißen, wurde 1046 noch einmal königlicher Besitz, um dann 1143 wieder an die Wettiner überzugehen. Mit einer kurzen Unterbrechung Anfang des 14. Jahrhunderts, als die Burg noch einmal unter König Adolf von Nassau den Besitzer wechselte, blieb sie ein fester Bestandteil des Wettiner Herrschaftsgebietes.
Die Sage berichtet von einem wunderbaren Bild zu Rochlitz, das sich in einem Raum im Schloßturm, der zur Mulde zu steht, befunden haben soll. Es zeigte zwei Verliebte, die ihre Ringe tauschten. Dabei soll es sich um eine Gräfin von Rochlitz gehandelt haben, die mit einem Abt aus dem Kloster Zschillen ein Verhältnis hatte. Damit es nicht bekannt werde und Schande über sie brächte, ließ sie ihren Geliebten in die Mulde stürzen. Von dem besagten Bild heißt es, daß es nicht von der Stelle gerückt werden dürfe – nur so werde verhindert, daß es im Schloß umgeht oder spukt. Leider wurde diese Ermahnung schon zur Zeit Augusts des Starken mißachtet. Eine von ihm eingesetzte Kommission, die vom Hof nicht mehr bewachte Schlösser nach Kunstschätzen absuchte, brachte das Bild nach Dresden. Ob es dort den Zweiten Weltkrieg überstanden hat, ist nicht bekannt.
Eine weitere recht sonderbare Geschichte soll sich im Jahre 1530 zugetragen haben. Einem böhmischen Edelmann, der in einem der Türme gefangengehalten wurde, gelang mittels selbstgedrehter Strohseile die Flucht. Daraufhin übte der katholische Priester einen seltsamen Bannzauber aus: Er drehte die Bilder in der Kirche um, so daß sie dem Betrachter den Rücken zeigten. Der Fliehende, der sich wohl schon eine halbe Meile entfernt hatte, wurde daraufhin bald wieder eingefangen. Er schilderte den unerklärlichen Umstand, daß er, je mehr er versuchte hatte, sich vom Schloß zu entfernen, stattdessen demselben immer näher kam.
Die Chronik spricht tatsächlich nur von einem böhmischen Edelmann, dessen Name nicht bekannt ist. Die beiden Schloßtürme, „Lichte" und „Finstere Jupe" genannt, dienten mit ihren 10 bzw. 14 Meter tiefen Verliesen als markmeißensche Staatsgefängnisse.

Kunigundenkirche
Ein kunstgeschichtlich bedeutsames Bauwerk stellt die Kunigundenkirche dar. Sie befindet sich unweit des Marktplatzes und zählt zu den schönsten spätgotischen Sakralbauten Sachsens. Besonders erwähnenswert sind der große Hochaltar aus dem Jahre 1513, der

dem Bildschnitzer Philipp Koch zugeschrieben wird, ein weiterer Altar aus der Werkstatt Lucas Cranachs d.Ä. sowie die Figuren von Kaiser Heinrich II. und seiner Gemahlin Kunigunde aus der Zeit um 1476.
Um die Entstehung der Kirche rankt sich diese Legende: Die Kaiserin Kunigunde war bei ihrem Gatten des verbotenen Umgangs mit einem Geistlichen angeklagt worden. Wie zu dieser Zeit üblich, unterwarf sie sich einem Gottesurteil, um ihre Unschuld zu beweisen. Auf dem Platz, auf dem heute die Kirche steht, schritt sie mit bloßen Füßen über sieben glühende Pflugscharen hinweg, ohne dabei verletzt zu werden. Ihr Gatte, der durch dieses Wunder vollkommen von ihrer Unschuld überzeugt wurde, stiftete zum Dank die Kirche.
Heinrich II., der durch seinen Großvater dem sächsischen Kaiserhaus angehörte, wurde 975 geboren. Nach dem Tode seines Vaters, Heinrich des Zänkers, wurde er Herzog von Bayern und im Jahre 1002 zum deutschen König. 1014 krönte ihn Papst Benedikt VIII. zum Kaiser. Als eifriger Förderer der Kirchenreform trug er zum Ausbau des Systems der Reichskirche bei. Als Zeichen seiner tiefen Frömmigkeit kann man seine zahlreichen Gründungen von Kirchen und Klöstern ansehen. Seine Gemahlin Kunigunde war die Tochter des Grafen Siegfried von Lützelburg. Als Kaiserin gründete sie zusammen mit Heinrich den Dom und das Bistum Bamberg. Nach dem Tode ihres Gat-

Kunigunde geht über die glühenden Pflugscharen

ten im Jahre 1024 zog sie sich in das Benediktinerinnenkloster Kaufungen zurück und starb dort vermutlich 1033. Beide wurden im Bamberger Dom beigesetzt.
Tatsächlich ist die Kaiserin Kunigunde, die 1200 heilig gesprochen wurde, nur die Schutzpatronin der Kirche. In Rochlitz sind die Kaiserin und ihr ebenfalls heilig gesprochener Gatte nie gewesen. Bei der oben geschilderten Legende handelt es sich um die bekannte Heiligenlegende der Kaiserin, die hier übertragen wurde auf die im Dunkeln liegende Stiftung der Rochlitzer Kirche.
Die Legende von der Feuerprobe erscheint erstmals 1070 in einer Lebensbeschreibung Kaiser Heinrichs, die Vorstellung von einer bewußt keusch gelebten sogenannten „Josephsehe" in einer Chronik von 1060. Das Kaiserpaar war kinderlos – eine Tatsache, die von den Zeitgenossen sakral, als bewußter Verzicht auf Sexualität um höherer Ziele willen, interpretiert worden ist. Erst vor diesem Hintergrund erhält der Vorwurf des Ehebruchs sein volles Gewicht.

Sauberg
Gegenüber dem Rochlitzer Schloß liegt der sogenannte Sauberg, auf dem es nicht geheuer sein und eine weiße Frau umgehen soll. Andere Berichte sprechen auch von einem Hund mit einem feurigen Kopf. Zwei Rochlitzer Soldaten, die einst in einer Sommernacht von einem Tanzvergnügen kamen, erblickten auf dem Berg ein geisterhaftes, erleuchtetes Schloß. Als sie ihre Vermutungen darüber austauschten, was diese rätselhafte Erscheinung zu bedeuten habe, kam ein großes Faß vom Berg heruntergerollt, und sie setzten erschrocken ihren Weg fort.
Auf dem Sauberg hat es bis etwa 1850 einen kleinen Einzelhof gegeben, der dann einer Lehmgrube zum Opfer fiel. Die weiße Frau soll eine gewisse „Frau Jähnichen" sein. Judith Jähnich, die Gattin des Geleitseinnehmers Johann Jähnich, soll Ende des 18. Jahrhunderts am Sauberg Grundstücke besessen haben und eine energische Frau gewesen sein. Sie starb eines natürlichen Todes.

ROCHSBURG (Lunzenau, Lkr. Mittweida)

Hoher Berg
Der idyllische kleine Ort an der Zwickauer Mulde liegt zu Füßen der alles überragenden Rochsburg, einem beliebten Ausflugsziel im „Sächsischen Bur-

genland". Der Hohe Berg, der nördlich der mittelalterlichen Anlage emporragt, ist der Ort eines sagenhaften Geschehens: Von Zeit zu Zeit kann man auf dem Gipfel des Berges einen brennenden Mönch sehen. Der Sage nach handelt es sich dabei um einen Mönch aus einem heute nicht mehr nachweisbaren Kloster dieser Gegend, der in eine Bauernmagd verliebt war, die er öfters in der Kirche gesehen hatte. Eines Tages wollte er bei einem Spaziergang die Gelegenheit ergreifen, als er sie auf dem Acker arbeitend antraf. Er näherte sich ihr, doch die so Bedrängte wehrte sich mit der Mistgabel mehr als erfolgreich, und der liebestolle Mönch sank schwer verletzt zu Boden und hauchte sein Leben aus. Seitdem soll er sich an dieser Stelle in feuriger Gestalt sehen lassen – ein Hinweis darauf, daß sich der schuldige Tote im Fegefeuer, dem Läuterungsort nach christlicher Vorstellung, befindet.

RÖHRSDORF (Lkr. Sächsische Schweiz)

Pfitzteich

Röhrsdorf ist eine kleine Gemeinde südlich von *Dresden*. Man erreicht es von Dresden-Lockwitz aus auf der Maxener Straße nach etwa 3 Kilometern. Fährt man auf dieser Straße in Richtung *Wittgensdorf*, sieht man linkerhand den Röhrsdorfer Park, in dessen südlichem Ausläufer sich der Pfitzteich verbirgt.

An diesem Teich soll es der Sage nach mehrere Gespenster geben, die zu bestimmten Zeiten erscheinen und die Wanderer erschrecken. So kann man sogar am hellen Tag einem Reiter ohne Kopf begegnen, der wie ein Sturmwind daherkommt. In der Nacht, besonders um Mitternacht, hüte man sich, in die Nähe des Teiches zu kommen, denn dann kann es passieren, daß man vom „Wolfshund" gestellt und verfolgt wird.

→ Bad Brambach, Galgenberg

ROSSENDORF (Großerkmannsdorf, Lkr. Meißen-Radebeul)

Rossendorfer Teich

Fährt man von Dresden-Neustadt aus die Bautzener Landstraße (B 6) in Richtung Bischofswerda, dann erreicht man nach etwa 6 Kilometern eine Kreuzung, an der es rechts nach Rossendorf geht. Der Rossendorfer Teich liegt unmitttelbar an dieser Kreuzung.

Aus diesem See entspringt die Prießnitz, ein kleiner Fluß, dem man früher Heilkräfte, besonders bei Gicht und ähnlichen Krankheiten, nachsagte. Inmitten des

Sees befindet sich ein kleine Insel, die man den „Nixenhügel" nennt. Wie es zu dieser Bezeichnung kam, erklärt eine Sage folgendermaßen: In der Heidenzeit hatten sich die ersten Christen in *Eschdorf,* einem Ort einen Kilometer südlich gelegen, angesiedelt. Bei ihren Festen, auf denen viel getanzt wurde, fand sich regelmäßig ein unbekanntes Mädchen ein, das an seinem Kleid einen nassen Saum hatte, als ob es über taunasse Wiesen gegangen wäre. Neid und Neugierde plagte vor allem die Dorfmädchen, weil sie nicht in Erfahrung bringen konnten, wer wohl diese fremde Tänzerin war, die den jungen Burschen so sehr den Kopf verdrehte. Eines Tages aber erlaubte die schöne Unbekannte einem Jüngling, sie nach Hause zu begleiten. Sie führte ihn an das Ufer des Sees und wollte Abschied nehmen. Doch als ihr Begleiter nicht scheiden wollte, nahm sie ihn mit zu einer Hütte auf jener Insel, indem sie mit einer Rute auf das Wasser schlug und sich dieses vor ihren Füßen teilte. Am nächsten Morgen erschien, noch ehe sie ihren Gast zurückbringen konnte, ihr Vater, der Nix, in der Hütte. Er witterte sofort den Geruch eines Christen, und das Mädchen konnte seinen Freund retten, indem es dem Vater gestand, daß dieser Geruch wohl von ihr selbst ausgehe, da sie am Vorabend bei den Christen im Dorf zum Tanz gewesen war. Als sich der Nix beruhigt zum Schlafen hingelegt hatte, holte sie ihren Gast aus dem Versteck und brachte ihn zurück ans Ufer. Seitdem hat man sie nie wieder im Dorf beim Tanz gesehen.

Im Volksglauben sind die Nixen Elementargeister des Wassers. Sie wohnen in Teichen und Flüssen, manchmal erscheinen sie auch in Brunnen. Erstmals werden sie im 10. Jahrhundert bei Notker dem Deutschen erwähnt und erscheinen dort unter dem Namen „nihhus"oder „nicchus". Ihr Wesen ist ambivalent; während der Nix meist als bösartig dargestellt wird und seine Opfer in die Tiefe zieht, hat sich das Bild seines weiblichen Pendants, der Nixe, seit der Zeit der Romantiker etwas mehr zum Positiven gewandelt..

→ Waldenburg

Rosswein (Lkr. Döbeln)

Wunderburg

Roßwein liegt zwischen *Döbeln* und *Nossen* und ist über die Autobahnen A 4 und A 14 leicht zu erreichen. Wohl um 1200 von den Meißner Markgrafen gegründet, wurde der Ort 1286 als „civitas seu oppidum" bezeichnet. Bis 1544 gehörte es zum Kloster Altzelle bei Nossen und war mit seinen 1700 Einwohnern die größte Stadt im Altzeller Klosterbesitz.

Östlich der Altstadt findet man auf dem Hochufer der Freiberger Mulde über dem ehemaligen Steinbruch die Stelle, an der einst im Mittelalter eine Wehranlage stand, die sogenannte „Wunderburg". Leider sind dem Gesteinsabbau die letzten Reste dieser Anlage zum Opfer gefallen, so daß man mit einigen wallartigen Aufwürfen vorlieb nehmen muß.

Über diese Wunderburg erzählt man sich, daß sie einst von einem Raubritter bewohnt gewesen sein soll. Außerdem soll sich im Inneren ein seltsamer Rasenkreis befunden haben, von dem gesagt wird, daß ihn ein zauberischer Mönch ausgetanzt habe, ähnlich dem Tanzkreis der sagenumwobenen Böhmenkönigin Libussa auf dem Wischerad bei Prag.

S

Sachsenburg (Frankenberg, Lkr. Mittweida)

Burg

Neben der heute noch erhaltenen Burg aus der Zeit um 1200 gibt es im Ortszentrum noch einen altslawischen Ringwall, der wahrscheinlich aus dem 9. Jahrhundert stammt. Wir finden ihn heute von der Wehrkirche und dem Friedhof teilweise überbaut.

Die Sage spricht von einer älteren Burg, welche sich auf dem Treppenhauer, einem 351 Meter hohen Berg nordwestlich der heutigen Sachsenburg, befunden haben soll. Da es auf dem Treppenhauer aber nur die Reste einer mittelalterlichen Bergbausiedlung gibt, ist es eher wahrscheinlich, daß sich die sagenhafte Handlung entweder auf den oben genannten Wall oder die Sachsenburg selbst bezieht. Vielleicht ist auch die Mißdeutung der Halden und Pingen oder alter Mauerreste auf dem Treppenhauer, als Überbleibsel einer ehemaligen Burg, der Auslöser gewesen.

Der Sage nach hatte der Burgherr zwei Söhne, die der ganze Stolz ihres Vaters waren. Als eines Tages eine Nichte zu Besuch kam, verliebten sich beide Söhne in sie; nachdem sie den jüngeren zu bevorzugen schien, war es um die Eintracht geschehen. Der Vater vermittelte zwischen ihnen und es sah tatsächlich so aus, als ob der alte Frieden wieder hergestellt wäre. Doch bei einer kurz darauf veranstalteten Jagd, der auch die Nichte beiwohnte, entfesselte die Freude und Ausgelassenheit zwischen den Liebenden erneut die Eifersucht des älteren Bruders. Es kam zu einem Handgemenge, in dessen Verlauf der jüngere Bruder tödlich verletzt wurde. Der Vater erlitt beim Empfang der bitteren Nachricht einen Schlag und wurde zusammen mit seinem Sohn bestattet. Der Mörder floh, entsetzt über seine Tat, und irrte viele Jahre in der Welt umher. Als er eines Tages nach Rom kam, beichtete er den Mord dem Heiligen Vater und bekam von diesem auferlegt, Mönch zu werden und allmorgendlich an der Stelle der Untat eine Seelenmesse zu lesen, bis deren tausend voll seien. Weil er aber starb, bevor er diese Zahl erreicht hatte, fand er bis heute keine Ruhe. So soll sein Geist immer noch umgehen; vor allem auf der Straße am Fuße des Treppenhauer will man ihn des öfteren gesehen haben, wie er im Mönchsgewand, ein Buch unter dem Arm, umherwandelt, den Blick verzweifelt zum Himmel gerichtet.

SÄRKA (Weißenberg, Lkr. Bautzen)

Burgwall auf dem Strohmberg

Etwa auf halber Strecke zwischen Bautzen und Görlitz liegt Weißenberg, das man über die Autobahn A 4, Abfahrt Nr. 91 erreicht. Etwa drei Kilometer südlich davon befindet sich das Dorf Särka, an dessen östlichen Ortsrand der 264 Meter hohe Strohmberg aufragt. Auf diesem Berg kann man die Reste eines frühmittelalterlichen Ringwalles sehen. Heute sind von der ursprünglich etwa 70 Meter großen denkmalgeschützten Anlage weite Teile durch einen Steinbruch zerstört. Die ältesten Funde reichen bis ins 11. Jahrhundert zurück, erreichen aber auch teilweise noch die Zeit der frühdeutschen Besiedlungsphase. Man vermutet, daß die ursprünglichen Burgmauern aus mit Erde aufgefüllten Holzkonstruktionen bestanden.

Unter diesem alten Wall soll sich ein großer Schatz befinden. Kaum war die Burg zur Ruine geworden, fanden sich böse Geister hier ein, um die verschütteten Schätze der einstigen Burgbewohner zu hüten. Dabei soll es sich um eine Kiste aus Eisenblech und eine Braupfanne handeln. Immer wieder haben die Bewohner der Umgebung versucht, die Schätze zu heben, wie mehrere sagenhafte Berichte beschreiben. Einst soll sogar ein reisender Kavalier aus Flandern sein Glück

versucht haben. Er begab sich in einer Vollmondnacht auf den Strohmberg. Da öffnete sich ihm eine kleine Pforte, er schritt hinein und gelangte in eine Halle. Dort stand die längliche Kiste und die mit Gold und Edelsteinen gefüllte Braupfanne. Plötzlich erschien eine Schar grauer Männchen. Eins davon öffnete die geheimnisvolle Kiste, und der Eindringling sah darin ein Gerippe, das sich erhob und mit seinen leeren Augenhöhlen um sich blickte. Als die Männchen freundlich winkten, näherte sich der Kavalier der Braupfanne, die aber unter dem Gelächter der Geister unter fürchterlichem Getöse in die Tiefe sank. Das bleiche Gerippe verfolgte, ein Messer in der knöchernen Faust, den aus der Halle fliehenden Flamen, den es nie mehr danach gelüstete, dorthin zurückzukehren, nachdem er heil den Berg verlassen hatte.
→ Burgstädt

SAYDA (Lkr. Freiberg)

Wüste Burg
Südlich von *Rechenberg-Bienenmühle* liegt das kleine Dorf Sayda. Hier soll einst eine Burg gestanden haben, die aber in einem Krieg, vielleicht dem Hussitenkrieg, vollkommen zerstört wurde. Die Sage selbst spricht die Vermutung aus, sie habe sich in Richtung *Voigtsdorf* befunden, was aber eher unwahrscheinlich ist, da in dieser Gegend kein diesbezügliches Bodendenkmal bekannt ist. Hingegen findet man südwestlich des Ortes auf einem kleinen Bergsporn die durch spätere Überbauung völlig veränderten Reste einer mittelalterlichen Höhenburg. Vielleicht ist sie der Ort der Sage. Es heißt, daß ein Burgfräulein während der Zerstörung im oben genannten Krieg zusammen mit ihren Schätzen verschüttet worden sei. Obwohl schon viele Versuche unternommen wurden, den Schatz zu heben, ist es bis heute noch nicht gelungen.

SCHARFENBERG (Lkr. Meißen-Radebeul)

Schloß
Der Ort Scharfenberg mit dem gleichnamigen Schloß liegt zwischen Dresden und Meißen. Man erreicht ihn über die B 6, die an der Elbe entlangführt. Das Schloß steht auf einem Bergsporn, der sich direkt neben der Straße erhebt. Es ist zum Teil in ruinösem Zustand und derzeit nicht zugänglich. Auf Wanderwegen im dortigen Teil des Landschaftsschutzgebietes „Linkselbische Täler“ kann man es erreichen und den Ausblick über das Tal der Elbe genießen.

Eine alte Burg Scharfenberg ist schon aus dem Jahre 1227 bezeugt. Zuerst im Besitz der Bischöfe von Meißen, ab 1293 in markgräflichem Besitz, gehörte sie seit 1403 der Familie von Miltitz, die bis ins 20. Jahrhundert hier ansässig war. Das heutige Schloß erhielt sein Aussehen in der Zeit nach 1654. Ein bedeutender Besitzer war unter anderem Dietrich von Miltitz (1769–1853), der enge Beziehungen zu den deutschen Romantikern: Novalis, Wackenroder, die Gebrüder Schlegel und die Brüder von Carlowitz, pflegte.
Schloß Scharfenberg erscheint in einer Sage, die ein merkwürdiges Ereignis aus dem 13. Jahrhundert überliefert. Die Gemahlin des Markgrafen Heinrich des Erlauchten (1221–1288), welche Agnes hieß und die Tochter des böhmischen Königs Ottokar I. war, hatte kurz vor ihrem Ableben auf Schloß Scharfenberg ein seltsames „Gesicht“, das ihren Tod ankündigte. Sie litt schon längere Zeit an einer schmerzhaften Krankheit, als ihr eines Nachts träumte, ein Engel mit einem goldenen Becher stehe vor ihr und bitte sie daraus zu trinken. Der Trank erschien ihr sehr bitter und sie klagte es dem göttlichen Boten. Da versetzte der Engel: „Sei zufrieden, auf diese Bitterkeit wird bald Süßigkeit folgen, weil Jesus diesen Trank versüßen und verzuckern wird.“ Und so geschah es auch. Als sie diesen Traum ihrem Gatten berichtet hatte, soll sie kurz darauf (am 10. Oktober 1268) sanft entschlafen sein.

Scharfenstein (Mittlerer Erzgebirgskreis)

Burg
Etwa 20 Kilometer südöstlich von *Chemnitz* an den Ufern der Zschopau findet man Scharfenstein mit seiner imposanten Burganlage. Die erste Erwähnung als markgräflich-meißnisches Lehen des Johannes von Waldenburg stammt aus dem Jahre 1349. Bis 1439 blieb die Wehranlage im Besitz der Herren von Waldenburg und wurde dann von Kurfürst Friedrich dem Sanftmütigen erworben. Von 1492 bis 1931 war sie dann Eigentum derer von Einsiedel. Der Pharmazeutik-Fabrikant Fritz Eulitz erwarb die Burg bei der Versteigerung 1931, wurde aber 1945 im Zuge der Bodenreform enteignet. Bis 1993 wurde sie als Kinderheim bzw. Jugendwerkhof genutzt; nach umfangreichen Sanierungen wurde 1994 das Burgmuseum eröffnet.
Seit vielen Jahrhunderten geht auf Burg Scharfenstein der Sage nach eine Weiße Frau um. Sie wandelt um die Mitternachtsstunde, in lange, weiße, nebeldünne Gewänder gehüllt, durch die Gänge und Gemächer. Oft

Die Weiße Frau im Schloß. Kupferstich, 1857

hat es ein Mutiger gewagt, sie anzusprechen, aber nie bekam er eine Antwort. Stattdessen ließ sie nur ein langes Seufzen vernehmen und entfloh sogleich. Deshalb weiß niemand zu sagen, wer sie ist und welche schwere Sünde ihr Herz derart belastet.
→ Meerane

SCHEIBENBERG (Lkr. Annaberg)

Scheibenberg
Zwischen *Schwarzenberg* und *Annaberg-Buchholz* liegt Scheibenberg, ein typisches Erzgebirgsstädchen, das seine Entstehung dem Bergbau verdankt. Sein Wahrzeichen ist der gleichnamige Berg, ein 805 Meter hoher tafelförmiger Felsen, dessen aufragende Basaltsäulen die „Orgelpfeifen" genannt werden.
Der eindrucksvolle Berg ist Mittelpunkt vieler Sagen. In seinem Inneren wohnen Zwerge mit ihrem Zwergenkönig Oronomassan und haben eine Freude daran, die Leute zu necken. Aber besonders guten und frommen Menschen geben sie auch kostbare Geschenke. Einst ging im Winter ein armes Mädchen aus Schlettau in den Wald am Fuße des Berges, um Holz zu sammeln. Da begegnete ihr der Zwergenkönig, der sie anflehte, ihn in ihrem Korb mit nach Hause zu nehmen, da es so kalt sei und er keine Unterkunft habe. Weil er gar so flehentlich bat, setzte sie ihn in ihren Korb, deckte die Schürze zum Schutz gegen den Schnee darüber und nahm ihn mit sich. Als sie keuchend zu Hause ankam, fand sie statt des Zwerges einen großen Klumpen gediegenen Silbers in ihrem Korb.

Auch soll es im Berg eine verborgene Höhle, einen Schatzkeller, geben, in dem glänzende Klumpen glühenden Goldes liegen. Nur Auserwählten scheint es vergönnt zu sein, einen Blick hinein zu tun, denn so oft ihn auch Wanderer zufällig fanden, war doch jedes Mal, wenn sie andere Leute hinzuzogen, der Eingang verschwunden.
Viele Berichte sprechen von einem Berggeist, der sich einen Spaß daraus macht, die Leute zu äffen. Er soll manchmal in der Gestalt eines Bergmannes erscheinen, das „Glück auf!" entbieten und augenblicklich sich in Luft auflösen. Ebenso soll er es lieben, sich in tote Wölfe oder Füchse zu verwandeln und den Leuten, die danach greifen, unter den Händen zu verschwinden.
→ Aue

SCHLETTAU (Lkr. Annaberg)

Kirche
Die Kirche in Schlettau, einem kleinen Ort 4 Kilometer westlich von *Annaberg-Buchholz*, stammt vermutlich aus dem 15. Jahrhundert und wurde an der Stelle einer Kapelle aus der Zeit der Ortsgründung errichtet. An der Ostfassade dieser Kirche gibt es einen verwitterten Stein im Mauerwerk, der das Gesicht eines Mönches zeigt und der Sage nach nicht von Menschenhand behauen wurde. Mit ihm soll es folgende Bewandtnis haben: Um das Jahr 1520 erschien Johannes Küttner, dem letzten katholischen Pfarrer zu Schlettau, der Geist eines seiner Vorgänger. Dieser behauptete, er sei vor Jahren von den Hussiten erschlagen worden, habe aber vorher noch ein silbernes Kruzifix in der Mauer vergraben lassen. Er sei nun gekommen, um seinem Nachfolger die Stelle zu zeigen, damit er es wieder an seinen Platz auf dem Altar bringen könne. Der Angesprochene unterrichtete daraufhin seinen Sakristan und bestellte diesen mit Hammer und Meißel für den nächsten Morgen in die Kirche. Den Sakristan aber erfaßte die Habsucht, und er machte sich noch in der Nacht in der Kirche zu schaffen. Als er beim Bergen des Kreuzes dieses mit dem Meißel stark beschädigte, fuhr ein Donnerschlag vom Himmel herab, der ihn zerschmetterte. Der tiefbetrübte Pfarrer befahl, nachdem man den vom Rumpf abgetrennten Kopf des Frevlers gefunden hatte, ihn am nächsten Tag zum ewigen Gedächtnis einzumauern. Als der Tag anbrach, entdeckte man, daß das Gesicht des Sakristans von selbst zu Stein geworden war und aus der Stelle der Mauer herausblickte, wo es noch heute zu sehen ist.

Diese Sage will das Vorhandensein dieses auffälligen Steinreliefs erklären, dessen wahre Bedeutung man nicht mehr kannte.

Mordkreuz

An der Straße nach *Elterlein* steht kurz vor dem Ortsausgang ein Kreuzstein. Er ragt etwa 60 Zentimeter aus der Erde und trägt auf einer Seite ein eingeritztes Kreuz, das ein Schwert umschließt. Über diesen Stein gibt es viele widersprüchliche Deutungen. So soll er mit einem Mord in Zusammenhang stehen, über den man aber nichts genaueres weiß. Eine andere Version behauptet, hier liege ein schwedischer Hauptmann begraben; eine weitere spricht von einem 1813 dort gestorbenen Soldaten, dem der Stein gewidmet sei. Auch von sechs russischen Offizieren wird berichtet, zu deren Gedächtnis der Stein aufgestellt worden sei. Fest steht, daß es an diesem Ort nicht geheuer sein soll, denn Wanderer haben mehrfach einen Reiter ohne Kopf gesehen und dies bezeugt. Andere behaupten, daß am Schlettauer Stein ein schwarzer Pudel umgehe. Über das Alter des Steines gibt es keine gesicherten Erkenntnisse. Es scheint sich aber um ein Sühnekreuz zu handeln. Die Spukerscheinungen deuten an, daß hier ein ruheloser Toter umgeht, der aufgrund einer ungesühnt gebliebenen Schuld keinen Frieden findet.

Schmannewitz (Dahlen, Lkr. Torgau-Oschatz)

Mordteich

Etwa im Zentrum des Städtedreiecks *Wurzen – Torgau – Oschatz* liegt das Dorf Schmannnewitz, das heute eine Verwaltungseinheit mit *Dahlen* bildet. In der Nähe dieses Ortes am Rand der Dahlener Heide, einem beliebten Ausflugsgebiet in dieser Region, gibt es mehrere sagenumwobene Plätze, die auf den gut gekennzeichneten Wanderwegen leicht zu finden sind.
Am nördlichen Ortsrand findet man einen kleinen Teich, den sogenannten „Mordteich“. Dieses Gewässer soll der Sage nach seinen Namen daher haben, daß einst mehrere Jungfrauen dort ermordet wurden, die sich ihre Unschuld nicht hatten rauben lassen. Sie sollen auch heute noch dort umgehen und von Wanderern gelegentlich am Ufer gesehen worden sein. Eine kleine Bodenerhöhung in der Nähe des Teiches rührt angeblich daher, daß früher jeder Vorübergehende ein Reis auf die Grabstätte der ermordeten Mädchen warf. Vielleicht haben wir es bei dieser Sage mit einem Hinweis auf vorchristliche Ritualhandlungen zu tun, deren Sinn nicht mehr verstanden wurde bzw. im Laufe

der Zeit in das oben genannte Mordgeschehen umgedeutet wurde. Das zahlreiche Vorkommen von Hügelgräbern in der unmittelbaren Umgebung von Schmannewitz sowie die in der gleichen Sage aufgestellte Behauptung, der Ortsname Schmannewitz sei auf einen heiligen Hain des von den Slawen verehrten Gottes Schwantewit/Swanntewit zurückzuführen, könnte darauf hindeuten, daß es hier einen Kultplatz gab, an dem möglicherweise auch Menschenopfer dargebracht wurden. Der Teich selbst ist allerdings ein ehemaliger Torfstich, den man nach der Austorfung durch Anstauen mit Wasser gefüllt hat. Aus dem Namen „Moorteich" wurde durch die Sage der „Mordteich".

Nixentümpel
Wandert man von Schmannewitz aus in Richtung Westen, gelangt man über *Bortewitz* zum Nixentümpel, einem kleinen runden Teich, über den die Sage folgendes berichtet: In der Walpurgisnacht um Mitternacht steigen bei hellem Mondlicht die Nixen aus dem Tümpel und tanzen einen Reigen. Einst wurden junge Burschen, die die Nixen dabei beobachteten, in den Tümpel gelockt und seitdem nie mehr gesehen. Der Nixentümpel ist eine sogenannte Pseudosölle und entstand im Mittelalter durch Abbau von Lehm für den Gebäudebau.

SCHNECKENSTEIN (Tannenbergsthal, Vogtlandkreis)

Schneckenstein
Das winzige Dorf zu Füßen des Schneckensteins liegt etwa 10 Kilometer nördlich von *Klingenthal.* Der Schneckenstein ist berühmt für die gelben Topase, die man dort finden kann. Über ihre Entstehung gibt es eine alte Sage: Sie berichtet von einem bösen Geist, der einst in diesem Gebiet sein Unwesen trieb. Dieser Unhold hatte seine besondere Freude an Unordnung und Chaos. Einmal überraschte er die Nixen und Feen, die er schon lange zu verderben im Sinne hatte, als sie sich auf einer Wiese unterhalb des Berges versammelt hatten, um ein Frühjahrsfest zu feiern. Er sah seine Stunde für gekommen und fuhr mit großem Getöse zwischen sie. Die Berge taten sich auf und verschlangen die Feen, die man seither als weingelbe Topase dort finden kann. Die Nixen bannte er in einem nahen Tümpel, den man nun das „schwarze Loch" nennt. Ein zwölfjähriger Junge, Theodor Fremdling mit Namen, hatte sich im Wald verirrt und war Zeuge dieses Geschehens, das er später seinen Eltern erzählte, wodurch die Geschichte bekannt wurde.

SCHNEEBERG (Lkr. Aue-Schwarzenberg)

St. Wolfgangskirche

Erstmals 1446 genannte Silberzechen auf dem „Snehberg“ führten bald schon zur Gründung der Stadt. Von überall her strömten die Menschen, und die reiche Ausbeute an Silbererzen, die das edle Metall teilweise bis zu 50 % enthielten, führte bald zu einem gewissen wirtschaftlichen Wohlstand der Bergstadt.

Ein Wahrzeichen des Ortes ist die St. Wolfgangskirche, ein spätgotischer Hallenbau, dessen Baubeginn in das Jahr 1515 fällt. Von Hans von Torgau begonnen, wurde er von Fabian Lobwasser bis 1540 vollendet. Der Turm entstand gar erst 1676 und wurde 1753 mit einem Barockhelm gekrönt. Die 1945 stark zerstörte Kirche wurde seit 1952 wieder instand gesetzt, und auch der restaurierte Flügelaltar von Lukas Cranach d. Ä. steht nun wieder an seinem alten Platz.

Eine Legende aus der Zeit des Baubeginnes erzählt von einem sonderbaren Vorfall: Man hatte anfangs beabsichtigt, die Kirche an jener Stelle zu errichten, wo sich heute die Diesterweg-Mittelschule befindet. Nach der Grundsteinlegung verschwand dieser allerdings auf geheimnisvolle Weise. Das gleiche geschah mit einem zweiten Grundstein kurz darauf noch einmal. Zur gleichen Zeit erschien einem Bergmann im Traum ein Grubenmännchen, welches ihm die Stelle zeigte, an der die neue Kirche gebaut werden sollte. Als man dann dort den Grundstein legte, blieb dieser schließlich liegen und der Bau konnte begonnen werden.

Bei dieser Legende handelt es sich um eine bekannte Wanderlegende, die in ähnlicher Weise auch von anderen Kirchen, Kapellen oder Klöstern erzählt wird. Möglicherweise bildeten Streitigkeiten um den günstigsten Bauplatz den realen Hintergrund. In der Legende wird dieser Konflikt schließlich von übernatürlichen Wesen – meist Engel, hier die regionaltypische Sagenfigur des Grubenmännchens – gelöst, die den richtigen Bauplatz anweisen.

St. Georgs-Stollen

Einer der ergiebigsten Fundstellen für das Silbererz war die Zeche St. Georg. Als der Schneeberg einst noch mit Wald bedeckt war, soll ein Pferd, das man an einen Baum gebunden hatte, in der Erde gescharrt haben, und da man an dieser Stelle fündig wurde, eröffnete man hier dieses Bergwerk.

Neben den Gefahren, welche für die Bergleute von „giftigen Schwaden“ und „bösen Wettern“ ausgingen,

Bergwerksdämon in Teufelsgestalt; rechts: Bergleute in typischer Kleidung bei der Arbeit. Holzschnitt 1565

waren auch die Begegnungen mit Bergteufeln, Bergmönchen und anderen Berggespenstern nicht zu unterschätzen. So berichtet die Sage von der Erscheinung eines Bergteufels, der sich in Gestalt eines Mönches in der Grube St. Georg habe sehen lassen. Ein Bergmann sei dabei „nicht ohne Beschädigung seines Leibes“ in hohem Bogen in die Höhe geworfen worden und recht unsanft wieder herabgefallen. In anderen Gruben soll selbiger Geist Bergleute erwürgt, gedrückt, ihnen in die Beine gefahren sein oder sie mit Irrlichtern genarrt haben. Der St. Georgs-Stollen oder die St. Georgs-Grube befand sich unweit der St. Wolfgangskirche. Besichtigen kann man sie nicht mehr. Eine kleine Tafel mit Angaben dazu ist heute am ehemaligen Standort in einem Privatgrundstück angebracht worden.
Die Geschichte vom Pferd, das Bodenschätze anzeigt, ist eine Version der auch in anderen Gegenden verbreiteten Wundersage vom „weisenden Tier“. Die Gestalt des Bergteufels oder des Bergmönchs gehört zum Kreis der Berggeister.
→ Aue

SCHÖNECK (Vogtlandkreis)

Obere und untere Haselmühle
Etwa 9 Kilometer südlich von *Falkenstein* im Vogtland liegt der kleine Ort Schöneck. Fährt man vom Zentrum aus in Richtung *Oelsnitz*, so führt, auf halbem Weg zum Ortsausgang, rechts ein Weg zum sogenannten Haselstein und zu den beiden Haselmühlen,

Die Heinzelmännchen helfen im Haus. Holzschnitt, 1565

ehemaligen Wassermühlen. Die Obere Haselmühle ist heute dem Verfall preisgegeben. Sie wird zwar noch von einer Familie bewohnt, doch ist seit Jahrzehnten nichts mehr am Gebäude erneuert worden. Diese Mühle wurde 1788 erbaut, aber schon vorher war dort eine andere Mühle nachweisbar. Die untere Haselmühle wird heute ebenfalls als Wohnhaus genutzt. Das Gebiet um die Haselmühlen, der sogenannte Haselbrunn, wurde nach der gleichnamigen Wüstung benannt, die 1420 Erwähnung fand.
Vermutlich auf die obere Haselmühle bezieht sich die Sage, die davon berichtet, daß es hier noch vor nicht allzulanger Zeit Heinzelmännchen gegeben habe. Oft lagen sie auf der Ofenbank, fütterten aber auch das Vieh oder trugen Wasser ins Haus. Wenn sie verschwanden, hatte man ihnen nachzurufen: „Kommt fei wieder!“, und einmal im Jahr mußte man ihnen ein neues Röckchen aus rotem Tuch machen. Seit man einst in Notzeiten diesem Brauch nicht mehr nachgekommen ist, haben sie sich auch nicht mehr sehen lassen.
Die Heinzelmännchen gehören zur Gruppe der hilfreichen Hausgeister. Es sind zwergenähnliche Geister, die im Unterschied zum einzeln auftretenden Kobold Kollektivwesen sind. Sie helfen als Unsichtbare bei der Hausarbeit, beim Waschen und Putzen, die Neugier, sie sehen zu wollen, vertreibt sie.
Eine Erinnerung an das bäuerliche Gesindewesen ist das hier erwähnte Kleidergeschenk. Es war üblich, Dienstboten einen Teil ihres Lohns in Naturalien auszuzahlen, wozu auch Kleider und Schuhe gehörten. Die Nichteinhaltung dieser Norm hat dann auch das Verschwinden der übernatürlichen Hilfe zur Folge.
→ Markneukirchen

Schönfels (Lkr. Zwickauer Land)

Burg Altschönfels – Wilder Mann

Die Burg Schönfels, etwa 15 Kilometer westlich von *Zwickau* an der Straße nach *Neumark* und *Reichenbach* gelegen, erhebt sich auf einem Diabasfelsen über dem Ort. Die Burg entstand vermutlich Ende des 12. Jahrhunderts im Auftrag Kaiser Friedrich I. Barbarossas als Wehranlage im Zuge der deutschen Ostbesiedlung. Die erste urkundliche Erwähnung erfolgte im Jahre 1225 in einer Urkunde des Bischofs Engelhard von Naumburg. Bedeutende Besitzer waren unter anderem die Vögte von Weida, später die Reußen von Plauen, die Wettiner ab 1354, Dietrich von der Planitz Ende des 14. Jahrhunderts. Der Familie von Weißenbach, welche die Burg im 15. und beginnenden 16. Jahrhundert besaß, sind die bautechnisch und kunstgeschichtlich wichtigsten Veränderungen zu danken, etwa die Kemenate und die Kapelle. Die Familie von Römer, Verwandte der berühmten Zwickauer Ratsherren, besaß die Burg ab dem 18. Jahrhundert bis 1945. Im Innenhof, über dem Eingang zum Museum, kann man eine sonderbare, etwa einen Meter hohe Holzfigur sehen, die als sogenannte Knaggenfigur Teil des hölzernen Laubenganges ist. Sie ist sehr archaisch ausgeführt und stellt einen bärtigen Mann dar, der sich mit den Armen auf den Oberschenkeln abstützt. Über die Bedeutung dieser Figur wurde lang spekuliert. Während die einen von einer „Spottfigur“ sprachen und meinten, der Baumeister des hölzernen Rundganges habe damit den Burgherrn verspotten wollen, bestritten andere sogar den Fakt, daß es sich um einen Menschen handelte, und nannten die Figur den „Affen“, wohl aufgrund seiner Behaarung. Erst in der

„Wilder Mann“ oder Affe?

jüngsten Vergangenheit gelang es einigermaßen überzeugend zu zeigen, daß es sich bei dieser Darstellung um einen „wilden Mann“ handelt, einen Naturdämonen, dessen heraushängende Zunge im Schönfelser Beispiel symbolisch als Bitte um Regen und Fruchtbarkeit gedeutet wurde.

SCHWARZENBERG (Lkr. Aue-Schwarzenberg)

Ottenstein

Wohl um 1170 wurde hoch über dem Tal des Schwarzwassers die Burg Schwarzenberg erbaut. Nur spärlich sind die Nachrichten aus ihrer Gründungszeit. Ob die Herren von Lobdeburg-Elsterberg die Gründer waren, ist zwar wahrscheinlich, aber nicht gesichert. Als spätere Besitzer sind erst die Burggrafen von Leisnig bezeugt, die Lehensträger der Meißner Markgrafen waren. Zwischen 1533 und 1535 ging die Burg in kurfürstlichen Besitz über. Von der ursprünglichen Burg ist nur der Bergfried erhalten, seine heutige Gestalt erhielt Schloß Schwarzenberg im wesentlichen durch Umbauten in der Mitte des 16. Jahrhunderts.

Vom sehr beeindruckenden und gut erhaltenen Stadtensemble mit der Stadtkirche aus dem 17. Jahrhundert und dem Schloß hat man einen schönen Ausblick in das Schwarzwassertal. Nordöstlich des Schlosses erhebt sich der Ottenstein, ein 474 Meter hoher Berg. Über diesen gibt es eine recht merkwürdige Sage: Ein Ritter auf der Feste Schwarzenberg soll ein schönes Mündel gehabt haben, um die ein gewisser Graf Otto von Siebeneichen, der aus dem Rheinland stammte, freien wollte. Der Vormund hatte aber im Sinne, sein Mündel selbst zu ehelichen, und wies den Grafen ab. Dieser entschloß sich daraufhin, seine Angebetete zu entführen. Er wohnte in einer Fischerhütte am Ufer des Schwarzwassers, das damals noch so breit war wie ein See. Dort hatte er eines Tages eine Begegnung mit einer Nixe, die ihn begehrte, aber von ihm abgewiesen wurde, da sein Herz ja nicht mehr frei war. Als er dann die Zeit für gekommen hielt, seine Angebetete zu entführen, gab er ihr Nachricht und holte sie vom gegenüberliegenden Ufer ab. Bei der erneuten Überfahrt kenterte das Boot, und die Braut versank, wie von unsichtbaren Händen gezogen, in der Tiefe. Der Graf baute sich aus Kummer über diesen Verlust eine Hütte am Ottenstein und lebte fortan als Einsiedler.

→ Rossendorf

SEBNITZ (Lkr. Sächsische Schweiz)

Haus Mühlgäßchen Nr. 2

Im Nordosten der Sächsischen Schweiz, direkt an der Grenze zur Tschechischen Republik, liegt Sebnitz. Im Zuge der deutschen Ostsiedlung wurde der Ort im 13. Jahrhundert angelegt und erhielt seinen Namen vom Sebnitzbach. Bis 1451 gehörte es zur böhmischen Herrschaft Hohnstein und fiel dann an Kursachsen. Seit dem 19. Jahrhundert wurde die Stadt weltbekannt durch ihre Kunstblumenindustrie.

In Sebnitz steht im Mühlgäßchen 2 ein Haus, das einst im Jahr 1798 der Rittergutsbesitzer von Hofhainersdorf Johann Gottfried Sauer erbauen ließ. Anfang des 19. Jahrhunderts trug sich dort eine seltsame Geschichte zu: An einem sehr heißen Sommertag, als die Luft besonders schwül war und sich kein Lüftchen regte, braute sich ein furchtbares Unwetter zusammen mit schwarzen tiefhängenden Wolken, zuckenden Blitzen und schweren Regentropfen, die bald in Hagelkörner übergingen und zu Boden prasselten. Eine Frau, die man später im Ort Hoyers Großmutter nannte, sah von ihrem Fenster aus, wie sich eine Gruppe Zigeuner am Haus gegenüber unterzustellen versuchte und rief diese in ihrer gutherzigen Art zu sich ins Haus herein – eine erstaunliche Tat angesichts des Mißtrauens, das man damals Zigeunern entgegenbrachte. Am nächsten Morgen, als das Wetter besser geworden war, zogen die Fremden weiter, bedankten sich aber auf eine ungewöhnliche Weise: sie ließen sich durch das ganze Haus führen und sprachen einen geheimnisvollen Feuersegen darüber aus. Einige Jahre später, als am 15.9.1854 der große Stadtbrand wütete und neben dem Rathaus und der Schule noch 72 Wohnhäuser und 42 Scheunen vernichtet wurden, blieb dieses Haus unversehrt und steht noch heute an seinem Platz.

In einer Zeit, in der Stadtbrände solch verheerende Auswirkungen hatten, ist es verständlich, daß im Volksglauben viele Mittel zur Verhütung solcher Katastrophen bekannt waren. Neben dem Feuersegen gab es viele Schutzpraktiken. So war zum Beispiel noch im vorigen Jahrhundert in der Hohnsteiner Gegend der Glaube lebendig, eine mit der Öffnung in Richtung des Brandherdes gestellte Backdöse (Holzgefäß zum Teigeinrühren) würde das Feuer davon abhalten, auf das Nachbarhaus überzuspringen.

„Schwedenkreuz"

Im Ortsteil *Hertigswalde* findet man ein altes Steinkreuz, das in dieser Gegend allgemein „Schwedenkreuz" genannt wird. Es steht an der Dorfstraße, die nach *Saupsdorf* und *Hinterhermsdorf* führt, in der Nähe der Schule im Vorgarten eines Wohnhauses. Bis zur Jahrhundertwende glaubte man, das Kreuz sei eine Pilgerstation aus vorreformatorischer Zeit, doch konnte diese Annahme widerlegt werden. Auch der Name „Schwedenkreuz", der sich bis heute eingebürgert hat, kann nicht als Deutungshilfe herangezogen werden, da die Form des Kreuzes auf eine ältere Entstehungszeit hindeutet. Obwohl nun der Ursprung des Steines im Dunkeln zu bleiben scheint, so behauptet doch eine andere bekannte Sage, daß es hier nicht geheuer sein soll. Die Leute erzählen, daß es „scheecht". Als sich einst hier ein gespenstischer Ziegenbock sehen ließ, der große Hörner und feurige Augen hatte und Vorübergehende in die Beine stieß, da sagte ein Mann im Dorf, er würde diesem Ziegenbock seine Sense in den Kopf hacken, falls er ihm einmal begegne. Eines Tages ging dieser Mann in der Frühe zum Hauen auf die Wiese – da wartete das Tier auf ihn. Als er nun mit seiner Sense ausholen wollte, konnte er sich nicht vom Fleck rühren. Auch später zu Hause konnte er nicht essen und mußte sich zu Bett legen.

SEELITZ (Lkr. Mittweida)

Steinkreuz

In Seelitz, einem kleinen Dorf südöstlich von *Rochlitz*, findet man an der Straße nach *Zöllnitz* ein Steinkreuz. Es trägt eine Ritzzeichnung, die eine menschliche Gestalt zeigt, die als Mönch bzw. als Geistlicher mit betenden oder segnenden Händen gedeutet wurde.

Es gibt auch zu diesem Kreuz mehrere Versionen über dessen Bedeutung. So wurde es im vergangenen Jahrhundert oft als Stationskreuz gedeutet, an dem die katholische Prozession hielt. Ein anderer Bericht spricht davon, daß hier ein Pilger bestattet worden sein soll, da solche angeblich nicht auf Friedhöfen hätten begraben werden dürfen. Über das genaue Alter des Steines ist nichts bekannt.

SOHLAND AM ROTSTEIN
(Niederschlesischer Oberlausitzkreis)

Georgenberg / Rotstein

Eine der schönsten Aussichtspunkte des Oberlausitzer Gebirges ist der Rotstein nördlich von Sohland, ein Berg, der durch seine nach Süden offene Hufeisenform auffällt. Nach einer alten Sage sollen sich auf

ihm einst eine Burg und in deren Nähe eine dem heiligen Georg geweihte Kapelle befunden haben. Diese Kapelle, die im Mittelalter in hohem Ansehen stand, kam durch eine dort verübte Greueltat in Verruf und verfiel daraufhin. So war es dazu gekommen: Auf der Burg soll früher ein Raubritter gelebt haben. Als er einmal einen von kostbar gekleideten Dienern begleiteten Wagen die Straße entlangfahren sah, entschloß er sich, durch List in dessen Besitz zu gelangen. Er verkleidete sich als Pilger und begab sich zu einem Haus, an dem der Wagen Halt gemacht hatte. Dort erfuhr er, daß es sich um eine adlige polnische Dame handelte, die nach dem Tod ihres Gatten Deutschland bereiste. Dem Räuber gelang es, sie zu einem Besuch der Georgenkapelle zu veranlassen. Er bot sich als Führer an, und mit Hilfe einiger seiner Knechte, die schon an einer verabredeten Stelle auf der Lauer lagen, gelang es ihm, die Dame in seine Gewalt und auf seine Burg zu bringen. Nur ihrer Dienerin gelang die Flucht. Diese lief in den Ort, und einige zufällig anwesende Ritter entschlossen sich sofort, das Raubschloß zu überfallen. Dies gelang ihnen auch. Der Raubritter fiel nach verzweifelter Gegenwehr, doch von der Dame fand man keine Spur mehr und ahnte, daß sie wohl ermordet worden war. Man brannte die Burg nieder; die Georgenkapelle wurde seit diesem Vorfall gemieden und geriet in Verfall.
Eine Burg im eigentlichen Sinn ist auf dem Rotstein nicht nachweisbar. Die Sage könnte aber den slawischen Ringwall meinen, den man noch sehen kann und der auf einem gut beschilderten Naturlehrpfad zu erreichen ist. Die Georgenkapelle, die ebenfalls auf diesem Wanderweg zu erreichen ist, stand auf dem Georgenberg, einer Erhebung dem Rotstein gegenüber. Von dieser sind nur noch Mauerreste und eine Vertiefung im Boden zu sehen. Über ihre Entstehungszeit gibt es keine konkreten Hinweise; sie stammt vermutlich aus dem 14. Jahrhundert. Vor etwa 200 Jahren wurde sie dem Verfall preisgegeben.

STOLLBERG (Lkr. Stollberg)

Kärrnerloch

Burg und Stadt Stollberg wurden Mitte des 13. Jahrhunderts von den Erkenbertingern (Erkenbert IV. von Tegkwitz und dessen jüngstem Sohn, der sich ab 1228 Burggraf von Starkenberg nannte) gegründet. Nach den Schönburgern, welche die Herrschaft ab 1300 besaßen, ging der Besitz Ende des 14. Jahrhunderts an

den König Wenzel von Böhmen über, gelangte aber nach langem Hin und Her an die Wettiner.
Die Gegend um Stollberg ist schon seit alter Zeit sagenumwoben und unheimlich. Auf den Landstraßen der Umgebung will man bei Nacht oft einen Reiter ohne Kopf gesehen haben, der in einen langen schwarzen Mantel gehüllt auf einem schwarzen Roß reitet.
Im heutigen Stadtteil Hoheneck, wenige Meter südlich des Friedhofes an der Hartensteiner Straße liegt der sogenannte Walkteich. Dort ist eine sumpfige Stelle, die man das Kärrnerloch nennt. Mit diesem hat es der Sage nach folgende Bewandtnis: Am Stadtrand wohnte einst ein junger Mann, der als Kärrner einen Handel mit allerlei Kramwaren trieb, die auf den Dörfern benötigt wurden. Seine Wirtin hatte eine Tochter, die ihm sehr gefiel und er entschloß sich eines Tages, sie zu fragen, ob sie seine Frau werden wollte, was diese bejahte. An jenem Abend mußte er aber noch bestellte Waren ins nahe Wittendorf bringen, und er machte sich auf den Weg, obwohl es Nacht wurde. Seine Braut beruhigte er damit, daß der Mond scheine und er den Weg genau kenne. Als er am nächsten Tag jedoch immer noch nicht zurück war, erkundigte man sich besorgt im Nachbarort. Man erfuhr, daß er noch in der Nacht den Rückweg angetreten hatte, und als man die Spuren seines Karrens entdeckte und sah, daß sie in jenem morastigen Loch endeten, waren Entsetzen und Verzweiflung groß. Seit dieser Zeit nennt man das Sumpfloch im Walkteich das „Kärrnerloch".

STOLPEN (Lkr. Sächsische Schweiz)

Burg Stolpen und Schafberg

Weithin sichtbar ragt die Burg Stolpen auf ihrem Basaltfelsen über dem gleichnamigen Ort empor. Die wahrscheinlich aus einem eigenen Burgwardbezirk hervorgegangene Anlage ging 1222 in den Besitz der Meißener Bischöfe über. Erst 1559 kam sie an den Kurfürsten August, der sie kampflos besetzte. Oft hielt er sich später mit seiner Gemahlin Anna hier auf. Schon 1521 diente die Burg als Gefängnis, damals für lutherisch gesinnte Geistliche. Berühmt wurde die Burg aber vor allem dadurch, daß hier August der Starke eine seiner Mätressen, die Gräfin Cosel (1680 bis 1765), inhaftieren ließ, die danach das Schloß bis zu ihrem Tode nicht mehr verlassen hat. Die geborene Anna Constantia Brockdorff, war eine der bedeutendsten Mätressen des 18. Jahrhunderts. Als August der Starke die neunzehnjährige, bildhübsche Gattin seines

Anna Constanze Gräfin von Hoym, geborene Brockdorf. Gemälde von Adám Mányoki, um 1711

Kabinettsministers Adolf von Hoymb sah, veranlaßte er diesen, in die Scheidung einzuwilligen, und machte sie zu seiner Geliebten. Die junge Frau forderte vom König, ihr mit Brief und Siegel zu bestätigen, daß er sie einst nach dem Tod seiner Gattin zur Kurfürstin von Sachsen machen würde. August der Starke erhob sie in den Rang einer Reichsgräfin von Cosel, ohne zu ahnen, daß sie durch Intrigen und Fälschungen ihre Machtstellung bei Hof in selbstsüchtiger Weise ausbauen würde. Als sie durch die jüngere Gräfin Dönhoff aus der Gunst des Königs gedrängt wurde und dieser von ihr vergeblich das schriftliche Eheversprechen zurückverlangte, ließ er sie verhaften und im Johannisturm der Burg Stolpen einsperren, den man seitdem auch Coselturm nennt.

Die nach dem Siebenjährigen Krieg aufgelassene Festung wurde 1813 von den Franzosen mit neuen Anlagen verstärkt, die bei ihrem Rückzug aus Dresden gesprengt wurden. Dadurch sind bedeutende Teile der Festung zerstört worden. Heute ist die Burg ein Touristenmagnet und beherbergt ein interessantes Museum. Folgt man der Schützenhausstraße nach Osten in Richtung Langenwolmsdorf, dann kommt man nach

Friedrich August I., König von Polen und Kurfürst von Sachsen. Kupferstich von C. A. Wortmann

etwa einem Kilometer am Schafberg vorbei. Eine Sage behauptet, daß hier die Gräfin Cosel begraben worden sei. Sie hat aber keine Ruhe im Grab, wandert Tag und Nacht herum und soll von den Talern, die sie mit in ihr Grab genommen hat, den Leuten geben, die ihr standhalten – eine Sagenbildung, die der tatsächlichen Persönlichkeit dieser interessanten Frau sicher nicht gerecht wird. Tatsächlich soll die Gräfin während ihrer Haft in Stolpen den Wunsch geäußert haben, nach ihrem Tod am Schafberg begraben zu werden. Dies wurde ihr aber nicht erfüllt. Stattdessen fand sie in der Schloßkapelle der Burg Stolpen ihre letzte Ruhe.

Strehla (Lkr. Riesa-Großenhain)

Nixstein

Fährt man von Riesa aus auf der B 182 in Richtung *Torgau*, dann erreicht man nach 7 Kilometern den Ort Strehla. Das über der Elbe aufragende Schloß wurde schon im Jahre 1002 bei Thietmar von Merseburg als Burg erwähnt, was durch reichhaltige Funde aus die-

ser Zeit bestätigt wird. Thietmar (975–1018) war ein Sohn des Grafen Siegfried von Walbeck und mit dem sächsischen Kaiserhaus verwandt. Ausgebildet in Quedlinburg und Magdeburg, wurde er Bischof von Merseburg. Als bedeutender Geschichtsschreiber hinterließ er eine Chronik in acht Büchern, die die Reichsgeschichte von 908–1018 umfaßt.
Ein Ringwall mit einem Durchmesser von 100 Metern und einer Wallhöhe von teilweise 5 Metern läßt in dieser Gegend eine Siedlungstätigkeit schon um 900 herum möglich erscheinen. Diese Anlage befindet sich etwa 700 Meter nördlich des Schlosses im Ortsteil Görzig.
In unmittelbarer Nähe des Walls an der Elbe gibt es einen Felsen, den man den Nixstein nennt. Von dem ursprünglichen Felsen ist allerdings nur noch ein kleines Stück zu sehen: da er die Elbeschiffahrt behinderte, wurde er gesprengt. Das übriggebliebene Stück befindet sich am Ufer im sogenannten unteren Elbteich. Von diesem Stein erzählt man sich, daß hier jährlich ein Mensch im Wasser umkommen müsse. Auch soll hier oft Wäsche zum Trocknen aufgehängt sein, die den Nixen gehört. Man sah auch eine unbekannte Person hier sitzen, die alte Schuhe flickte und augenblicklich verschwand, wenn sich jemand dem Felsen näherte. Alte Leute erzählen, daß oft ein unbekanntes Mädchen in die Stadt kam, deren Kleider um die Füße herum naß waren. Sie soll auf den Markt gegangen sein, um einzukaufen und danach wieder zu verschwinden.
Eine seltsame Begebenheit aus dem 17. Jahrhundert erzählt man sich noch heute: Es kam eines Tages ein unbekannter Mann in die Stadt geritten und bat eine

Wassergeister

Hebamme, ihn zu begleiten. Er führte sie zum Nixstein, wo sich der Fels öffnete und ein Gemach sichtbar wurde, in dem eine kreißende Frau lag. Die Hebamme half ihr bei der Entbindung, durfte dann aus einer mit Dukaten gefüllten Truhe ihren Lohn nehmen und wurde unbeschadet wieder nach Hause geführt. Das erhaltene Goldstück ist der Frau, so oft sie es ausgegeben hat, immer wieder von selbst in die Tasche zurückgekehrt.
Das Motiv von der Geburtshilfe bei dämonischen Wesen kommt sowohl in Zwergen- als auch in Wassergeister-Sagen vor. Hebammen oder „weise Frauen" haben besonderes Fachwissen, kennen sich in der Volksmedizin aus, die sowohl empirisch wie magisch arbeitet, und sind daher prädestiniert für Kontakte mit der Geisterwelt. Das zum Lohn erhaltene Goldstück ist ein sogenannter „Heck"- oder „Wechseltaler", auch „Teufelsgeld". Es geht nie aus, sondern vermehrt sich (heckt) u. U. auch auf wunderbare Weise.

SYRAU (Vogtlandkreis)

Drachenhöhle und Drachenburg

In Syrau, einem kleinen Ort nordwestlich von *Plauen* gelegen, erzählt man sich eine Sage von einem Drachen, der vor vielen Jahrhunderten im nahen Stadtwald gehaust haben soll. Diese Sage trägt deutlich die Züge der bekannten St. Georgs-Legende. Georg, ein christlicher Märtyrer, besiegte im Kampf einen Drachen, der die lybische Stadt Silena bedrohte und täg-

Der heilige Georg tötet den Drachen.

lich eine Jungfrau verspeiste. Er befreite damit die durch das Los als Opfer bestimmte Königstochter. Die Syrauer Sage verlegte den Stoff ins bäuerliche Millieu und übertrug sie auf hiesige Gegebenheiten. Der Drache im Stadtwald, der sich von Wanderern ernährte, die auf der Straße den Wald durchqueren mußten, konnte von den einheimischen Bauern nicht bezwungen werden. Doch brachten sie das Untier wenigstens dahin, die Bewohner von Syrau zu schonen und nur fremde Durchreisende zu verschlingen. Das wurde natürlich im ganzen Land ruchbar; die Leute mieden die Gegend, und der Drache forderte bald ein tägliches Menschenopfer von den Syrauern. Da auch täglich gelesene Messen den Ritter St. Georg nicht erscheinen ließen, war die Verzweiflung sehr groß. Als das Los eines Tages auf die schöne Bauerstochter Elsbeth fiel, machte sich Hans, ihr Geliebter, auf und tötete den Drachen mit einer Heugabel.
Die heute als Ausflugsziel sehr beliebte „Drachenhöhle" in Syrau wurde erst Anfang des 20. Jahrhunderts entdeckt und als Besucherhöhle erschlossen. Der Drache aus der Sage wird dort als seltsame Felsbildung gezeigt. Ebenso hat der nordöstlich von Syrau aufragende, 489 Meter hohe Berg „Drachenburg" seinen Namen im Zusammenhang mit jener Sage erhalten – doch ist nicht ermittelbar, ob es einst einen vorchristlichen Kultplatz dort gegeben hat. Sicher ist nur, daß auf diesem Berg eine Kapelle stand, die erste Kirche von Syrau, in der die Frühmesse stattfand. Historisch bezeugt wurde um 1544–47 die „Frühmess zur Pfarr geschlagen" und die Kapelle verfiel. Interessant ist, daß Anfang des 17. Jahrhunderts unter den Trümmern der Kapelle eine „etwa 1 Elle hohe Glocke" ausgegraben und im Kirchturm aufgehängt wurde, wo sie sich auch heute noch befindet. Sie trägt die Inschrift HILF + HER + GOT + UNS + AUS + NOT, die sagenhaft als Hinweis auf die Drachennot gedeutet wird.

Syrauer Wald

In der Nähe der B 282 im Syrauer Wald soll ein Gespenst umgehen. Es handelt sich um den Geist eines Bauern, der angeblich im Krieg von Soldaten totgeschlagen wurde, weil er seine Pferde samt Wagen nicht hergeben wollte. Er erscheint in Bauernkleidern mit einer Tabakspfeife in der Hand und hat die schlechte Angewohnheit, den ihm geltenden Gruß stets unbeantwortet zu lassen.

Taubenheim (Sohland an der Spree, Lkr. Bautzen)

Taubenberg

Östlich von Sohland, an der Grenze zur Tschechischen Republik, liegt die Gemeinde Taubenheim. Das von fränkischen Siedlern angelegte Waldhufendorf wird in einer in der Kirche des Nachbarortes *Sora* entdeckten Urkunde von 1186 erstmals erwähnt. Der Ortsteil Neutaubenheim befindet sich am Fuß des 456 Meter hohen Taubenberges, der als Sagenort in Erscheinung tritt. Dort sollen nämlich unermeßliche Schätze liegen. In Kriegszeiten, so behauptet die Sage, hätten die Leute ihr Geld und sonstiges bewegliches Gut auf diesem Berg vergraben, wo es angeblich vom Teufel selbst bewacht wurde.

Einst soll ein reicher Mann aus Böhmen sein ganzes Vermögen dort versteckt und dabei gesprochen haben: „Ich werde es nicht mehr holen, aber wenn einmal ein Junge zur Welt kommt, der schneeweißes Haar trägt, der soll den Schatz heben." Der Krieg ging zu Ende, der Eigentümer war verstorben, und tatsächlich wurde bald ein Junge mit weißem Haar geboren. Als er zwanzig Jahre alt war, bestieg er den Berg, wo ihm ein graues Männchen erschien und ihm erklärte, wie er an das ihm zustehende Vermögen herankäme. Es erlaubte ihm, einen Nachbarn als Helfer mitzubringen und riet ihm, ein Stück geweihte Kreide mitzubringen, um einen schützenden Kreis um den Platz zu ziehen. Außerdem dürften er und sein Begleiter kein einziges Wort sprechen, was immer geschehe. Als dann in der folgenden Nacht die zwei auf den Berg gingen, erschien ihnen ein Ritter, der sie fragte, ob sie einen Herrn in einer Kutsche gesehen hätten. Sie antworteten nicht. Daraufhin setzte ein Steinregen ein, doch kein Stein traf sie. Danach erhob sich ein gewaltiger Sturm, der die Bäume ächzen ließ. Als eine alte Tanne sie fast zu erschlagen drohte, konnte der Begleiter nicht länger an sich halten und rief: „Jesus, Maria, jetzt erschlägt's uns!" Da öffnete sich die Erde, und beide erblickten eine große Kiste – doch bevor die zitternden Schatzsucher näher treten konnten, verschwand alles, und sie mußten unverrichteter Dinge zurückkehren. Noch heute liegt dieser Schatz auf dem Taubenberg.

Schatzsagen haben eine reale Grundlage in der Tatsache, daß in Kriegszeiten tatsächlich nicht selten Geldmünzen u. a. Kostbarkeiten vergraben worden sind. Daß Geisterspuk die Schatzhebung mißglücken läßt, ist ein häufiges Motiv.

TAUCHA (Lkr. Leipziger Land)

Winneberg

Folgt man der Eilenburger Straße von Leipzig aus in nordöstliche Richtung, dann kommt man einige Kilometer jenseits der Autobahn A 14 nach Taucha. Dieser Ort wird schon im 10. Jahrhundert erwähnt. Im Jahre 979 kam er durch Schenkung Kaiser Ottos II. zum Bistum Merseburg und fiel bereits 981 an das Erzbistum Magdeburg, zu dem es bis in die Mitte des 14. Jahrhunderts gehörte. Die Entwicklung Leipzigs als Markt- und Messeort hatte auch für Taucha zur Folge, daß dessen eigener Jahrmarkt über eine eng begrenzte regionale Bedeutung nicht hinauskam.

Fährt man vom Stadtzentrum in Richtung Osten die Drewitzer Straße entlang, dann findet man nach einem Kilometer auf der rechten Seite den Winneberg, früher auch fälschlich Gewinneberg genannt. Hier befindet sich ein alter Ringwall aus slawischer Zeit, der aus zwei parallel verlaufenden Wällen mit einem Zwischengraben besteht.

Eine in dieser Gegend bekannte Sage behauptet, daß ein großer Schatz im Winneberg versteckt sein soll. Nur alle hundert Jahre soll es möglich sein, ihn zu heben. An dem bestimmten Tag soll ein helles Feuer an der Stelle lodern, an welcher dieser Schatz liegt, und damit anzeigen, daß der bewußte Tag gekommen ist. Auch gibt es einen Geist, der ihn bewacht.

Mit diesem hat es folgende Bewandtnis: Einem armen, in Taucha lebenden Tagelöhner erschien einmal nachts ein Geist, der ihm versprach, ihn zu einem großen Schatz zu führen. Er führte ihn auf den Winneberg an die bewußte Stelle, an der das Feuer loderte, und übergab ihm den Schatz sowie eine kleine Schelle, die immer dann ertönen werde, wenn er etwas Gutes tun sollte. Falls er den Schatz nicht gut verwendete, dann würde er selbst zum Geist werden und seinen Vorgänger ablösen müssen, bis wieder hundert Jahre vergangen wären und er sich einen Nachfolger suchen könne. Der auf diese Weise schnell reich Gewordene entschloß sich, mit dem Schatz ein gutes Werk zu tun, um dem Schicksal seines Vorgängers zu entgehen, und ließ eine Kirche bauen. Als das Geld aber knapp zu werden begann und er sich überlegte, den Rest doch besser für sich selbst zu verbrauchen, da zog ein Gewitter auf, ein Blitz erschlug ihn und zerstörte die noch unvollendete Kirche. Seitdem zieht er um Mitternacht klagend über den Winneberg und hofft auf Erlösung durch einen anderen Unglücklichen.

THARANDT (Weißeritzkreis)

Todteichbach

Etwa vier Kilometer westlich von *Freital* liegt Tharandt. Wohl nach 1200 entstand hier auf einem Bergsporn die markgräfliche Burg, die heute nur noch als Ruine erhalten ist, nachdem sie seit Mitte des 16. Jahrhunderts als Steinbruch benutzt wurde.
Folgt man vom Ortskern aus in Richtung Nordwesten der Talmühlenstraße, dann findet man den sogenannten „Todteichbach", der sich abwechselnd auf der rechten oder linken Seite der Straße befindet. Nach einer steilen Linkskurve gelangt man in den Ebergrund und zur Talmühle. Hier soll der Sage nach der Bach einst einen kleinen Teich gebildet haben, den „Todteich". Bis zum Ende des 18. Jahrhunderts war es in dieser Gegend noch Sitte, Ende des Winters den Tod auszutreiben. Dazu wurde eine den Tod darstellende Strohpuppe angefertigt, die erst unter großem Spektakel durch den Ort getragen und dann in diesen Teich geworfen wurde. Daher soll er seinen Namen haben. Außerdem erzählt die Sage, daß man bei Sonnenschein ein steinernes Bild des Todes auf dem Grund des Teiches liegen sehen konnte.
Der Brauch des Winteraustreibens ist in vielen Regionen noch lebendig. Meist geschieht es allerdings im Gegensatz zu der hier beschriebenen Version durch Feuer. Besonders in der Fastenzeit oder am Vorabend von Walpurgis (30. April) vertreibt man in symbolischer Form den Winter, indem man eine Strohfigur, die „Hexe", das „alte Weib" oder „Winters Großmutter" auf einem Holzstoß verbrennt. Aus Schlesien ist dagegen der Brauch überliefert, einen in einen Pelzmantel gehüllten und mit einer Mütze versehenen Strohmann, den man den „Tod" nannte, zum Dorf hinauszutragen und dann in einem Loch zu verbrennen.

TREUEN (Vogtlandkreis)

Schloßberg

Westlich von *Auerbach* liegt der vogtländische Ort Treuen. Erstmals 1329 als „castrum Drewen" urkundlich genannt, sind von der einstigen Burg nur geringe Reste erhalten. Man findet sie im Südosten des Ortes auf einem kleinen Bergsporn. Das Areal umfaßt etwa 30 Meter im Durchmesser und zeigt noch geringe Reste der alten Umfassungsmauer.
Von dieser mittelalterlichen Höhenburg erzählt die Sage, sie enthalte ein geheimes Gewölbe, in dem die

Hussiten einst, als sie hier vorüberzogen, ungeheure Mengen Geldes versteckt hätten. Noch keinem ist es gelungen, den Schatz zu heben, denn wer auch immer den gut versteckten Eingang hatte finden können, war einem eisernen Wächter begegnet. Gelang ihm die eilige Flucht nicht, so mußte er in dem dunklen Raum schließlich elend verschmachten.

VENUSBERG (Mittlerer Erzgebirgskreis)

Rittergut
Das ehemalige Rittergut in Venusberg, einem Dorf in der Nähe von *Scharfenstein*, stammt wahrscheinlich schon aus der Zeit der Ortsgründung, die man in der zweiten Hälfte des 12. Jahrhunderts vermutet. Kreuzgewölbe in den Kellerräumen datieren aus dieser Zeit. Dieses Gut war das größte in der Gegend und bildete einen sogenannten Gutsbezirk mit eigener Verwaltung, der erst 1921 aufgelöst wurde. Die Besitzer wechselten oft. Um 1440 wird ein Heinz von Wiedebach genannt, 1534 besaß es der Annaberger Bergherr Sebaldus von Hühnerkopf, dem Haubold von Einsiedeln zu Scharfenstein folgte. Im 17. Jahrhundert besaßen es die von Stanges; 1647 fiel es an die bekannte Familie von Moser. In der langen Kette der weiteren Besitzer wären noch erwähnenswert die Familie von Polenz und der Königlich Sächsische Rittmeister Friedrich Moritz von Reitzenstein, welche das Gut im 18. bzw. 19. Jahrhundert erwarben. Nach dem 2. Weltkrieg wurde es im Zuge der Bodenreform an Neubauern vergeben und 1952 eine LPG (Landwirtschaftliche Produktionsgenossenschaft) darin untergebracht. Derzeit steht es leer, da es saniert werden muß. Über eine künftige Nutzung ist noch nicht entschieden.
In diesem Rittergut geht seit vielen Jahrhunderten eine „Weiße Frau" um. Mit ihrem Erscheinen kündigt sie jeweils den Besitzern des Gutes einen bevorstehenden Todesfall an. Geht sie dabei aus dem Haus heraus über den Hof, dann bedeutete dies, daß es jemanden im Haus selbst treffen wird. Betrifft der Todesfall jemanden in der Verwandtschaft außerhalb des Hauses, dann sieht man sie nur hin und wieder zu einem Fenster herausblicken. Welche historische Person sich hinter ihr verbirgt und welches Schicksal sie zu diesem ruhelosen Dasein verdammte, ist nicht bekannt.
Geheimnisvoll erscheint auch der Ortsname: Ganz sicher hat er nichts mit der Venus zu tun, doch eine eindeutige Erklärung gibt es nicht. Verschiedene Schreibweisen, wie „Fennchbergk" (1414), „Fenichperk" und

„Fenußberg“ (1525), „Fenneßperg“ (1551), „Vensberg“ (1585) oder „Fenichsberg“ (1618), scheinen sich vom althochdeutschen Wort „fenisch“ abzuleiten, das „wilde Hirse“ bedeutet, auch „Fenneßgraß“ genannt.

→ Meerane

WALDENBURG (Lkr. Chemnitzer Land)

Nixenstein

Die idyllische, auf einer Höhe über der Zwickauer Mulde erbaute Stadt gewann durch ihre Töpfereien ab dem 16. Jahrhundert besondere Bedeutung. Von der zwischen 1165 und 1172 von den Reichsministerialen Hugo von Wartha und Rudolf von Brand erbauten Burg ist nur noch der Bergfried erhalten.

Nixen

Es ist nicht verwunderlich, daß diese landschaftlich reizvolle Umgebung zur Sagenbildung Anlaß gab. So findet man im Flußbett der Zwickauer Mulde, etwa in Höhe des Sportplatzes im Stadtteil Altstadt, eine flache steinige Stelle, die bei Niedrigwasser gut zu sehen ist. Diese heißt „der Nixenstein“. Dort soll eine ganze Nixenfamilie wohnen. Ab und an kann man sie unter den Anwohnern in der Umgebung sehen, allerdings immer nur ein Glied dieser Familie. Man erkennt die Nixenfrauen, denen man oft auf dem Wochenmarkt begegnet, nur an dem nassen Saum ihrer Kleider. Wenn man ihnen unauffällig folgt, kann man beobachten, wie sie in der Nähe des Nixensteines verschwinden oder sich in das Wasser stürzen.

→ Rossendorf

Waldheim (Lkr. Döbeln)

Wachberg

Rund sieben Kilometer südwestlich von *Döbeln* liegt Waldheim, das im Zuge der deutschen Ostsiedlung um 1200 in einem vorher nicht besiedelten Waldgebiet gegründet wurde. Für das Jahr 1271 ist die Existenz einer Burg bezeugt, die aber wahrscheinlich schon vorher bestand. Landesherrn waren von Anfang an die Markgrafen von Meißen. Die Burg wurde 1404 Eigentum der Augustiner, die sie in ein Kloster umwandelten. Nach der Reformation wurde es von Georg von Carlowitz aufgelöst und für Wohnzwecke umgestaltet. Seit 1716 wurde ein Zucht-, Armen- und Weisenhaus darin untergebracht, seit dem 19. Jahrhundert war es nur noch Strafanstalt.

Im Süden der Stadt, kurz vor dem Ortsteil *Schönberg* findet man den Wachberg, auf dem seit 1871 der Siegesturm steht. Er hieß vorher Rahmenberg oder auch der kahle Berg. Die Sage berichtet, daß hier noch bis 1831 das Holzkreuz eines ehemaligen Kreuzweges gestanden haben soll, und schildert eine schreckliche Greueltat, die einst in dessen Nähe im Wald verübt wurde: Ein Mönch des Waldheimer Klosters, der ein großer Bösewicht war, soll seine eigene Schwester zur Blutschande gezwungen haben, wobei ein Kind gezeugt wurde. Um seine Freveltat zu verbergen, führte er sie unter dem Vorwand, sie an einen sicheren Ort zu bringen, wo sie mit ihrem Kind in Ruhe leben könnte, zu diesem Berg, wo er beide niederstach. Im Sterben verfluchte sie ihren Mörder, er solle im Grab solang keine Ruhe finden, bis ein Toter, der im Leben noch größere Gräuel verübt hätte, über den Mordplatz getragen würde.

Noch bis ins vorige Jahrhundert ist der Geist des Mönchs an dieser Stelle um Mitternacht gesehen worden: weinend und klagend, den blutigen Dolch in der Knochenhand, stand er in der Nähe des Kreuzes.

Der sogenannte „Kreuzfelsen“ an der Zschopau im Norden der Stadt hat mit dieser Sage nichts zu tun; Anfang des 20. Jahrhunderts wurde hier ein Kreuz errichtet zum Gedenken an den Selbstmord eines jungen Mädchens aus Liebeskummer.

Waltersdorf (Lkr. Löbau-Zittau)

Lausche

Etwa 12 Kilometer westlich von *Zittau*, im Zittauer Gebirge, liegt Waltersdorf. Südlich des Ortes findet

Vom Zauber verwandelt

man an der Grenze zur Tschechischen Republik einen sagenumwobenen Berg, die 793 Meter hohe Lausche. Man erzählt sich in dieser Gegend, daß man gelegentlich auf dem Berg einen Wundervogel sehen könnte, der Beine wie ein Storch, Kopf und Schnabel wie ein Geier, Flügel wie ein Fregattvogel und einen Schwanz wie der „Sekretär“ habe – auch die beiden letztgenannten Vögel gibt es wirklich, sie kommen jedoch nur in tropischen Ländern vor. Bei diesem merkwürdigen Tier soll es sich um einen verzauberten böhmischen Prinzen handeln, dem seine Jagdleidenschaft zum Verhängnis geworden war. Einst soll er nämlich einen Adler geschossen haben, der unglücklicherweise in den Garten eines hier auf der Lausche lebenden Zauberers fiel. Als sich der Prinz dessen Anwesen näherte, berührte ihn der in seinem Mittagsschlaf gestörte Unhold mit seinem Zauberstab und sagte: „Sei einer des Geschlechts, wovon du einen getötet, so lange bis dich ein Jäger erlegt!“

WALTERSDORF (Lkr. Sächsische Schweiz)

Lilienstein

Einer der auffälligsten und bekanntesten Felsgebilde der Sächsischen Schweiz ist der 415 Meter hohe Lilienstein. Er ragt hoch über der Elbe gegenüber der Festung Königstein empor. Da er auf der anderen, der nördlichen Elbeseite liegt, erreicht man ihn nur, indem man von Dresden her schon über eine Brücke in *Pirna* auf diese Seite übersetzt oder von *Königstein* aus bis *Bad Schandau* fährt und von dort über *Porschendorf* nach Waltersdorf reist. Unterhalb des Liliensteins befindet sich ein Parkplatz, von dem aus man auf zwei Wegen den Gipfel besteigen kann.

Aus dem Jahre 1379 ist eine Überlieferung bekannt, in welcher der Felsen „Ylgenstein" genannt wird. Zu dieser Zeit befand sich auf dem Plateau des Felsens eine böhmische Burg, von der nur noch geringe Reste des Walles zu sehen sind. Im Zusammenhang mit der Erwerbung des Königsteins vom böhmischen König durch die Wettiner kam auch das Gebiet um den Lilienstein 1406 an die Mark Meißen.

Aus alter Zeit, als der Felsen noch nicht touristisch erschlossen war und sich dort noch keine Gaststätte befand, ist eine Sage überliefert, die den Berg in einem geheimnisvollen Licht zeigt. Einige Leute, die aus Neugier den Berg bestiegen hatten, berichteten von einer Tür, hinter der sich ein Kellergewölbe befand. Sie wagten sich nicht hinein – erzählten aber von einem großen Schatz, der in einer Braupfanne lag. Als sie später mit anderen Leuten, die sie zu Hilfe geholt hatten, den gekennzeichneten Ort suchten, fanden sie ihre Markierungen und damit die Tür nicht mehr. Auch andere versuchten, den Schatz zu finden, aber sie wurden angeblich von einem Wächter vom Felsen herabgeworfen und sollen am anderen Morgen, gottlob unbeschadet, am Fuß des Berges gefunden worden sein.

Eine weitere Sage im Zusammenhang mit dem Schatzkeller auf dem Lilienstein verdeutlicht noch einen anderen bekannten Aspekt der Feen- und Geisterwelt, den anders ablaufenden Zeitfluß: Eine Frau aus Waltersdorf, die mit ihrem kleinen Kind auf den Lilienstein zum Beerensammeln ging, fand ebenfalls die geheimnisvolle Schatztür. Sie ging hinein und fand dort große Goldhaufen, von denen sie sich soviel nahm, wie sie tragen konnte. Als sie, ihr Kind zurücklassend, hinauslief, um das Gold in ihren Tragkorb zu werfen, schloß sich die Tür und verschwand. Sie mußte ihr Kind als verloren ansehen. Auf den Tag genau ein Jahr später kam sie wieder zum Lilienstein und fand die Tür erneut offen. Im Innern lag ihr Kind auf einem Tisch, als ob nur ein Tag vergangen wäre, und spielte mit goldenen Äpfeln und Birnen.

→ Burgstädt

WECHSELBURG (Lkr. Mittweida)

Klosterkirche

Ursprünglich als Augustinerchorherrenstift wurde das Kloster um 1160 herum von Graf Dedo von Groitzsch-Rochlitz (vor 1142 –1190), dem Sohn Markgraf Konrads von Meißen, gegründet. Der Ort hieß damals noch *Zschillen* und wurde erst im 16. Jahrhundert in Wechselburg umbenannt. Nachdem es aufgrund von Disziplinarmaßnahmen durch den Bischof von Meißen zu Gewaltakten gegenüber Propst und Prior gekommen war, wurde das Kloster im Jahre 1278 dem Deutschen Orden übergeben. Nach der ersten Visitation im Zuge der Reformation verließen die letzten Mönche im Jahre 1539 das Kloster, das 1541 aufgehoben und zwei Jahre später von Herzog Moritz an die Herren von Schönburg übergeben wurde. Das jetzige Schloß entstand 1746 auf dem Areal des ehemaligen Kreuzganges und einiger Nebengebäude des Klosters. Die sehr gut erhaltene Klosterkirche mit ihrem Lettner, der hölzernen Kreuzigungsgruppe sowie den Grabmalen Dedos und seiner Gemahlin zählt heute zu den bedeutendsten romanischen Basiliken in Mitteldeutschland und ist seit dem Kriegsende Wallfahrtskirche. Das Schloß beherbergt ein Sanatorium.

Über den wohl etwas übergewichtigen Dedo, einen Grafen von Rochlitz, erzählte man sich die Anekdote, daß er einst, als er mit Kaiser Heinrich VI. nach Apulien reisen wollte, auf den Gedanken kam, sich das überflüssige Fett aus dem Leibe schneiden zu lassen, damit es ihm auf der Reise nicht im Wege wäre. Nun scheint damals die Chirurgie noch nicht ganz auf einem mit heute vergleichbaren Stand gewesen zu sein, denn der Graf soll den Eingriff nur wenige Tage überlebt haben.

WEESENSTEIN (Müglitzral, Lkr. Sächsische Schweiz)

Mönchsgang im Schloß

Fährt man von Dresden aus die B 172 in Richtung *Pirna* und biegt in *Heidenau* nach rechts ab, so gelangt man, dem Tal der Müglitz folgend, nach Weesenstein. Dieser kleine Ort liegt zu Füßen des gleichnamigen Schlosses, das auf einem auf drei Seiten von der Müglitz umflossenen Felsen steht und 1318 erstmals als „Weysinberg, das hus der Burggrafen von Dohna“ erwähnt wird. Seit 1402 gehörte es den Markgrafen von Meißen, die damit die Herren von Bünau belehnten.

Unter diesem Adelsgeschlecht wurde die einstige Wehranlage zum Wohnschloß umgebaut und erweitert. Eine weitere intensive Bautätigkeit wurde am Anfang des 18. Jahrhunderts entfaltet und gipfelte in der Anlage eines französischen Parks im Jahre 1781. Für den heutigen Besucher besteht der besondere Reiz von Schloß Weesenstein nicht nur in dem Nebeneinander verschiedener Baustile von Mittelalter und Rennaissance bis zum Klassizismus, sondern eben auch in der verschachtelten Bauweise aufgrund der baulichen Erweiterungen in den verschiedenen Jahrhunderten. Heute befindet sich hier ein sehenswertes Museum.
In der Burgkapelle führt hinter dem herrschaftlichen Betstübchen ein Gang bis zur Orgelempore. Eine alte Sage behauptet, in diesem Gang lasse sich nachts zuweilen ein Mönch in schwarzer Kutte sehen, der seinen Kopf unter dem Arm trage. Leider weiß man nicht, wer dieser Mönch einst gewesen ist und durch welches Schicksal sein Geist keine Ruhe finden kann. Wegen der unheimlichen Erscheinung heißt dieser Gang „Mönchsgang“.

WEISSIG (Schönfeld, Lkr. Meißen-Radebeul)

Hutberg

Verläßt man *Dresden* auf der Bautzner Landstraße in Richtung Osten, dann erreicht man als ersten Ort hinter der Dresdner Stadtgrenze nach etwa einem Kilometer die Gemeinde Weißig, die heute mit *Schönfeld* eine Verwaltungseinheit bildet. Genau östlich des Ortes erblickt man den 311 Meter hohen sagenumwobenen Hutberg. Hier soll einst ein Zwergengeschlecht gelebt haben, das freundschaftliche Beziehungen zu den Bewohnern der Umgebung unterhielt. Die Zwerge verwalteten die Reichtümer des Hutberges, vor allem dessen Silbererze. So oft die Leute auch kamen, um ein Darlehen zu erbitten, wurde es ihnen nie verweigert. Allerdings waren die Zwerge sehr darauf bedacht, daß es zu dem vereinbarten Termin zurückgezahlt wurde. Geschah das nicht, dann traf den säumigen Zahler gewöhnlich irgendein Unfall.

WEISSIG (Thürmsdorf, Lkr. Sächsische Schweiz)

Nonnenstein

Fährt man von Dresden aus die B 172 über Pirna weiter in Richtung Königstein und biegt 7 Kilometer hinter Pirna links nach *Struppen* ab, dann gelangt man nach weiteren 6 Kilometern nach Weißig. Dieser Ort befindet sich auf der linken Elbeseite, dem Kurort *Rathen* gegenüber. Von Weißig aus führt ein Wanderweg zum Rauenstein, einer Felsgruppe nordwestlich des Ortes. Kurz davor biegt ein weiterer Wanderweg rechts ab und führt zu einem Felsgebilde, das man wegen seiner menschenähnlichen Form die „Nonne“ oder den „Nonnenstein“ nennt.

Der Sage nach erhielt der Felsen seinen Namen von einer Nonne aus einem nahen Kloster, die täglich zum Beten hierher kam. Nach einer anderen Version war diese Nonne in einen jungen Mann verliebt, der als Mönch in ein auf der anderen Seite der Elbe gelegenes Kloster gegangen war. Jeden Morgen nun soll die Nonne den nach ihr benannten Felsen bestiegen haben, um von dort sehnsüchtig nach einem gegenüberliegenden Felsen zu blicken in der Hoffnung, daß von dort ihr Geliebter zu ihr herüberschaue.

WERDAU (Lkr. Zwickauer Land)

Teufelsschlucht am Roten Berg

Im Zuge der Kolonisation des Herrschaftsbereiches Schönfels entstand Werdau um 1300 herum an der alten Handelsstraße von Reichenbach nach Leipzig. Es war vermutlich eine Gründung der Vögte von Plauen und gelangte nach dem Tode Heinrichs Reuß V. an die Meißner Markgrafen.

Der sogenannte Rote Berg ist nur ein langgestreckter Hang am Rand des Werdauer Stadtparks. Seinen Namen verdankt er der rotbraunen Färbung des Erdreichs (Rotliegendes). Kurz vor der Grenze zur Gemeinde Steinpleis findet man hinter dem einzeln stehenden Haus eine Schlucht, die man die Teufelsschlucht nennt. Auf diese bezieht sich eine bekannte Sage, die folgendes berichtet: In einem Kriege vergrub einer aus der berühmten Zwickauer Familie derer von Römer eine Braupfanne voller Geld am Roten Berg. Dieser Schatz soll einst von einem späteren Nachkommen dieser Familie gehoben werden, der daran zu erkennen sein wird, daß er nur mit einem Auge geboren wurde. Alle Versuche, des Goldes habhaft zu werden, schlugen seither fehl. Nur einer Gruppe von 12 Männern, unter denen sich auch der Ortspfarrer befand, gelang es vor über einhundert Jahren, des Schatzes ansichtig zu werden. Sie hatten aus Wachs die Figur eines einäugigen Kindes modelliert, das sie auf den Namen von Römer tauften, und gingen damit zu der gewissen Stelle am Berg. Da öffnete sich vor ihnen die Erde, und ein feuriger Hund brüllte ihnen zu: „Welchen nehmen wir zu-

erst?" Sie flüchteten von Grauen ergriffen, starben aber einer nach dem anderen kurze Zeit danach.
→ Chemnitz, Burg Rabenstein

Bildhaus mit Zedels Bild
Fährt man von Werdau aus in Richtung *Greiz* und biegt kurz vor Reudnitz in Richtung *Neudeck* ab, dann gelangt man nach etwa 2 Kilometern an die mitten im Werdauer Wald gelegene Gaststätte „Weidmannsruhe". Dieser gegenüber steht ein kleines Häuschen, das sogenannte Bildhaus, das die Nachbildung eines Sandsteinreliefs beherbergt, dessen Original sich heute im Werdauer Heimatmuseum befindet. Es zeigt eine weibliche Figur, die einen Kranz in den Händen hält. Die Umschrift besagt: „Das Zedels Bilt bin ich genant – die lobliche Jaegerei bin ich wol bekant – sie komen her – zu mir – und suchen auf dem Abschiet – der Wölfe ihr Qwaertdir – drincke auch gehrne gutes Bir. Anno 1695". Vermutlich handelt es sich um ein altes Wirtshausschild – die Sage allerdings erzählt, es bezeichne eine Stelle im Wald, an der ein Mädchen von Wölfen zerrissen worden sein soll. Offenbar ist dies eine Fehldeutung eines in seiner ursprünglichen Bedeutung nicht mehr verstandenen Bildes.

Detail aus einem volkstümlichen Holzschnitt von 1764

Wildbach (Schlema, Lkr. Aue-Schwarzenberg)

Isenburg

Zwischen *Hartenstein* und Schlema liegt an der Zwickauer Mulde die kleine Gemeinde Wildbach. Im Wald oberhalb der Mulde findet man die Reste einer mittelalterlichen Wehranlage, der Isenburg. Der Weg dorthin beginnt nördlich des Dorfes und ist gut gekennzeichnet. Von der einstigen Anlage, die auch „Eisenberg“, „Raubberg“ oder „Raubschloß“ genannt wurde, sind nur noch geringe Reste der Umfassungsmauer sowie eines Rundturmes mit 9 Metern Durchmesser und 3 Metern Mauerdicke erhalten. Als Vorfestung von Schloß Stein, das wenige Kilometer nördlich liegt, soll es der Sage nach mit diesem durch einen unterirdischen Gang verbunden gewesen sein. Das ist aber tatsächlich eher unwahrscheinlich, da es weder in Schloß Stein noch in der gut untersuchten Ruine Isenburg diesbezügliche Hinweise gibt. Weiter berichtet die Sage, daß hier im 14. Jahrhundert ein Raubritter Konrad von Kauffungen hauste, der solche Schandtaten vollbrachte, daß ihm der Teufel selbst den Hals brach und er seitdem als böser Zwerg in der Gegend umgehen muß. Bei diesem sagenhaften Ritter Konrad von Kauffungen handelt es sich offenbar um den bekannten Junker Kunz von Kauffungen, der den berühmten sächsischen Prinzenraub verübte. Der Kauffunger hatte zusammen mit seinen Helfern die Burg Eisenberg in Böhmen erreichen wollen. Die Namensgleichheit beider Burgen führte in der späteren Überlieferung zu dieser Gleichsetzung mit der Eisenburg/Isenburg in Wildbach.

Wenn auch über die Isenburg keine urkundlichen Nachweise vorliegen, so konnte ihre Zerstörung aufgrund der bei umfangreichen Grabungen zutage geförderten Bodenfunde in die Zeit der Wende zwischen dem 13. und 14. Jahrhundert datiert werden. Während der Zeit des Prinzenraubes im Jahre 1455 war die Isenburg also schon längst eine Ruine. Da sie in späteren Kriegs- und Notzeiten von der Bevölkerung oft als Unterschlupf oder Versteck benutzt wurde und sich die Erinnerungen daran lange wach gehalten haben, entstanden wohl die sagenhaften Überlieferungen.

→ Hartenstein, Prinzenhöhle

Wildenfels (Lkr. Zwickauer Land)

Kirche

Unterhalb der auf einem Bergsporn gelegenen und um 1200 erbauten Burg entstand der Ort Wildenfels im

Zuge der Kolonisation des Erzgebirges. Seit 1222 ist das edelfreie Geschlecht der Herren von Wildenfels bezeugt, das 1602 ausstarb. Danach gehörten Burg und Herrschaft den Grafen von Solms-Wildenfels, die aber schon bald der kursächsischen Landeshoheit unterworfen wurden.

Dem heutigen Schloß, das eine Musikschule beherbergt, ist der Marktplatz vorgelagert. Wenige Meter vor dem steilen Abhang, an dem ein Weg zum Schloßteich, einem beliebten Naherholungsgebiet, hinunterführt, steht die Wildenfelser Kirche. Sie wurde im Jahre 1869 anstelle einer älteren Kirche geweiht. Die wachsende Einwohnerzahl und der desolate Zustand der Vorgängerkirche hatten einen Neubau erforderlich gemacht. Diese ältere Kirche, Schauplatz der unten geschilderten Sage, wurde im Jahre 1605 gebaut und folgte wiederum einem noch älteren, hölzernen Bauwerk, das am 31. Juli 1589 einem Brand zum Opfer gefallen war. Im Jahre 1633 wurde die gräfliche Gruft gebaut, die sich unter der Kirche befand und damals vom Altarraum aus zugänglich war. Beim Bau des heutigen Gotteshauses verlegte man den Eingang der Gruft ins Freie, an die Ostseite der Kirche, wo er sich auch heute noch befindet.

Eine in dieser Gruft beigesetzte Gräfin konnte der Sage nach keine Ruhe finden und soll lange Zeit als Gespenst umhergewandelt sein und nachts die Orgel gespielt haben. Eines Tages wollte der Pfarrer diesem Treiben ein Ende machen und begab sich zur Geisterstunde in die Kirche. Der neugierige Kantor schaute durch ein Schlüsselloch zu. Dem Pfarrer gelang es zwar, den Geisterspuk zu bannen, doch starben beide innerhalb eines Jahres auf rätselhafte Weise – ein Beweis für die Gefährlichkeit eines solchen Unternehmens.

WILTHEN (Lkr. Bautzen)

Quelle des Butterwassers

Etwa 20 Kilometer südlich von *Bautzen* liegt Wilthen. Folgt man der Mönchswalder Straße in Richtung Norden, dann gelangt man an Fischteiche, die von einem Bach gespeist werden, der nur einige Meter weiter am Waldrand entspringt und „Butterwasser" heißt.

Auf den Wiesen in der Nähe der Quelle soll sich um die Mittagszeit eine weißgekleidete Frau sehen lassen, die bis zur Quelle wandert, sich bückt und mit der Hand Wasser zu schöpfen versucht. Aber wie sehr sie sich auch müht, sie kann das Wasser doch nicht erreichen, und tief seufzend entfernt sie sich wieder und

Darstellung einer Geburt. Holzschnitt, 1531

verschwindet. Diese Erscheinung heißt bei den Leuten in dieser Gegend „Der ewige Durst“. Die Alten berichten, daß einst eine junge Frau in Wilthen während ihrer Niederkunft unsäglichen Durst litt und ihre Hebamme bat, ihr nur ein paar Tropfen Wasser zu Kühlung zu reichen. Aber diese habe ihr die Labung verweigert, und so sei sie gestorben unter den Qualen eines verzehrenden Durstes. Seit dieser Zeit geht sie an jedem Mittag an die Quelle des Butterwassers, um Wasser zu trinken und kann doch das Wasser nicht erreichen – ein weiblicher Tantalus mit hoffnungsloser Qual.

WOLKENSTEIN (Mittlerer Erzgebirgskreis)

Schloß Wolkenstein

In strategisch günstiger Lage, auf einem Felsen an einer Furt der Zschopau, von dem aus die Straße von Altenburg nach Stollberg kontrolliert werden konnte, erbauten um 1200 die Reichsministerialen von Waldenburg die Burg Wolkenstein. Als Lehen der Meißner Markgrafen ist sie seit 1241 bezeugt. Im 16. Jahrhundert wurde die Burg vollständig zum heutigen Schloß umgebaut. Heute befindet sich hier das Heimatmuseum.

Über den Felsen, der das Schloß trägt, gibt es eine sagenhafte Überlieferung. Als die Hussiten im Winter 1429/30 ins Erzgebirge einfielen, sollen sie in Wolkenstein einen katholischen Priester in ihre Gewalt gebracht haben. Als sie ihn mit dem Tode bedrohten, um ihn zu zwingen, seinem Glauben abzuschwören, weigerte er sich energisch. Daraufhin stießen sie ihn von diesem Felsen hinab, so daß er zerschmettert in die Zschopau stürzte. Die Sage behauptet weiter, daß zur

Erinnerung an diese Freveltat in jenen Felsen ein Kreuz und ein Kelch eingehauen worden seien – davon fehlt aber heute jede Spur. Es ist anzunehmen, daß es sich hier um eine konfessionelle Warnsage handelt, die damals in Umlauf gebracht wurde, um den politisch-religiösen Gegner zu verunglimpfen.
→ Plauen

WURZEN (Muldentalkreis)

Dom

Die im 10. Jahrhundert erstmals genannte Stadt an der Mulde entstand wohl einst zur Sicherung einer alten Fernhandelsstraße, die von Magdeburg und Halle nach Böhmen und Polen führte, und bildete als Burgwardsmittelpunkt die südöstliche Grenze des Magdeburger Erzbistums. Mit Beginn des 11. Jahrhunderts wurde Wurzen ein Bestandteil des Bistums Meißen. 1114 wurde hier ein bischöfliches Stift geweiht, dem die Marienkirche angehörte. Zwischen 1489 und 1518 war Wurzen sogar Bischofssitz, und damit wurde die Marienkirche zum Dom. Von der Bausubstanz der ersten Kirche sind noch die Untergeschosse der Türme und die drei westlichen Langhausjoche erhalten. Schon 1260–1280 wurde das Bauwerk nach Osten zu in der Breite des Mittelschiffes der Basilika erweitert, 1515 entstanden die südlichen Choranbauten. Von der wertvollen Innenausstattung seien hier besonders die drei spätgotischen Steinplastiken an den Pfeilern erwähnt, die von 1503 stammen und Kaiser Otto I., Johannes den Evangelisten und den heiligen Donatus darstellen. Georg Wrba schuf zwischen 1928 und 1932 die Kreuzigungsgruppe für den Altarraum.

Wurzen

Einst befand sich ein sagenumwobenes Lutherbild in der Wurzener Domkirche. Darüber erzählt man folgende Geschichte: Während des Dreißigjährigen Krieges soll ein schwedischer Soldat in die Kirche eingedrungen sein. Als er das Bildnis Luthers erblickte, kletterte er auf das Gestühl darunter und zog seinen Degen heraus, um dem Reformator die Augen auszustechen. Doch fügte es Gott, daß in diesem Augenblick das Gestühl unter ihm zusammenbrach, so daß er herunterstürzte und sich das Genick brach. Davon soll das Bild aber einige Kratzer erhalten haben.
Dieses Bildnis Luthers befindet sich heute nicht mehr im Dom. Vermutlich bei einer Renovierung des Gebäudes im Jahre 1931 ist es abhanden gekommen und seitdem spurlos verschwunden.
Die Sage ist in diesem Zusammenhang einerseits eine ätiologische Erzählung, die die Kratzer auf dem Bild zu erklären versucht, andererseits eine Warnsage, die in den konfessionellen Auseinandersetzungen der Reformationszeit ihren Ursprung hat.

ZABELTITZ (Lkr. Riesa-Großenhain)

Schloß

Acht Kilometer nördlich von *Großenhain* findet man in einer landschaftlich reizvollen Gegend das Dorf Zabeltitz. Eine erste Erwähnung des Ortes und seines Herrensitzes aus dem Jahre 1207 nennt einen Henricus de Zablatwitz. Bis ins 14. Jahrhundert blieb das Schloß im Besitz dieses Rittergeschlechts. Weitere Besitzer ab 1356 waren die Herren von Köckeritz und ab 1412 Hermann von Polenz. Bis zum 16. Jahrhundert, als es dann an den sächsischen Kurfürsten überging, gehörte es der Familie von Pflugk, in deren Zeit das alte Schloß erbaut wurde. August der Starke schenkte die Besitzung seinem Feldmarschall von Wackenbarth, unter dem das Palais errichtet und der Garten angelegt wurde. Heute befinden sich im Schloß Arztpraxen und das Palais wird als Konferenzzentrum von der Bundesbahn genutzt.
Die Leute in dieser Gegend behaupten, daß es auf der am Schloß vorbeiführenden Straße nicht geheuer ist. Hier sollen um Mitternacht, wenn der Himmel klar ist und die Sterne zu sehen sind, dem Wanderer drei schwarze Reiter entgegenkommen, von denen der mittlere keinen Kopf hat. Sie jagen auf das Schloß zu und verschwinden angeblich an dessen Eingang. Leider ist nicht bekannt, wer diese drei Gestalten sind und welches Schicksal sie an diesen Platz gebannt hat.

Die in vielen Sagen vorkommenden Kopflosen sind meist schuldige Tote, die durch ihr Erscheinungsbild daran erinnern, daß sie durch Enthauptung hingerichtet wurden.

ZITTAU (Lkr. Löbau-Zittau)

Steinkreuz auf dem Kirchhof der Frauenkirche
Während im frühen Mittelalter das Gebiet nördlich des heute so benannten Zittauer Gebirges nur sehr gering besiedelt war, gewann im Zusammenhang mit der Handelsstraße von Böhmen in die Oberlausitz und weiter in den Ostseeraum auch diese Region immer mehr an Bedeutung. Im Jahre 1238 wird Zittau zum ersten Mal erwähnt und gehörte anfangs zum Bistum Prag, während die übrige Lausitz schon zu Meißen gehörte. Schon 1255 wurde die Stadt unter Ottokar II. zur königlichen Stadt erhoben und damit ein wichtiger Stützpunkt der böhmischen Krone. Mit Zustimmung Kaiser Karls IV. bildeten die Städte der Oberlausitz den sogenannten Sechsstädtebund, der ihre weitreichenden Handelsbeziehungen schützen sollte. Als im Jahre 1635 die Oberlausitz zu Sachsen kam, hatte sich Zittau schon zu einem bedeutenden Wirtschaftsgebiet entwickelt, das vor allem durch seine Leinenproduktion Anschluß an den Weltmarkt gewann. Mit Hilfe englischen und Hamburger Kapitals wurde Zittau Mittelpunkt eines ausgedehnten Leinenhandels und entwickelte sich neben Leipzig zur zweitgrößten Handelsstadt Sachsens. Noch heute ist die einstige Bedeutung an den erhaltenen barocken Bürgerhäusern und anderen prächtigen Bauwerken der Stadt sichtbar.
Im Mittelalter stand nordöstlich des Stadtkernes die Johanniterkirche. Nachdem sie infolge eines Blitz-

Zittau

schlages teilweise abgebrochen werden mußte, wurde um 1572 ihr erhalten gebliebener Ostteil zur Frauenkirche ausgebaut. Erst im Jahre 1897 erhielt die Kirche ihr heutiges Aussehen. Der Altar und die Kanzel stammen von 1619, die bemalten Emporen sind wahrscheinlich schon Ende des 16. Jahrhunderts eingebaut worden.
An der nordwestlichen äußeren Kirchhofmauer der Frauenkirche, auf dem Grundstück Hammerschmiedtstraße 10 befinden sich drei alte, stark verwitterte Steinkreuze. Eines davon soll aus Anlaß eines Duells zweier Brüder dort angebracht worden sein. Sie hatten sich um ein schönes Mädchen gestritten, vermutlich die Tochter des Bürgermeisters, und einer der beiden hatte dabei den Tod gefunden. Ein aus Stein gehauenes Bildnis des Mädchens befindet sich ebenfalls an dieser Mauer. Weil das Mädchen der Anlaß dieses Zweikampfes war, erklärt die Überlieferung weiter, soll es an dieser Stelle lebendig eingemauert worden sein.
→ Bad Brambach

Kirche der hl. Dreifaltigkeit

Im 15. Jahrhundert wurde die kleine Dreifaltigkeitskirche, auch Weberkirche genannt, an einen Turm des Webertores angebaut. Durch einen Umbau im Jahre 1889 erhielt sie ihre heutige Gestalt. Die Sage berichtet, daß bei ihrem Bau ein Lehrling mit seinem Meister um die Wette gearbeitet hätte, um zu sehen, wer als erster einen Pfeiler der Kirche vollenden könne. Dabei soll der Lehrling eine beträchtliche Zeit vor seinem Meister fertig geworden sein, was diesen so sehr verärgerte, daß er den Lehrling meuchlings ermordete, wofür er mit dem Schwert hingerichtet wurde. Noch heute bezeichnet man zwei Pfeiler an der Westseite dieser Kirche, die nischenartige Vertiefungen aufweisen, als die sogenannten „Wettepfeiler".
Dieser Sagentypus vom „Mord aus Kunstneid", der hier das Maurergewerbe betrifft, wird besonders häufig von Glockengießern erzählt.

Ehemaliges Franziskanerkloster

In der zweiten Hälfte des 13. Jahrhunderts wurde das Franziskanerkloster gegründet, das zur Kustodie Meißen gehörte, obwohl damals Zittau noch zum böhmischen Königreich gehörte. Die heutige Petri-Paul-Kirche stammt aus dem Jahre 1662 und nur zwischen Turm und Schiff sind in der Sakristei Teile einer älteren Kapelle aus dem 13. Jahrhundert sowie der Chor aus dem Jahre 1293 erhalten. Der im ehemaligen Klo-

sterhof ebenfalls 1662 errichtete sogenannte Hefftер-Bau enthält die Klosterbibliothek. Der Bibliothekssaal wurde 1709 von Nikolaus Prescher mit einem großen Deckengemälde versehen. Zu den künstlerischen Kostbarkeiten Zittaus gehören die barocken Gruftkapellen des Klosterfriedhofs.
Eine bekannte Zittauer Sagengestalt ist der sogenannte „Malzmönch". Mit ihm hat es folgende Bewandtnis: Einst wurde im Franziskanerkloster, wie überall in der Stadt, Bier gebraut. Der Abt hatte einen dicken Mönch mit Namen Laurentius beauftragt, aufgrund seines feinen Geschmacks das Reifen des Malzes zu kontrollieren. So wandelte der Mönch täglich über die Malzböden und entschied, welches Malz für die Bierherstellung geeignet war. Man sagte ihm nach, daß er auch einen besonderen Zaubersegen wüßte, durch welchen die Qualität des Klosterbiers so gesteigert wurde, daß es alle anderen am Ort gebrauten Biere an Güte weit übertraf. Eines Nachts entführte ein Brauer den Malzmönch Laurentius; erst als der Abt auf die Forderung, seinen Zaubersegen auch den anderen Brauern der Stadt zuteil werden zu lassen, einging, wurde Laurentius wieder auf freien Fuß gesetzt. Von nun an mußte er täglich von Brauerei zu Brauerei durch die Stadt ziehen und über deren Malz seinen Segen sprechen. Als nun das erste so gesegnete Bier ausgeschenkt wurde, zeigte sich sonderbarerweise, daß es sauer und damit ungenießbar war, was natürlich den Zorn der Brauer erneut auslöste. Aber schon bald hieß es, dies sei die gerechte Strafe für den dem Kloster angetanen Frevel. Dennoch sann ein Teil der Brauer auf Rache. So kam es, daß sich ein Brauerssohn zusammen mit

Bierbrauer bei der Arbeit

der Tochter des Klosterbraumeisters in der Nähe des Kühlstocks im Klosterbrauhaus versteckte, um dem Laurentius aufzulauern, ihm seinen Rosenholzbecher, mit dem er das Malz kostete, zu stehlen und ihm die Beschwörungsformel zu entreißen. Dazu packte der starke Bursche den Mönch, als dieser erschien, und hielt ihn über die brodelnde Flüssigkeit des Kühlstokkes. Als ihm die Last aber zu schwer wurde und der Pater in seiner Todesangst auch noch nach dem Mädchen griff, konnte der Brauerssohn ihn nicht mehr halten und beide, Mönch und Mädchen, stürzten in den Kühlstock. Von Entsetzen über seine Tat ergriffen, folgte der Brauerssohn freiwillig den beiden Opfern in die Tiefe. Seit dieser Zeit soll im Kloster und in den anderen Zittauer Brauereien der Malzmönch umgehen, begleitet von einer Schar Zwerge sowie dem mit ihm ertrunkenen Brautpaar.
Klosterbrauereien hatten neben der Landwirtschaft für die wirtschaftliche Situation vieler Klöster eine große Bedeutung. Es gab tatsächlich auch allerlei magische Praktiken sowie Zauber- und Segenssprüche, welche die Qualität des Bieres verbessern sollten; meist eine Mischung aus praktischer Erfahrung und Aberglauben. Der Anlaß für die in dieser Sage beschriebene Katastrophe war der wirtschaftliche Neid der städtischen Brauer gegenüber dem Kloster.

ZWICKAU

Marienkirche

Zwickau ging einst aus einem an der Mulde gelegenen slawischen Dorf mit dem Namen Zwiccowe hervor. Eine erste Urkunde aus dem Jahre 1118 zeigt es im Be-

Zwickau an der Mulde, mit der die Stadt beherrschenden Marienkirche (Dom, 13. Jahrh.) und der Katharinenkirche; Stahlstich 1863

sitz einer Gräfin Bertha von Groitzsch. Aufgrund seiner günstigen Verkehrslage an einer alten Straße von Leipzig und Altenburg nach Böhmen erlangte der Ort schnell eine große Bedeutung als Niederlassung für deutsche Kaufleute. Einen weiteren Aufschwung für die wirtschaftliche Entwicklung Zwickaus brachten die reichen Silberfunde im nahen Erzgebirge, besonders die am Schneeberg, für die Zwickau viele Jahrzehnte lang Versorgungsbasis blieb. Der Steinkohlenbergbau ist seit 1348 beurkundet und wurde später ein bedeutender Wirtschaftsfaktor für die Stadt.
Die Stadtkirche St. Marien wurde zwar schon im Jahre 1206 in der damaligen Marienvorstadt gegründet, erhielt jedoch ihre heutige Gestalt im wesentlichen nach einem Kirchenbrand im Jahre 1383. 1453 begann der Neubau des Hallenchores, der 1470 abgeschlossen wurde. Weitere Anbauten erfolgten zwischen 1506 und 1537. Die gestalterische Fülle der Außenfassade ist einmalig unter allen spätgotischen Hallenkirchen

Glockengießerei, 1869

Sachsens. Zu den bedeutendsten Stücken der Ausstattung zählen der große Flügelaltar aus der Werkstatt des Nürnberger Meisters Michael Wohlgemuth, die Pietà des Zwickauer Bildschnitzers Peter Breuer, der turmartige Schrein des Heiligen Grabes sowie die 1538 von Paul Speck geschaffene Kanzel.
Über die große Glocke der Marienkirche gibt es eine merkwürdige Sage: Als sie am 12. Juli 1512 sprang, weil man die ganze Nacht hindurch eines gewaltigen Gewitters wegen geläutet hatte, gab man einem Glockengießer den Auftrag, sie umzugießen. Dieser erkundigte sich bei den Ratsherren, welchen Ton die neue Glocke haben solle. Nachdem man sich auf den Ton C geeinigt hatte, gab der Gießer ein geheimnisvolles Kräuterpulver in das flüssige Metall, und davon soll die Glocke den gewünschten Ton bekommen haben.
Glocken spielten im Volksglauben von jeher eine besondere Rolle, was sich aus ihrer großen Bedeutung im religiösen Leben erklären läßt: sie riefen zum Gottesdienst, zur Taufe, zur Hochzeit und zum Begräbnis. Man behandelte sie wie Menschen, taufte sie und gab ihnen einen Namen. Man glaubte, daß der Klang geweihter Glocken Blitz, Donner und Hagelschlag vertreiben könne. Die Kunst des Glockengießens war dementsprechend ebenfalls ein geheimnisumwobenes Handwerk, dessen Meister man magische Fähigkeiten zuschrieb.

Eselswiese
Im Süden von Zwickau, auf der linken Seite der Mulde, nordwestlich des Röhrenstegs, befindet sich eine Wiese, die sogenannte Eselswiese. Von hier soll früher das Futter für die Esel der Ratsmühle gekommen sein. Ein armer Holzfäller hatte, der Sage nach, hier in der Nähe seine Hütte gebaut. Er besaß drei Esel, weshalb er der „Eselsgürge" genannt wurde. Eines Tages, während eines schweren Gewitters, klopfte es an seine Tür, und eine schöne Jungfrau trat ein. Er bot ihr zu essen und ein Nachtlager an, aber sie behauptete, diese irdischen Dinge nicht mehr zu bedürfen. Am nächsten Morgen begriff er, daß es die heilige Jungfrau selbst war. Sie versprach ihm zum Abschied einen reichen Lohn für seine Gastfreundschaft und tatsächlich fand er viele Goldbarren, als er seine Esel am gleichen Abend von der Weide holte.
Hier haben wir es mit einer Marienlegende zu tun, die durch das Motiv der Belohnung eines armen Holzfällers einen deutlich sozialkritischen Akzent hat.

Friedhof Bockwa

An der Straße von *Bockwa* nach *Wilkau-Haßlau*, in der Nähe des Friedhofs, soll sich besonders um Mitternacht herum ein schwarzer gespenstiger Hund sehen lassen. Er begleitet den ihm Begegnenden ein Stück des Weges und verschwindet plötzlich spurlos, oder er stellt sich ihm einfach in den Weg und hindert ihn am Weitergehen. Auch soll es vorgekommen sein, daß er Personen bis zur nahen Mulde verfolgte, die sich dann aus Verzweiflung in das Wehr gestürzt haben und darin elend umgekommen sind.
Friedhöfe als die Wohnorte der Toten sind klassische Spukorte und daher schon immer geheimnisvoll und sagenumwoben. Der schwarze Hund ist vermutlich die tierische Erscheinungsform eines ruhelosen Toten.

Wüstung Rappendorf – Böser Brunnen

Im Weißenborner Wald, ganz in der Nähe der Gaststätte Waldschenke, führt ein gut gekennzeichneter Wanderweg zu einer Stelle, an der einst Rappendorf lag. Dabei handelte es sich um ein kleines Dorf, das den Herren von Reith und von Rapp gehörte und von letzteren seinen Namen erhalten hatte. Es wurde im Jahre 1430 von den Hussiten zerstört und danach nicht wieder aufgebaut. Neben dem sogenannten „Raubschloß“, einem kleinen Ringwall, kann man noch den in der Sage erwähnten „Bösen Brunnen“ sehen, ein geheimnisvolles Loch, das auch heute noch mit Wasser gefüllt ist. An diesem Brunnen sollen sich manchmal Gespenster sehen lassen. Es handelt sich dabei um die Geister zweier Mädchen, die einst ein schreckliches Verbrechen begangen haben. Der Sage nach sollen sie in den Zeiten der Pest ihre Eltern verloren und deshalb allein mit ihrem Bruder einen in der Nähe liegenden Bauernhof bewirtschaftet haben. Eines Tages stellten sie einen Tagelöhner ein, der einer der beiden Schwestern schöne Augen machte und sie nach kurzer Zeit zu heiraten begehrte. Als sie einwilligte, brachte er sie, wohl in Anbetracht der Tatsache, daß der Bruder der alleinige, rechtmäßige Besitzer des Hofes war, dazu, diesen aus dem Wege zu räumen. Scheinbar hatte er auch auf die andere Schwester einen suggestiven Einfluß, denn beide Mädchen schreckten vor dieser furchtbaren Tat nicht zurück, sondern schlichen eines Nachts in die Kammer des Bruders und töteten ihn. Als sie die Leiche in den Rappendorfer Brunnen werfen wollten, wurden sie ertappt und gestanden unter der Folter ihre Tat. Seitdem nannte man den besagten Ort den „Bösen Brunnen“, und in bestimmten Nächten kann man die Geister der beiden Mädchen dort am Brunnenrand sehen, wo sie traurige Lieder singen.

Zwönitz (Lkr. Stollberg)

Ziegenberg

Zwönitz wurde am Ende der bäuerlichen Besiedlung des Erzgebirges um 1200 als Waldhufendorf gegründet. Anfangs zur Herrschaft Stollberg gehörend, kam es 1250 an das Kloster Grünhain. Um 1300 wurde ein Eisenhammer errichtet, der aber schon 1500 wieder wüst lag. Der zeitweise Silberbergbau in der unmittelbaren Umgebung führte zum Anstieg der Bevölkerung und einem gewissen wirtschaftlichen Wohlstand.

Südöstlich des Ortes erhebt sich der 652 Meter hohe Ziegenberg. Mit ihm ist die folgende Sage verbunden: Ein Müller in Zwönitz hatte eine schöne Tochter, die dem Förster von Grünhain versprochen war. Als dieser eines Tages das Mädchen im Wirtshaus mit einem anderen Mann tanzen und scherzen sah, entbrannte er in großer Eifersucht. Wie konnte er wissen, daß es ihr eigener Bruder war, den sie lange nicht gesehen hatte? Unter einem Vorwand lockte der Förster das Mädchen in den Wald am Ziegenberg und stach sie dort kurzerhand nieder, nachdem er ihr ihre vermeintliche Untreue vorgeworfen hatte. Ihren schweren Verletzungen erlegen, konnte sie ihm nur noch hinhauchen, daß es ihr Bruder gewesen sei, und der Förster begriff seinen schrecklichen Irrtum. Er stellte sich dem Grünhainer Gericht und wurde auf dem Schafott hingerichtet. Seit dieser Zeit kann man nachts einen Reiter, der seinen Kopf unter dem Arm trägt, von Grünhain her zum Ziegenberg reiten sehen. Er verweilt dort kurze Zeit und kehrt dann wieder nach Grünhain zurück.

LITERATURVERZEICHNIS

1. Sagen, Mythologie

Brandl, H.: Sagen aus dem westlichen Erzgebirge, Rothau 1927

Eisel, R.: Sagenbuch des Vogtlandes, Gera 1871

Friedel, Jürgen: Alte Leipziger Sagen, Leipzig 1995

Gräße, Johann Georg Theodor: Der Sagenschatz des Königreiches Sachsen, Nachdruck Leipzig 1978

Haupt, Karl: Sagenbuch der Lausitz, Nachdruck Hildesheim 1977

Horn, Alfred: Leisniger Heimatsagen, Leisnig 1936

John, Ernst: Aberglaube, Sitte und Brauch im sächsischen Erzgebirge

Köhler, Johann August Ernst: Volksbrauch, Aberglauben, Sagen und andere Überlieferungen aus dem Voigtlande, Leipzig 1867

Köhler, Johann August Ernst: Sagenbuch des Erzgebirges, Nachdruck Hildesheim 1978

Köhler, Johann August Ernst: Sagen aus dem Voigtlande, Nachdruck Plauen 1996

Kumpf, Elisabeth: Jungferngrube und Teufelsschmiede, Sagen aus dem Gebiet des Bistums Dresden-Meißen, Leipzig 1983

Meiche, Alfred: Sagenbuch des Königreiches Sachsen, Nachdruck Hildesheim 1988

Meiche, Alfred: Sagenbuch der Sächsischen Schweiz und ihrer Randgebiete, Nachdruck Berlin 1991

Pohl, Hans-Jürgen: Geschichten und Sagen des Meißner Landes, Meißen 1989

Pöschl, Erika: Im Reich der Marzebilla, Sagen des böhmischen und sächsischen Erzgebirges, Ober-Ramstadt 1996

Röhner, Regina: Sagen, Legenden und merkwürdige Überlieferungen aus dem Landkreis Hohenstein-Ernstthal, Hohenstein-Ernstthal o.J.

Röhner, Regina: Sagen, Sitten und Bräuche aus dem Umkreis von Hohenstein-Ernstthal, Hohenstein-Ernstthal o. J.

Röhner, Regina: Burgen, Schätze Spukgestalten. Sagen und Geschichtsbuch der Zwickauer Mulde, Chemnitz 1996

Schober, Manfred: Aus dem Sagenschatz unserer Heimat, Sebnitz 1981

Schramm, Rudolf: Venetianersagen von geheimnisvollen Schatzsuchern, Leipzig 1986

Sieber, Friedrich: Natursagen der sächsischen Oberlausitz und ihrer Nachbargebiete, Löbau 1931

Sieber, Friedrich: Sächsische Sagen von Wittenberg bis Leitmeritz, Jena 1926
Sieckel, J. C.: Nachrichten von Poltergeistern und gespenstigen Erscheinungen, Quedlinburg 1761
Seyfarth, Carly: Aberglaube und Zauberei in der Volksmedizin Sachsens, Nachdr. Hildesheim 1979
Uther, Hans-Jörg: Sächsische Sagen, München 1992
Werner, Dietmar: Bergmannsagen aus dem sächsischen Erzgebirge, Leipzig 1985
Ziehnert, W.: Sachsens Volkssage, Annaberg 1886
Zinck, Paul: Leipzigs Sagen im Spiegel seiner Geschichte, Leipzig 1924

2. Boden-, Baudenkmale, Chroniken, Reiseführer

Geupel, Volkmar: Die geschützen Bodendenkmale im Bezirk Karl-Marx-Stadt, Dresden 1983
Gurlitt, Cornelius: Bau- und Kunstdenkmäler des Königreiches Sachsen, Dresden 1897
Kroitzsch, Klaus/Quietzsch, Harald: Die geschützten Bodendenkmale im Bezirk Leipzig, Dresden 1984
Quietzsch, Harald/Jacob, Heinz: Die geschützten Bodendenkmale im Bezirk Dresden, Dresden 1982
Küas, Herbert/Kobuch,Manfred: Rundkapellen des Wiprecht von Groitzsch, Berlin 1977
Leibiger, Kurt/Reinhold, Wolfgang: Der Borberg – Sein Name und seine Geschichte, Kirchberg 1995
Lorenz, M. Christian Gottlob: Die Stadt Grimma, Leipzig 1856
Müller, Gerhardt/Quietzsch, Harald: Steinkreuze und Kreuzsteine in Sachsen, Berlin 1980
Obst, Helmut (Hrg.): Erzgebirgsannalen des 17. Jahrhunderts, Berlin 1986
Petermann, Ralf: Klösterlein Zelle, Aue 1995
Pleticha, F./Müller, W.: Höhlen – Wunder – Heiligtümer. Mythische und magische Plätze in Deutschland, Freiburg i.Br. 1994
Riedel, Detlef: Die Geschichte des Zisterzienserklosters Grünhain, Grünhain o.J.
Schlesinger, Walter: Handbuch der historischen Stätten Deutschlands – Sachsen, Stuttgart 1965
Graichen, Gisela: Das Kultplatzbuch, Hamburg 1988
Herrmann, Joachim (Hg.): Archäologie in der DDR, Leipzig/Stuttgart 1989
Müller, Hans: Dome, Kirchen, Klöster, Leipzig 1986
Wiemann, Harm: Geschichte des Augustiner-Klosters St. Martin und der Karthause bei Crimmitschau
Wiemann, Harm: Geschichte des Zisterzienser-Nonnenklosters Frankenhausen bei Crimmitschau

Ortsverzeichnis

Die Hauptstichworte sind im Register **halbfett**, die Abbildungen *kursiv* verzeichnet.

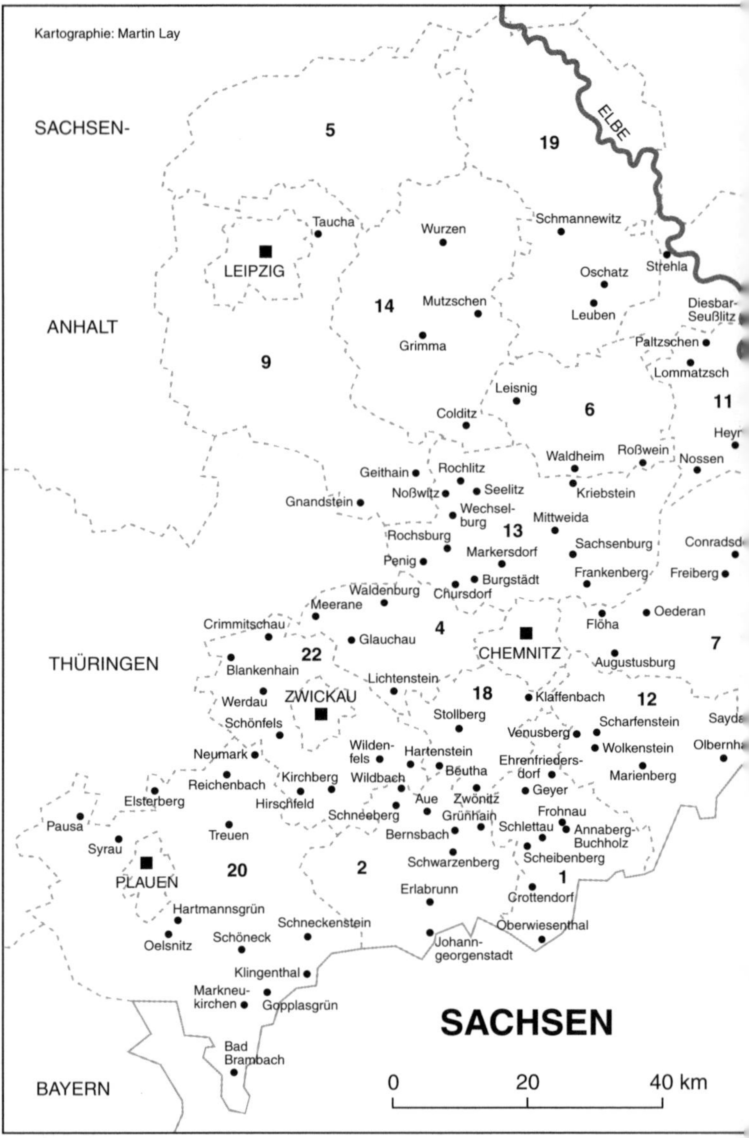
Kartographie: Martin Lay
SACHSEN-
ANHALT
THÜRINGEN
BAYERN
ELBE
5
19
14
9
6
11
13
4
22
18
12
7
20
2
1
LEIPZIG
Taucha
Wurzen
Schmannewitz
Strehla
Oschatz
Mutzschen
Leuben
Diesbar-
Seußlitz
Grimma
Paltzschen
Lommatzsch
Leisnig
Colditz
Waldheim
Roßwein
Nossen
Geithain
Rochlitz
Noßwitz
Seelitz
Kriebstein
Gnandstein
Wechsel-
burg
Mittweida
Rochsburg
Markersdorf
Sachsenburg
Penig
Burgstädt
Frankenberg
Freiberg
Waldenburg
Chursdorf
Meerane
Oederan
Crimmitschau
Flöha
Glauchau
CHEMNITZ
Augustusburg
Blankenhain
Lichtenstein
Werdau
ZWICKAU
Klaffenbach
Schönfels
Stollberg
Scharfenstein
Venusberg
Wolkenstein
Neumark
Wilden-
fels
Hartenstein
Ehrenfrieders-
dorf
Beutha
Marienberg
Reichenbach
Kirchberg
Wildbach
Geyer
Elsterberg
Hirschfeld
Aue
Zwönitz
Frohnau
Pausa
Schneeberg
Grünhain
Schlettau
Annaberg-
Buchholz
Syrau
Treuen
Bernsbach
Scheibenberg
Schwarzenberg
PLAUEN
Erlabrunn
Grottendorf
Hartmannsgrün
Oberwiesenthal
Schneckenstein
Oelsnitz
Schöneck
Johann-
georgenstadt
Klingenthal
Markneu-
kirchen
Gopplasgrün
Bad
Brambach
SACHSEN
0
20
40 km

Die Landkreise des Freistaates Sachsen

1) Annaberg
2) Aue–Schwarzenberg
3) Bautzen
4) Chemnitzer Land
5) Delitzsch
6) Döbeln
7) Freiberg
8) Kamenz
9) Leipziger Land
10) Löbau–Zittau
11) Meißen–Radebeul
12) Mittlerer Erzgebirgskreis
13) Mittweida
14) Muldentalkreis
15) Niederschlesischer Oberlausitzkreis
16) Riesa–Großenhain
17) Sächsische Schweiz
18) Stollberg
19) Torgau–Oschatz
20) Vogtlandkreis
21) Weißeritzkreis
22) Zwickauer Land

Die Schwarzen Führer

Bergisches Land von Stephan Nuding
22,0 × 11,0 cm, 180 Seiten mit 130 geheimnisvollen Stätten in 87 Orten und Ortsteilen, 66 Abb., einer Übersichtskarte, kartoniert
ISBN 3-89102-421-5

Franken von Peter Bräunlein
22,0 × 11,0 cm, 240 Seiten mit 250 geheimnisvollen Stätten in 191 Orten, 104 Abb. und einer Übersichtskarte, kartoniert
ISBN 3-89102-123-2

Der Harz von Werner Bartens
22,0 × 11,0 cm, 204 Seiten mit 189 geheimnisvollen Stätten in 55 Orten, 88 Abb., einer Übersichtskarte, kartoniert
ISBN 3-89102-420-7

Nordwestdeutschland von Claudia Liebers
22,0 × 11,0 cm, 176 Seiten mit 150 geheimnisvollen Stätten in 100 Orten, 76 Abb. und einer Übersichtskarte, kartoniert
ISBN 3-89102-122-4

Schwaben-Bodensee von Erich Viehöfer
22,0 × 11,0 cm, 248 Seiten mit über 300 geheimnisvollen Stätten in mehr als 200 Orten, 100 Abb. und zwei Übersichtskarten, kartoniert
ISBN 3-89102-121-6

Schwarzwald von Ines Heim
22,0 × 11,0 cm, 180 Seiten mit etwa 120 geheimnisvollen Stätten in 90 Orten, 76 Abb. und eine Übersichtskarte, kartoniert
ISBN 3-89102-120-8

Westfalen von Renate Schmidt-V. und Gustav-Adolf Schmidt
22,0 × 11,0 cm, 240 Seiten mit 216 geheimnisvollen Stätten in 122 Orten, 101 Abb. und eine Übersichtskarte, kartoniert
ISBN 3-89102-422-3

Weitere Bände in Vorbereitung

In gleicher Ausstattung liegt vor:

Die Geister Großbritanniens
Ein Führer zu über tausend Spukorten
22,0 × 11,0 cm, 312 Seiten mit über 100 SW-Abbildungen und 20 Landkarten, Auswahlbibliographie und Glossar, kartoniert
ISBN 3-89102-316-2